Law
notes
法学笔记系列

行政法与行政诉讼法入门笔记

Administrative Law and Administrative Litigation Law in a Nutshell

戚建刚·主　编

法律出版社
LAW PRESS·CHINA

“法学笔记系列教材”编委会

总　　序

法学、神学与医学是人类最古老的知识体系，其知识谱系的演变体现了人类文明与法治的进步。在我国，法学教育对于建设法治国家具有基础性、根本性与前瞻性的作用，是全面实施依法治国伟大工程中的重要一环。改革开放以来，我国的法学教育发展取得了显著成绩，为社会主义法治国家建设提供了有力的支持与人才保障。目前，随着我国法治事业的不断发展与法律服务市场的变化，社会需要越来越多适应时代要求的法治人才，这对大学的法学教育提出了新要求。如何提高法律人才培养质量，满足社会需求，已成为我国法学教育改革所面临的重要课题与挑战。

法学教育的本质并非传授单一的知识点，而是培养一种综合的法律思维能力。法律是一种职业，一种技术含量非常高的专业化的职业，这个职业有不同的研究方法，也有多元的思维方式。我们应该培养像法律人那样思考问题、解决问题的能力。随着全球化、信息化时代的到来，法律制度发生了新的变化，法律现象呈现出日益综合化的趋势。如何有效地分析和解决特定的法律问题，已经不能再局限于某一单一法学学科，而应以整体系统的法学教育为背景，通过综合的法律思维去分析、解决问题。因此，为适应社会需求，法科学生需要在短时间内系统地学习法学的理论精髓，并融会贯通。这也为法律人才培养提出了更高的要求。

在法学教育中，教师是教学核心，尤其是青年教师，站在教学第一线。青年教师入职后面对的挑战可能不是科研，而是教学。青年教师历经数十年的寒窗苦读、精耕科研，如何以最短的时间从研究者转换为授业者，是每一位初登讲堂者须完成的必修课。教学大纲的设计、知识点的选取、典型案例的搜集、寓理论于案例的深入浅出等均是作为“初学者”的青年教师需要攻克的难关。初登讲堂者往往都是学富五车的博士，但经历了漫长的学习生涯与科学研究过程，他们恐怕一时难以用通俗易懂的语言将法学的乐趣深入浅出地描绘给学生。

作为法学职业教育的共同体，我们须认识到，法学教育的目的是培养造就一批信念执著、品德优良、知识丰富、本领过硬的高素质法律人才，包括法学研究型人才、法律应用型人才、复合型法律人才等适应不同层次社会需求的法律人才。为了形成知识、能力和实践之间的融合，我们需要系统地学习法律知识，但是知识并不是最重要的，关键是通过法学知识的传授培养一种能力，用能力来解决法律实践中的具体问题。对于研究型人才，我们应训练其法学思维，启迪其独立研究和思考；对于应用型人才，我们也须培养其法律思维，将理论应用于实践；对于复合型人才，我们要培养其综合性应用思维，扩展其法律知识面。

法学教育的载体和纽带在于教材的编写和选用。无论是学生的学习，还是教师的讲授，都依赖于课程的教材。传统的法学教材，植根于各学科基础理论，汇集各家观点，力求完整、全面地为读者介绍本学科的基本情况，归纳本学科的基本理论体系，诠释本学科的基本法律规范。但对于正在接受系统法学教育洗礼的本科生乃至硕士生等群体而言，存在一种瓶颈性的困境。因缺乏系统的法学知识，在各家学说与艰深理论面前，法学初学者往往会“望而却步”，期待一种通俗易懂的教材。事实上，法学是美妙而充满魅力的科学，如果有一本教材能够让学生在轻松地阅读学习中，直观了解法学知识的初貌，培养学生对深入学习本学科法学理论的浓厚兴趣，逐步引导其对这门学科开展探索，这必将是法学初学者的一种幸事。

此外，在信息化时代，法学初学者又须防范迷失于信息量过大而难以取舍、信息良莠不齐而缺乏甄别能力、知识的碎片化而难以形成法律思维等困境之中。事实上，法学知识和法律知识载体的多样化、新型化也给法学教育工作者提出了新的课题。例如，如何为法学本科生的每门专业课选择正确、适量、重点突出、便于理解的教学素材，如何使得教学素材的载体既小又大，即教材的页码少但有用信息量大；如何使得教学素材的载体既简单又复合，即教材所载学科理论和法律知识的信息重点一目了然但功能多用，能够满足学科入门、理论体系的提炼、法律知识的串联、司法考试知识点等复合型功能需求。

可喜的是，法律出版社计划出版一套“法学笔记系列教材”，这套教材由我国青年法学学者编写，突出教材的“笔记”特色。其丛书编委均是具有长期丰富一线教学经验的中青年法学才俊。当中国人民大学法学院竺效教授与我交流这套新型法学教材的提议后，我开始关注这套教材的出版进展，也浏览了由他主编的第一本教材《环境法入门笔记》。我认为，这套教材的新意在于，将目标集中于引领法学初学者进入各个法学学科领域，使法学入门者能对各学科理论有全面系统的了解，掌握其中重点，对各学科涉及的法律规定能在准确理解的基础上尝试应用，借助该套教材，激发读者深入研习法学的兴趣。同时，也有望这套教材能为初入讲堂的青年教师提供较为高效的“教学入门速成课”。甚至可能成为那些因为各种原因从其他专业转而从事法律实践的应用型、复合型人才，提供法学各学科法律实践的入门级“工具书”。

作为从事教学工作近三十年的法学教育者，看到这套新型教材的问世，感到欣慰与欣喜——欣慰于青年教师们能够想读者之所想，想后辈之所想，想学生之所想；欣喜于青年教师们青出于蓝而胜于蓝。希望日后有更多青年学者加入到本套教材的编写之中，为本套教材的完善提出真知灼见，在从事学术研究的同时不忘初心，致力于我国法学教育事业的发展。

中国法学教育研究会常务副会长、

中国人民大学法学院教授、博士生导师

韩大元

2016 年 12 月 25 日

目　　录

第1章　行政法概论

教学目标

了解和识记行政法的基本概念；

了解外国和我国行政法的历史发展；

了解和识记我国行政法的法律渊源；

识记和理解行政法的基本原则。

推荐参考资料

1.《行政法与行政诉讼法》编写组:《行政法与行政诉讼法学》,高等教育出版社2017年版,第一章、第二章。

2. 姜明安主编:《行政法与行政诉讼法》,北京大学出版社、高等教育出版社2015年第6版,第一章、第二章、第三章。

3. 马怀德主编:《行政法与行政诉讼法》,中国法制出版社2015年第5版,第一章、第二章、第三章。

4. 方世荣、石佑启主编:《行政法与行政诉讼法》,北京大学出版社2015年第3版,第一章、第三章。

5. 张正钊、胡锦光:《行政法与行政诉讼法》,中国人民大学出版社2015年第6版,第一章。

6. 莫于川主编:《行政法与行政诉讼法》,中国人民大学出版社2015年第2版,第一章、第二章、第三章。

1.1 行政法概述

知识要点

1.1.1 行政的概念与种类

☆ 行政的概念

“行政”一词的英文为 administration，来自拉丁文 administer，德文为 Verwaltung，作为一个科学范畴，在行政法学及行政学中“行政”一词被广泛使用。对于“行政”一词的理解，学界存在不同的认识，从广义上而言，“行政”是组织的一种职能，任何组织的存在和发展都必须有相应的机构和人员行使执行和管理职能；[1]从狭义上而言，“行政”是国家行政机关行使权力、管理国家事务的活动，或者是指国家行政机关行使行政权、执行和实现国家意志的活动。[2]

“行政”既包含公共行政，也包括私行政。所谓“公共行政”，是指不以营利为目的，旨在有效增进与公平地分配社会公共利益而进行的组织、管理与调控活动。[3]公共行政强调的是公共部门和公共服务机构的行政，与之相对应，“私行政”主要是指营利的、私人的、企业的行政。

行政法上的行政仅指公共行政，而不包含私行政。一般而言，**行政法上的“行政”是指国家通过一定的组织为实现国家或社会职能而进行的公共管理活动及其过程。**[4]

☆ 行政的种类

(1)根据管理方式不同，可将行政分为“授益行政”和“负担行政”。前者是指行政机关为公民增加利益和赋予权利的行为；后者是指行政机关使公民负担义务的行为。

(2)根据对公民自由权保护的态度的不同，可将行政分为“秩序行政”和“给付行政”。前者是指为防止公民自由权滥用导致社会失序而进行的行政活动；后者是

---

〔1〕 姜明安主编：《行政法与行政诉讼法》，北京大学出版社、高等教育出版社 2015 年第 6 版，第 1 页。

〔2〕 参见方世荣、石佑启主编：《行政法与行政诉讼法》，北京大学出版社 2015 年第 3 版，第 4 页。

〔3〕 同上注。

〔4〕 《行政法与行政诉讼法》编写组：《行政法与行政诉讼法学》，高等教育出版社 2017 年版，第 7 页。

指为消除和减少过度自由竞争带来的社会差别和维护社会公平提供的公共服务从事的行政活动。

1.1.2 行政法的概念

目前,无论是国外学者还是国内学者,对行政法的概念界定均存在一定的差异,他们通常基于不同的视角对行政法进行界定。

例如,美国行政法学者伯纳德·施瓦茨曾认为,行政法是调整政府行政活动的部门法。它规定行政机关可以行使的权力,确定行使这些权力的原则,对受到行政行为损害的人予以法律救济。这个定义把行政法分为三部分:第一,行政机关所具有的权力;第二,行使这些权力的法定要件;第三,对不法行政行为的救济。[1]

德国行政法学者哈特穆特·毛雷尔认为:"行政法是指以特有的形式调整行政行为、行政组织以及行政程序的法律规范的总称,是为行政所特有的法。确切地说,行政法是调整行政与公民之间的关系,确立公民权利和义务的规范,只是其范围限于行政上的关系而已。"[2]

法国行政法学者莫里斯·奥里乌指出:"行政法从一定程度上而言是规定国家及其法律关系的存在方式的公法中的一部分,它以国家行政体制为立法对象。且行政法具有主观法和客观法双重因素,在以公共行政机关及其权力的组织为目标的行政法中,一切涉及行政组织的法都是客观法,而一切涉及公共行政机关行使权力的法,在产生公务管理的法律关系中,都是主观法。"[3]

英国行政法学者韦德则指出,从行政法的目的和功能上而言,其是控制政府权力的法,从内容和形式上而言,行政法是调整公共当局行使权力和履行职责的一般原则的总称。[4]

我国学者对行政法的概念多从其调整对象、功能作用等方面进行界定,如有学者指出,"行政法是调整行政关系的法律规范的总称,或者说是调整国家行政机关在行使其职权过程中发生的各种社会关系的法律规范的总称"。[5] 还有学者认为,"行政法是调整行政关系的、规范和控制行政权的法律规范系统"。[6]

---

〔1〕 B. Schwarts, *Administrative Law*, Boston: Little Browns, 1976, p. 1.

〔2〕 参见[德]哈特穆特·毛雷尔:《行政法学总论》,高家伟译,法律出版社2000年版,第33~35页。

〔3〕 参见[法]莫里斯·奥里乌:《行政法与公法精要》,龚觅译,辽海出版社、春风文艺出版社1999年版,第143~148页。

〔4〕 H. Wade, *Administratrative Law*, Oxford: Clarendon Press, 1989, pp. 4–5.

〔5〕 参见罗豪才:《行政法学》,中国政法大学出版社1983年版,第1页。

〔6〕 姜明安主编:《行政法与行政诉讼法》,北京大学出版社、高等教育出版社2015年第6版,第18页。

简而言之,行政法就是关于行政的法律规范的总称。具体而言,**行政法是有关行政的主体及职权、行为及程序、违法及责任和救济关系等的法律规范的总称。**[1]

1.1.3 行政法的特征

★ 内容方面的特征

(1)行政法涉及内容极为广泛。这是由行政的性质所决定的。由于现代行政的范围涉及国防、外交、经济、文化、卫生、教育等各个领域,行政法是有关行政的法律规范总称,因而行政法在内容上也要对各个领域的行政关系予以回应。

(2)行政法规范具有易变性。公共行政处在不断变化发展之中,从事行政活动的行政主体面临着复杂多变的新问题和新情况,为使行政法规范能够适应社会发展需要,就需要对行政法规范进行相应的增设、修改和废除。

(3)行政法中的实体性规范与程序性规范相交织。从整体而言,行政法既包括实体性规范,也包括程序性规范;从具体规范层面而言,行政法的实体性规范与程序性规范常常被安排在同一个法律之中。

★ 形式方面的特征

(1)行政法没有统一、完整的法典。行政法涉及的社会生活领域十分广泛,内容复杂多变,并且具有较高的技术性和专业性,不可能通过制定一部统一的行政法典就可将社会生活的各个领域予以涵盖。因而,行政法是由一系列具有专门性的法律规范所组成的。

(2)行政法的法律形式和法律规范数量众多。行政法律规范的制定主体的多元性决定了其数量的多样化。

★ 效力方面的特征

(1)不同主体制定的行政法规范具有不同的效力等级,如行政法规、部门规章以及地方政府规章等具有不同的法律效力。

(2)不同的行政法规范所具备的效力适用范围有所不同,如部门规章和地方政府规章在其所能够适用的地区、时间以及具体事项等方面可能有所不同。

★ 属性方面的特征

(1)行政法是政治性与技术性的统一法。行政法的政治性体现为:行政机关是国家权力机关的执行机关,因而,相对于民法或刑法而言,行政法是政治性的法;行

---

〔1〕《行政法与行政诉讼法》编写组:《行政法与行政诉讼法学》,高等教育出版社 2017 年版,第 10 页。

政法的技术性体现为：相对于宪法而言，行政法又是技术性的法。[1] 因此，行政法既是政治性的法，又是技术性的法，是二者的统一。

(2)行政法是行为规范与裁判规范的统一。行政法规范作为行政主体行使行政权力或履行行政职责所必须遵循的规则，首先是行政主体的行为依据，包括实体依据和程序依据，其次才是法院审理行政争议案件的裁判依据。[2]

★ 功能方面的特征

(1)行政法是控制和规范行政权的法。行政法对行政权的控制和规范主要体现在两个方面：一是通过行政行为法和行政程序法规范行政权行使的方式和手段；二是通过行政法制监督法、行政责任法、行政救济法制约行政权滥用。

(2)行政法是保障公民权利的法。行政法通过对公民权利予以确认并建立诸如公开、听证等法律制度来实现对公民权利的最大保障。

1.1.4　行政法的体系

行政法的体系就是指行政法由哪些部分所组成。一般认为，行政法的体系包括四个部分：

(1)行政主体法，主要对行政权的行使主体资格进行规定。

(2)行政组织法，主要对行政主体组织形式、机构设置等内容作出规定。

(3)行政行为法，主要对行政主体行使行政权的外在表现加以规范。

(4)行政监督法，主要对行政主体行使行政权的监督加以规范，也可以称为行政救济法。

1.1.5　行政法的历史发展

☆ 国外行政法的历史发展

1. 大陆法系国家行政法的历史发展

大陆法系国家行政法的典型代表为法国和德国。

法国是现代行政法的母国，法国行政法是在 1789 年法国大革命之后产生的。其主要特点有：(1)判例具有重要作用，一些重要原则由判例发展而来；(2)具有独立的行政法院系统；(3)行政法体系完整，既包括内部行政法又包括外部行政法，既

[1] 对于行政法的“技术性”特征，有学者指出宪法具有政治性、意识形态性、国家性和民族性；而行政法则表现为技术性、手段性、合目的性。参见[日]和田英夫：《现代行政法》，倪健民、潘世圣译，中国广播电视出版社 1993 年版，第 36 页。

[2] 参见《行政法与行政诉讼法》编写组：《行政法与行政诉讼法学》，高等教育出版社 2017 年版，第 14 页。

包括实体行政法又包括程序行政法;(4)从行政法的功能上看,有保障公民权利和控制行政权的作用。

德国行政法的前提是具有明确的私法和公法划分。其主要特点有:(1)主要构成是成文法规范,1960年的《行政法院法》和1976年的《联邦行政程序法》构成其完整的行政法基础;(2)实体性规范与程序性规范融合程度较高,德国行政程序法并非单纯包括行政程序内容,它同时包含了广泛的实体内容,如行政处分的构成要件、公法契约和国家责任等;(3)设有行政法院,和法国行政法院属于行政系统有所不同,德国的行政法院属于司法系统。

2. 英美法系国家行政法的历史发展

现代意义上的英国行政法是在17世纪中后期出现的。英国行政法的特征如下:(1)行政诉讼和民事诉讼、刑事诉讼一样由普通法院管辖,没有独立的行政法院;(2)由于没有公法和私法之分,普通法院受理行政诉讼适用一般的法律规则;(3)设立了众多用以解决行政争议和与行政争议有关的民事诉讼的行政裁判所,裁判所独立于法院。

美国行政法肇始于1887年州际贸易委员会的成立。美国行政法的特征如下:(1)判例法和制定法均构成美国行政法的法律渊源,其中,制定法的效力高于判例法;(2)与英国议会至上原则不同,美国法院既可对行政机关的行为进行合法性审查,也可以对国会的相关立法进行审查;(3)行政程序法在美国行政法体系中占据突出地位;(4)与英国的行政裁判所相似,美国在其行政系统内设有专门的行政法法官制度,用以解决与行政相关的争议和纠纷。

☆ 我国行政法的历史发展

1. 民国时期

(1)中国第一部现代意义上的行政法——1914年北洋政府时期颁布的《行政诉讼条例》;(2)设立专门行政法院,行政法院独立于普通法院专门审理行政诉讼案件。1932年,民国政府正式颁布《行政诉讼法》,1945年颁布《行政法院组织法》。

2. 中华人民共和国成立后行政法的发展

一般认为,行政法在新中国成立后的历史发展大致可以分为四个阶段:[1]

(1)1949~1956年,行政法初创时期。这一时期并未形成完整的行政法体系,只有一些单行行政法。

---

〔1〕 参见《行政法与行政诉讼法》编写组:《行政法与行政诉讼法学》,高等教育出版社2017年版,第19页。

(2)1957 ~ 1977 年,行政法发展停滞不前。主要原因是受"文化大革命"的影响,这一时期我国的法制建设止步不前。

(3)1978 ~ 1988 年,行政法逐步恢复阶段。"文化大革命"结束,改革开放初期,为适应新情况,行政法律规范得以恢复发展。

(4)1989 年《行政诉讼法》颁布施行以来。这一时期是我国行政法迅速发展时期,目前,我国行政法已初步建立了相对完善的体系,《行政诉讼法》《国家赔偿法》《行政处罚法》《行政许可法》《行政强制法》《行政复议法》等法律规范相继制定实施,并随着社会的发展进行着不断的修订与更新。

1.1.6　行政法上的法律关系

★★ 行政法律关系的概念

行政法律关系是指,行政法规范对行政活动产生的各种社会关系加以调整后形成的行政法上的权利义务关系。这种关系包括行政主体之间、行政主体与行政相对人之间以及行政主体与其他行政第三人之间的权利义务关系。理解行政法律关系的内涵,需要明确以下几点:

(1)行政法律关系是一种法律上的权利义务关系,且这种权利义务关系具有特定的范围,即是行政法对行政主体实现行政职能范围内发生的社会关系,超出这一范围的社会关系不属于行政法规范所调整,因而不是行政法律关系。

(2)行政法律关系不同于行政关系。首先,行政法律关系以行政关系为前提,行政关系是行政法的调整对象,行政法律关系是行政法对其调整对象予以规范后的结果,没有行政关系,就不会有行政法律关系;其次,行政关系不具有权利义务内容,行政法律关系具有权利义务内容,并且受国家强制力保障。

(3)行政法律关系的一方至少为行政主体。行政法律关系中的行政主体一方是恒定的,它是行政主体与行政相对人及行政第三人之间经由行政法规范所形成的各种法律关系。

(4)行政法律关系中的各方主体权利义务具有对应性。作为行政法律关系的主体,双方都享有一定的权利并承担相应的义务,不存在一方只享有权利而另一方只承担义务的情形。

(5)行政法律关系中的各方主体权利义务不具有对等性。所谓对等性是指,双方主体所享有的权利义务是同样的或者等值的。在行政法律关系中,行政法律关系主体一方必定为行政主体,而另一方也可以是行政相对人或者是行政第三人,其中,行政主体行使的是行政权力或监督权力,行政相对人行使的是个人权利或监督权利，上述权力（权利）在内容上并不具有同一性或等值性。

（6）行政法律关系的表现形式多样。它可能是权力关系也可能是非权力关系。权力关系主要是行政主体与行政相对人之间的支配或服从关系，如行政处罚；非权力关系是指行政主体与行政相对人之间不具有支配或服从关系，如行政指导关系或行政服务关系等。

★ 行政法律关系的分类

（1）内部行政法律关系与外部行政法律关系。前者是指，行政主体之间或行政机关与行政公务人员之间的各种权利义务关系，如公务人员的辞退、处分等等；后者是指，行政主体与行政相对人在行政管理活动中形成的权利义务关系，如行政处罚、行政许可等。

（2）实体行政法律关系和程序行政法律关系。前者是指，决定行政法律关系主体之间具体本质属性的事实、状态和结果的权利义务关系；后者是指，保障实体性权利义务关系得以形成和运行的权利义务关系。

（3）行政管理法律关系和监督行政法律关系。前者是指，行政主体行使行政管理权时形成的与行政相对人之间的权利义务关系；后者是指，各个监督主体对行政主体实施监督活动所形成的权利义务关系，如行政复议关系和行政诉讼关系。

（4）单一行政法律关系与复合行政法律关系。前者是指，行政法律关系的主体为双方当事人，权力与义务具有单一性，例如税务征收关系等；后者是指，行政法律关系的主体并非单一，而是具有多重性。

★★ 行政法律关系的构成

1. 行政法律关系的主体

它是指行政法律关系中享有权利和承担义务的个人或组织，主要包括行政主体、行政相对人和行政第三人。

2. 行政法律关系的内容

它是指行政法律关系主体相互之间的权利与义务的总和。

它包括行政主体之间的权利和义务，行政主体与行政公务人员之间的权利和义务、行政主体与行政相对人之间的权利和义务，以及监督主体与行政主体之间的权利和义务。其中，行政主体以及行政相对人所享有的权利和义务具有多样性，例如，行政主体具有行政命令权、规范创制权、行政处理决定权等；行政相对人具有监督权、参与权、表达权等等。

3. 行政法律关系的客体

行政法律关系的客体是指行政法律关系主体的权利义务所指向的对象或标的。

行政法律关系的客体包括物、人身和行为。

★ 行政法律关系的变动

行政法律关系的变动包括行政法律关系的产生、变更和灭失。

(1)行政法律关系的产生。行政法律关系产生的条件有两个:一是行政法规定了权利义务的模式,换言之,行政法规定了行政法律关系产生的依据;二是行政法规定的权利义务关系产生的法定条件已经产生,主要是相关法律事实的出现。法律事实包括法律事件和法律行为,前者是指法定的客观现象,如自然灾害、人的出生或死亡等;后者是指能够产生法律效果的行为。

(2)行政法律关系的变更。导致行政法律关系的变更需要具备以下条件之一:一是主体的变更,它是指行政法律关系主体发生了不影响原权利义务的变化,它表现为主体数量的变化以及主体的更替;二是客体上的变化,它是指由一种新的客体取代旧的客体。

(3)行政法律关系的灭失。它是指行政法律关系中的主体、客体以及内容不复存在。行政法律关系的灭失主要基于以下原因:首先,行政法律关系主体之间形成的法律关系没有意义而终止;其次,行政法律关系已完成而消灭;第三,行政法律关系主体放弃权力。

法律与规范链接

▲ 必读法条

《宪法》第 85 条、第 95 条、第 105 条

典型案例

包某某诉国家发展和改革委员会转送信访材料案[1]

原告包某某曾两次被告向国家发改委举报:某铁路局经营的部分快速列车和所有普快列车均未按国家的停站标准设站,却按照快车收费,是违反《价格法》的行为。国家发改委认为包某某的举报事项属于铁道部的职责范围,故按规定的时限和程序将包某某的举报转交铁道部办理。包某某对国家发改委对自己的举报不予答复的行为不服,向北京市第一中级人民法院提起诉讼。

原告诉称:原告曾两次向被告举报某铁路局的违法经营行为,但被告认为原告所举报的事项属于铁路管理规程范围,遂将原告的举报信转送铁道部办理。原告所举报事项属于经营者违反《价格法》第 14 条第(六)项规定的情形,被告作为国家价格主管部门将该举报事项转交给不具有价格监督管理职能的铁道部处理是行政不作为。故请求认定被告接到原告的举报信后不予答复并转交铁道部处理是不履行法定职责的行为;判定被告履行《价格法》第 40 条、第 41 条规定的保护原告财产权的法定职责等。

被告辩称:原告的两次举报均为旅客列车的停站设定事项,列车停站次数与列车票价之间并没有本质联系,应属铁路技术管理规程问题,根据《铁路法》第 8 条的规定,该事项应属于铁道部的职责范围。被告按规定的时限和程序转由铁道部办理就是对举报处理的合法方式之一,故被告已依法履行了法定职责,请求驳回原告的诉讼请求。

裁判结果与理由

北京市第一中级人民法院经审理认为:根据 1996 年 1 月 1 日起施行的《信访条例》的规定,各级行政机关根据职责权限和信访事项性质办理信访事项。[2] 原告所举报的关于某铁路局经营的部分快速列车和所有普快列车均未按国家的停站标准设站的事项非被告的法定职责,不属于《信访条例》规定的由被告直接办理的情形,

---

[1] 资料来源:北大法宝网,http://www. pkulaw. cn/case/pfnl_1970324837063375. html? match = Exact,最后访问时间:2017 年 5 月 25 日。

[2] 2005 年 5 月 1 日起施行的修订版《信访条例》第 4 条,亦规定了行政机关处理信访事项应遵循"谁主管,谁负责"等原则。——编者注

原告主张被告的行为性质属于行政不作为缺乏事实依据和法律依据，不符合《行政诉讼法》第 41 条第 3 项规定的起诉条件。依照最高人民法院《关于执行〈中华人民共和国行政诉讼法〉若干问题的解释》第 44 条第 1 项之规定，裁定驳回原告包某某的起诉。

包某某不服一审裁定，以同样的理由向北京市高级人民法院提起上诉。北京市高级人民法院经审理认为：信访工作是党和人民政府密切联系人民群众的一种重要方式，是保障宪法赋予公民的申诉、控告、提出批评及建议的程序权利的一条有效途径。对于信访人依法提出的建议、意见和投诉请求，各级人民政府及县级以上人民政府工作部门的信访工作机构受理后，应当向有关具有法定职责的行政机关交办、转送。办理信访行为不属于行政诉讼的受案范围。本案中，包某某向国家发改委信访工作机构举报的实质问题是设站是否符合国家标准的问题。因此，国家发改委信访工作机构依法将其举报转送对举报事项具有法定职责的铁道部处理，包某某对该行为不服，提起行政诉讼，不符合《行政诉讼法》第 41 条第 4 项规定的起诉条件。一审法院裁定驳回包某某的起诉正确。依据《行政诉讼法》第 61 条第 1 项的规定，裁定驳回上诉，维持一审裁定。

延伸阅读

1. 罗豪才、方世荣：《论发展变化中的中国行政法律关系》，载《法学评论》1998 年第 4 期。
2. 朱维究、梁凤云：《西方宪政背景下行政法概念的比较研究》，载《比较法研究》2000 年第 1 期。
3. 王成栋：《行政法律关系基本理论问题研究》，载《政法论坛》2001 年第 6 期。
4. 戚建刚：《对行政法发展的"范式转换论"之商榷》，载《法律科学》2003 年第 6 期。
5. 关保英：《行政法结构性变迁的法哲学分析》，载《中国社会科学评价》2016 年第 2 期。

1.2　行政法的渊源

知识要点

1.2.1　行政法渊源的概念

行政法的渊源是指，行政法律规范的外在表现形式及其来源或出处。不同国家行政法的渊源有所不同。**我国行政法的渊源包括宪法、法律、行政法规、地方性法**

规、自治条例、单行条例、行政规章、国际条约、法律解释等。

1.2.2 我国的行政法渊源

★ 宪法

在我国,宪法作为国家的根本大法,具有最高的效力等级。宪法规定中与行政相关的条款均是行政法的渊源。宪法包含的行政法规范主要有:关于行政管理活动基本原则的规范;关于国家行政机关组织、基本工作原则和职权的规范;关于国家行政区域划分和设立特别行政区的规范;关于公民基本权利和义务的规范;关于保护外国人合法权益和外国人义务的规范;关于国有经济组织、集体经济、外资或合资经济以及个体劳动者在行政法律关系中的权利义务规范;关于国家发展教育、科学、医疗卫生、体育、文学艺术、新闻广播、出版发行等事业方针政策的规范;关于加强国防、保卫国家安全、维护社会秩序的规范;等等。

★ 法律

它是指由国家权力机关按照法定程序制定、修改并颁布的,由国家强制力保障实施的规范性文件。在我国,并非所有的法律都可以作为行政法的渊源,法律作为行政法的渊源主要有以下几种类型:一是某一单个法律只规定了行政法规范,如《行政许可法》《行政处罚法》等;二是某一法律既规定行政法相关内容,也包含其他部门法的内容,如《水法》《森林法》等;三是主要作为其他法律部门渊源的法律也可能包含行政法规范,如《物权法》中的征收规定以及《婚姻法》中的婚姻登记规定等。

★ 行政法规

行政法规是,国务院根据宪法和法律,按照法定程序制定的有关行使行政权力,履行行政职责的规范性文件的总称。作为行政法的重要渊源,行政法规效力低于宪法和法律。国务院是制定行政法规的唯一主体,其他任何机关无权制定行政法规。行政法规可以就下列事项作出规定:(1)为执行法律的规定需要制定行政法规的事项;(2)《宪法》第 89 条规定的国务院行政管理职权的事项。

★ 地方性法规

地方性法规是,由地方立法机关制定或认可的,其效力不能及于全国,而只能在地方区域内发生法律效力的规范性法律文件。省、自治区、直辖市以及省、自治区、直辖市所在地的市、经济特区、经国务院批准的较大的市以及设区的市的人民代表大会及其常委会是地方性法规的制定主体。地方性法规可以就下列事项作出规定:(1)为执行法律、行政法规,需要根据本行政区域的实际情况作具体规定的事项；(2)属于地方事务需要制定地方性法规的事项。

★ 自治条例和单行条例

宪法赋予了民族自治地方人民代表大会结合当地民族政治、经济和文化的特点，制定自治条例和单行条例的权力。自治条例和单行条例的内容涉及公民的权利和义务，是行政法的重要渊源。其中，自治区的自治条例和单行条例报全国人大常委会批准后生效；自治州、自治县的自治条例和单行条例报省或者自治区的人大常委会批准后生效，并报全国人大常委会备案。自治条例、单行条例可依当地民族的特点，对法律和行政法规的规定作出变通规定，但不得违背法律或者行政法规的基本原则。

★ 行政规章

行政规章包括部门规章以及地方政府规章。部门规章是指国务院各部、各委员会、中国人民银行、审计署和具有行政管理职能的直属机构，根据法律和国务院的行政法规、决定、命令，在本部门的权限范围内，按照法定程序制定的规范性文件。地方政府规章是指省、自治区、直辖市以及省、自治区、直辖市所在地的市、经济特区、经国务院批准的较大的市以及设区的市、自治州的人民政府，根据法律、行政法规和本省、自治区、直辖市的地方性法规制定的规范性文件。部门规章规定的事项限于有关执行法律和国务院的行政法规、决定及命令事项。地方政府规章可以对下列事项作出规定：(1)为执行法律、行政法规、地方性法规的规定需要制定规章的事项；(2)属于本行政区域的具体行政管理事项。设区的市、自治州的人民政府制定地方性规章，限于城乡建设与管理、环境保护、历史文化保护等方面的事项。没有法律、行政法规、地方性法规的依据，地方政府规章不得设定减损公民权利或增加公民义务的规范。

★ 国际条约与协定

国际条约指两个或两个以上国家或国际组织间缔结的确定其权利和义务的各种协议，是国际交往的一种最普遍的法的渊源或法的形式。[1] 协定是指两个或两个以上国家政府签订的，规定相互之间与政治、经济、文化、法律、军事等相关的权利义务的各种协议的总称。国际条约和协定的内容涉及行政管理领域，因而是行政法的渊源。

---

〔1〕 参见《行政法与行政诉讼法》编写组：《行政法与行政诉讼法学》，高等教育出版社 2017 年版，第 25 页。

★ **法律解释**

法律解释是指有权国家机关对已经颁布施行的相关法律规范作出的旨在保障其正确适用的解释性规范。法律解释具有四种类型：立法解释、行政解释、司法解释和地方解释。立法解释是针对法律进行的相关解释、说明和补充，有权进行立法解释的主体是**全国人大常委会**；行政解释是对不属于审判和检察机关的其他法律具体适用问题进行的解释、说明和补充，有权进行行政解释的主体为**国务院及其主管部门**；司法解释是对审判或检察工作中法律的具体运用进行的解释，有权进行司法解释的主体为**最高人民法院和最高人民检察院**；地方解释是对地方性法规进行的解释，有权进行地方解释的主体为**省、自治区、直辖市人大常委会以及省、自治区、直辖市人民政府主管部门**。

法律与规范链接

▲ **必读法条**

《宪法》第5条、第89条

《立法法》第65条，第72条第1、2款，第73条，第75条，第82条

延伸阅读

1. 朱新力：《论行政法的不成文法源》，载《行政法学研究》2002年第1期。
2. 毛玮：《论行政法的正式渊源》，载《行政法学研究》2003年第3期。
3. 应松年、何海波：《我国行政法的渊源：反思与重述》，载《公法研究》2004年第1期。

1.3　行政法的基本原则

知识要点

1.3.1　行政法基本原则的概念

行政法的基本原则是指，贯穿于行政法全部规范之中的，能够集中反映行政法的根本目的和价值，体现现代行政法治的精神，并能够普遍指导行政法的制定、执行和遵守的基本准则和原理。

1.3.2　行政法基本原则的内容[1]

行政法的基本原则主要包括六项:合法行政、合理行政、程序正当、权责统一、高效便民、诚实信用。

★★ 合法行政原则

该原则要求行政主体的职权法定,同时依照法定程序从事行政活动。合法行政原则是行政法的首要原则,合法行政属于形式法治的范畴。合法行政原则对行政立法和行政执法提出以下具体要求:一是法律优先原则,它要求行政立法不得与法律规定相抵触,同时行政主体行使职权和履行义务不得违法法律规定;二是法律保留原则,它要求法无授权即禁止,行政主体从事行政活动必须要有明确的法律依据。

★★ 合理行政原则

该原则要求行政主体行使行政权力必须做到客观、适度和符合公平正义等法律理性。合理行政原则属于实质法治的范畴。合理行政原则对行政机关提出以下具体要求:一是要公平公正地对待行政相对人,同等情况下不能歧视或偏袒某一行政相对人;二是行使自由裁量权要考虑相关因素,符合法律目的,排除不相关因素的干扰;三是符合比例原则,行使行政权力给公民的合法权益造成的损害不得超过行政目的所要求的范围与价值,必须在对相对人权益造成最小损害的范围内行使行政权力。

★★ 程序正当原则

该原则要求行政主体作出对行政相对人权益造成影响的决定时,应当遵循正当、公正的程序。正当程序原则对行政主体提出以下具体要求:一是行政公开,除涉及国家秘密、商业秘密和个人隐私外,要求行政活动的依据、过程和结果应当全部向社会公众公开;二是回避制度,要求与行政活动具有利害关系的行政机关公务人员,应当回避;三是公众参与,行政机关作出决定,应当听取公众意见,公众一般具有获得通知权、陈述权、抗辩权以及申请权;四是不单方接触,行政主体在处理某一涉及两个或两个以上有利益冲突的行政相对人的行政事务时,不能单独与其中一方

---

[1] 主要参考以下教材:《行政法与行政诉讼法》编写组:《行政法与行政诉讼法学》,高等教育出版社 2017 年版;姜明安主编:《行政法与行政诉讼法》,北京大学出版社、高等教育出版社 2015 年第 6 版;马怀德主编:《行政法与行政诉讼法》,中国法制出版社 2015 年第 5 版;方世荣、石佑启主编:《行政法与行政诉讼法》,北京大学出版社 2015 年第 3 版;等等。

进行接触。

★★ 权责统一原则

该原则要求行政主体行使职权的同时承担相应的责任。权责统一原则对行政主体提出以下具体要求：一是确保行政效能，行政主体行使行政权力必须以法律、法规赋予的执法手段为保障，以确保执法效率；二是行政责任，行政主体违法或不当行使行政职权，应当依法承担法律责任。

★★ 高效便民原则

该原则要求行政主体行使行政权力时积极履行法定职责，确保行政效率和服务质量。高效便民原则对行政主体提出以下具体要求：一是行使行政职权要严格遵守法定时限，禁止不作为或不完全作为，禁止不合理迟延行政；二是提高行政效率，保证服务质量，最大限度地为行政相对人提供便利。

★★ 诚实信用原则

该原则要求行政主体进行行政管理活动时应当做到诚实信用。诚实信用原则对行政主体提出以下具体要求：一是行政主体向社会公布的信息应当全面、真实且准确，不得误导行政相对人；二是信赖保护，非因法定事由并经法定程序，行政主体对已生效的行政决定不得撤销或变更；此外，因国家利益、公共利益或其他法定事由需要撤回或变更的，应当遵循相应的法定程序，同时给予行政相对人相应的补偿以弥补其信赖利益之损失。

法律与规范链接

▲ 必读法条

《宪法》第3条、第5条、第27条，第41条第1款

《公务员法》第70条、第71条

《行政处罚法》第31条

《行政许可法》第38条

《政府信息公开条例》第1条

典型案例

田某诉北京某大学拒绝颁发毕业证、学位证案[1]

原告田某于1994年考取北京某大学,取得本科生的学籍。1996年2月,田某在某课程的补考过程中,被监考教师发现携带写有公式的纸条,于是按照考场纪律,当即停止了田的考试。被告北京某大学于1994年制定了《关于严格考试管理的紧急通知》(以下简称第068号通知)。该通知规定,凡考试作弊的学生一律按退学处理,取消学籍。被告据此于1996年3月对田作出退学处理决定。同年4月,被告填发了学籍变动通知,但退学处理决定和变更学籍的通知未直接向田宣布、送达,也未给田办理退学手续,田某继续以该校大学生的身份参加正常学习及学校组织的活动。1996年9月,被告为田补办了学生证,之后每学年均收取田交纳的教育费,并为田进行注册、发放大学生补助津贴,安排田参加了大学生毕业实习设计,由其论文指导教师领取了学校发放的毕业设计结业费。田还以该校大学生的名义参加考试,先后取得了大学英语四级等证书。被告对原告在该校的四年学习中成绩全部合格,通过毕业实习、毕业设计及论文答辩,获得优秀毕业论文等事实无争议。

1998年6月,田所在院系向被告报送班级授予学士学位表时,被告有关部门以田已按退学处理、不具备本大学学籍为由,拒绝为其颁发毕业证书,且未向教育行政部门呈报田的毕业派遣资格表。田所在院系认为原告符合大学毕业和授予学士学位的条件,但由于当时原告因毕业问题正在与学校交涉,故暂时未在授予学位表中签字,待学籍问题解决后再签。被告因此未将原告列入授予学士学位资格的名单交该校学位评定委员会审核。因被告的部分教师为田某一事向原国家教委申诉,国家教委高校学生司于1998年5月18日致函被告,认为被告对田永违反考场纪律一事处理过重,建议复查。同年6月10日,被告复查后,仍然坚持原结论。田某认为自己符合大学毕业生的法定条件,北京某大学拒绝给其颁发毕业证、学位证是违法的,遂向北京市海淀区人民法院提起行政诉讼。

裁判结果和理由

北京市海淀区人民法院于1999年2月作出行政判决:一、被告在本判决生效之

---

[1] 资料来源:中华人民共和国最高人民法院网站,http://www. court. gov. cn/shenpan - xiangqing - 13222. html,最后访问时间:2017年5月25日。

日起30日内向原告颁发大学本科毕业证书；二、被告在本判决生效之日起60日内组织本校有关院、系及学位评定委员会对原告的学士学位资格进行审核；三、被告于本判决生效后30日内履行向当地教育行政部门上报有关原告毕业派遣的有关手续的职责；四、驳回原告的其他诉讼请求。北京某大学提出上诉，北京市第一中级人民法院于1999年4月作出行政判决：驳回上诉，维持原判。

法院生效裁判认为：根据我国法律、法规规定，高等学校对受教育者有进行学籍管理、奖励或处分的权力，有代表国家对受教育者颁发学历证书、学位证书的职责。高等学校与受教育者之间属于教育行政管理关系，受教育者对高等学校涉及受教育者基本权利的管理行为不服的，有权提起行政诉讼，高等学校是行政诉讼的适格被告。

高等学校依法具有相应的教育自主权，有权制定校纪、校规，并有权对在校学生进行教学管理和违纪处分，但是其制定的校纪、校规和据此进行的教学管理和违纪处分，必须符合法律、法规和规章的规定，必须尊重和保护当事人的合法权益。本案原告在补考中随身携带纸条的行为属于违反考场纪律的行为，被告可以按照有关法律、法规、规章及学校的有关规定处理，但其对原告作出退学处理决定所依据的该校制定的第068号通知，与《普通高等学校学生管理规定》第29条规定的法定退学条件相抵触，故被告所作退学处理决定违法。

退学处理决定涉及原告的受教育权利，为充分保障当事人权益，从正当程序原则出发，被告应将此决定向当事人送达、宣布，允许当事人提出申辩意见。而被告既未依此原则处理，也未实际给原告办理注销学籍、迁移户籍、档案等手续。被告于1996年9月为原告补办学生证并注册的事实行为，应视为被告改变了对原告所作的按退学处理的决定，恢复了原告的学籍。被告又安排原告修满四年学业，参加考核、实习及毕业设计并通过论文答辩等。上述一系列行为虽系被告及其所属院系的部分教师具体实施，但因他们均属职务行为，故被告应承担上述行为所产生的法律后果。

国家实行学历证书制度，被告作为国家批准设立的高等学校，对取得普通高等学校学籍、接受正规教育、学习结束达到一定水平和要求的受教育者，应当为其颁发相应的学业证明，以承认该学生具有的相当学历。原告符合上述高等学校毕业生的条件，被告应当依《教育法》第28条第1款第5项及《普通高等学校学生管理规定》第35条的规定，为原告颁发大学本科毕业证书。

国家实行学位制度，学位证书是评价个人学术水平的尺度。被告作为国家授权的高等学校学士学位授予机构，应依法定程序对达到一定学术水平或专业技术水平的人员授予相应的学位，颁发学位证书。依《学位条例暂行实施办法》第 4 条、第 5 条、第 18 条第三项规定的颁发学士学位证书的法定程序要求，被告首先应组织有关院系审核原告的毕业成绩和毕业鉴定等材料，确定原告是否已较好地掌握本门学科的基础理论、专业知识和基本技能，是否具备从事科学研究工作或担负专门技术工作的初步能力；再决定是否向学位评定委员会提名列入学士学位获得者的名单，学位评定委员会方可依名单审查通过后，由被告对原告授予学士学位。

延伸阅读

1. 周佑勇：《西方两大法系行政法基本原则之比较》，载《环球法律评论》2002 年第 4 期。
2. 章剑生：《现代行政法基本原则之重构》，载《中国法学》2003 年第 3 期。
3. 潘荣伟：《政府诚信——行政法中的诚信原则》，载《法商研究》2003 年第 3 期。
4. 姜明安：《行政法基本原则新探》，载《湖南社会科学》2005 年第 2 期。
5. 刘飞：《信赖保护原则的行政法意义——以授益行为的撤销与废止为基点的考察》，载《法学研究》2010 年第 6 期。

第2章　行政法主体

教学目标

了解和识记行政法主体的基本概念;
识记与理解行政组织法律制度、行政主体的类型、行政机关的职权和职责、行政相对人的权利等内容;
了解公务员的种类、义务和权利、进入和退出机制、激励机制;
了解和识记法律法规授权组织与行政委托组织的区别、监督行政的主要类型及其内容。

推荐参考资料

1. 应松年主编:《行政法与行政诉讼法》,高等教育出版社2017年版,第一章、第三章、第四章、第十三章。
2. 姜明安主编:《行政法与行政诉讼法》(第六版),北京大学出版社、高等教育出版社2015年版,第二编(第四至九章)。
3. 马怀德主编:《行政法与行政诉讼法》,中国法制出版社2015年第5版,第三章、第四章、第十二章。
4. 马怀德编著:《行政法与行政诉讼法学案例教程》,知识产权出版社2014年版,第三章。
5. 应松年、董皞:《行政法与行政诉讼法学案例教程》,法律出版社2011年版,第三章、第四章。
6. 关保英编:《行政法与行政诉讼法:理论·实务·案例》,中国政法大学出版社2015年第2版,第二章。

2.1　行政法主体概述

知识要点

2.1.1　行政法主体的概念

★★ 行政法主体的含义

行政法主体亦称行政法律关系主体或行政法律关系当事人，指行政法律关系的实际参加者，即在种种具体的行政法律关系中享有或者行使权利（力）和承担义务的双方或多方当事人。[1] 行政法主体是行政法律关系的第一要素。

行政法主体与行政主体是两个相互联系但又有重要区别的概念。行政法主体主要包括行政主体、行政公务人员、行政相对人以及行政监督主体。[2] 行政主体是行政法主体的一种，而不是全部。行政主体虽然只是行政法主体的一种，但它是行政法主体中最重要的一种，具有相对恒定性。

2.1.2　行政法主体与行政组织法

☆ 行政法主体与行政组织

行政法学既然要研究行政权的运作，就不能不研究行政权的运作主体——行政主体，不能不研究行政主体的法律地位、组成、结构及其职权、职责等，而行政主体的法律地位、组成、结构及其职权、职责等均是由行政组织法规定的。因此，行政法学在研究行政法主体的过程中，需要关注行政组织法。

★ 行政组织法的界定

行政组织法是调整和规范公共行政组织、[3]构建现代公共行政秩序的法律规

---

〔1〕 参见《行政法与行政诉讼法》编写组：《行政法与行政诉讼法学》，高等教育出版社2017年版，第29页。

〔2〕 参见方世荣、石佑启主编：《行政法与行政诉讼法》，北京大学出版社2005年版，第34页。

〔3〕 公共行政组织是指承担公共行政事务、行使行政权力或履行公共职能的组织，公共行政组织没有法律界定，不是一个法律术语，而是人们对以行政组织身份存在、承担公共行政职能的一类组织的概称。公共行政组织可以分为国家行政组织和社会行政组织，行政机关是国家行政组织中的最小组织体。参见《行政法与行政诉讼法》编写组：《行政法与行政诉讼法学》，高等教育出版社2017年版，第53～54页。

范的总称。对此概念,可从以下方面理解:(1)行政组织法是调整公共行政组织的法律规范的总称;(2)行政组织法主要规定公共行政组织的法律地位、行政职能、权力结构和运行机制等;(3)行政组织法的目的是建立现代公共行政秩序,实现对公共行政组织的系统控制。[1]

☆ **行政组织法的分类**

1. 按照行政组织法适用范围不同,可以将其划分为中央行政组织法和地方行政组织法。在我国,中央行政组织法主要规范国务院及职能部门,地方行政组织法主要规范地方行政组织。

2. 按照行政组织法调整的对象不同,可以将其划分为国家行政组织法和社会行政组织法。国家行政组织法主要调整和规范国家行政组织,如国家行政职能、中央人民政府与地方人民政府间的关系等。社会行政组织法则是顺应社会公行政的日益发展,赋予社会行政组织相应的法律地位和职能。社会行政组织主要包括基层自治组织,履行公共职能的公益事业单位如国立学校和医院等,行业协会等社团组织和基金会等财团组织。

3. 按照行政组织法调整内容不同,可以将其划分为行政组织实体法和行政组织程序法。行政组织法涉及实体和程序两方面的内容,如行政机关职能和权限、政府的权力结构等属于行政组织实体法的内容,行政机关设置程序、行政体制改革程序等都属于行政组织程序法的范畴。

表 2-1 行政组织法的分类

适用范围不同	中央行政组织法	地方行政组织法
调整对象不同	国家行政组织法	社会行政组织法
调整内容不同	行政组织实体法	行政组织程序法

也有学者将行政组织法作广义和狭义的区分,认为广义的行政组织法包括行政机关组织法行政编制法和公务员法,而狭义的行政组织法仅指行政机关组织法。[2]

★★ **行政组织法律制度**

现代公共行政是一个多元复杂的系统,需要多项行政组织法律制度支持。以

---

〔1〕 参见《行政法与行政诉讼法》编写组:《行政法与行政诉讼法学》,高等教育出版社 2017 年版,第 57 页。

〔2〕 参见姜明安主编:《行政法与行政诉讼法》,北京大学出版社、高等教育出版社 2015 年第 6 版,第 87 页。

下简要介绍几个主要的行政组织法律制度。[1]

1. 行政职能设置

行政职能是指政府或其他行政组织承担的公共事务及应履行的行政职责。行政职能要解决的是政府的权力边界,一般来说政府的行政职能主要包括以下几项:

(1)国家安全职能。中国共产党第十八届三中全会明确提出了“总体国家安全观”,并决定设立国家安全委员会,完善国家安全体制和国家安全战略,确保国家安全。国家安全职能的履行涉及国家核心利益,需要统筹国际国内两个大局。因此,国家安全职能的设定、配置以及职能履行的方式都有可能超越传统模式,对非传统的安全问题要积极回应、科学决策、快速执行、系统监控。

(2)经济职能。经济职能是指政府对经济领域进行规划、调节、监管和服务,以促进国民经济的发展。在政府职能系统中,经济职能具有基础地位,它主要包括经济调节、市场监管、市场培育、国企管理等四个方面。

(3)社会职能。社会职能是指政府通过法律手段对社会利益进行调节,提供公共服务,并对社会进行管理,以促进社会和谐稳定。社会保障、人口发展、城乡规划、卫生、就业等都属于社会职能的范畴,强调社会安全、公平和平稳发展。社会职能除了通常所说的社会管理和公共服务外,还包含了社会自治的培育与发展以及社会冲突的预防和化解。

(4)生态环境保护职能。生态环境保护职能是指政府为了保护资源和生态环境,保障国家的可持续发展,通过规划、设定标准、监督和处罚等手段对生态环境进行保护和管理,包括建立自然资源的产权制度,对自然资源实施有效的开发利用和严格保护,建立资源有偿使用和生态补偿制度,强化生态环境监管等。

2. 政府间的关系

政府间的关系是指政府间的权力配置以及在此基础上形成的相互关系,包括纵向关系和横向关系。政府间纵向关系主要包括中央和地方的关系、上级政府和下级政府的关系。政府间横向关系指地方政府间的关系,包括同级政府之间的关系,也包括不同层级但没有上下级关系的地方政府间的关系。

3. 社会行政组织制度

社会行政组织制度主要包括基层自治制度、公益事业单位的自治管理以及社会自治制度。

---

〔1〕 参见《行政法与行政诉讼法》编写组:《行政法与行政诉讼法学》,高等教育出版社2017年版,第67~73页。

4. 行政编制制度

我国编制主要分为行政编制、事业编制、社会团体编制（社团编制）、企业编制和军队编制。从行政组织法的角度看，最重要的是行政编制和事业编制。

法律与规范链接

▲ 必读法条

《宪法》第85～92条，第95～111条

《国务院组织法》

《国务院机构设置和编制管理条例》

《地方组织法》

《地方各级人民政府行政机构设置和编制管理条例》

△ 延伸法条

《上海市街道办事处条例》

《社会团体登记管理条例》

《民办非企业单位登记管理暂行条例》

《基金会管理条例》

《关于国务院机构改革和职能转变方案》

《职能配置、内设机构和人员编制规定》规定（“三定”规定）

典型案例

超机构限额并超越审批权限设置行政机构案[1]

案情介绍

W某为G省B县新到任的县长。他经过考察，认为迫切需要改变B县县城脏乱差的面貌。目前负责城管工作的县城管办是县建设局的内设机构，他要求将其单列出来，成立县城管局。他责成县编办主任L某提出意见，L某告知W某，按照

---

〔1〕 资料来源：中国机构编制网机构编制监督检查典型案例，http://www.scopsr.gov.cn/bbyw/jdjc/dxal/201203/t20120326_56052.html，最后访问日期：2017年5月25日。

G省政府颁布的《G省机构编制管理规定》(省政府规章)规定,县政府设立行政机构,必须报市里审批。B县的政府机构限额为22个,目前政府的行政机构已经为22个,设立县城管局,超出了政府机构限额,估计市里不会批。对此,L某建议待下一轮机构改革时再统筹考虑。但是,W某认为改变B县县城脏乱差的面貌必须设立专门机构抓这项工作,既然市里不会批,不如县里直接决定算了。于是,他要求L某做一个成立县城管局的方案,提交县政府常务会研究。2007年6月,L某按照W某的要求,起草了成立县城管局的方案,提交县政府常务会研究。经县政府常务会集体研究决定成立县城管局,为县政府工作部门,行政编制20名。7月L某代县政府拟写了关于成立城管局通知,报W某签发。10月B县城管局正式挂牌成立,领导班子和工作人员配备到位。2008年11月县城管局粗暴执法,致3名商贩重伤。商贩将县城管局告上法院,法院认为县城管局不具备执法主体资格,应承担全部责任。

问题

该县城管局的设立是否合法?

参考结论与案情分析

该案属于超机构限额并超越审批权限设置行政机构的违纪案。政府组织机构必须依法设置,这些机构承担的职责和实际行政行为必须符合法律规范。任何未经法定程序设置的机构和配备的人员都不得行使行政管理职能。对此,《国务院行政机构设置和编制管理条例》《地方各级人民政府机构设置和编制管理条例》《事业单位登记管理暂行条例》等法规都明确规定了机构设置的程序和审批权限,各级地方党委、政府和机构编制部门也都制定了相应的机构设置管理程序,任何机构编制部门管理范围内的机构设置,必须按照法定程序报批。经过法定程序批准设置的机构,才能在社会上合法地进行活动,其活动也才具有法律效力。否则,这个机构就是不合法的,这个机构的行政行为也是不合法的。

W某作为新到任的县长,期望改变县城脏乱差面貌的想法是可以理解的。但是,加强某项工作就需要增加机构的认识是不正确的,违规增加行政机构则是错误的。按照《G省机构编制管理规定》的规定,县(市、区)政府行政机构的设立、增减或合并,须由县(市、区)机构编制管理机关提出方案,经县(市、区)政府常务会议讨论通过后,报请地级市政府批准,并报县(市、区)人大常委会备案。W某作为县长、县编委主任,是成立县城管局的审批人,为本案的直接责任者。其在主观方面存在违纪的主观故意;客观方面从事了超机构限额并超越审批权限设立政府行政机构的行为，造成了一定的社会危害；其行为侵犯了机构编制管理法律法规和相关政策，应追究其党纪责任。对于违规设立的县城管局，应宣布撤销。如B县确有成立城管局的必要，可以按程序报批，在县政府机构限额内统筹设置。

延伸阅读

1. 许崇德、皮纯协主编：《新中国行政法学研究综述》，法律出版社1991年版，第63～37页。
2. 应松年、薛刚凌：《行政组织法研究》，法律出版社2002年版。
3. 熊先觉、皮纯协主编：《中国组织法学》，山西教育出版社1993年版。
4. 王建芹：《第三种力量——中国后市场经济论》，中国政法大学出版社2003年版，第163～240页。
5. 陈泉生：《行政法的基本问题》，中国社会科学出版社2001年版。

2.2 行 政 主 体

知识要点

2.2.1 行政主体概述

★ 行政主体的含义

在我国行政主体通常被定义为：**依法享有行政职权或负担行政职责，能够以自己的名义对外行使行政职权且能够对外独立承担法律责任的组织。**

第一，行政主体是组织，不是个人。尽管具体的行政行为大多是由国家公务员实施，但都是以组织的名义而不是个人的名义进行。

第二，行政主体是依法享有行政职权或负担行政职责的组织。这个组织的行政职权或职责是由法律法规设定，或者由有权机关通过法定程序授予。我国行政主体主要是各级人民政府及其部门，但随着社会行政的发展和国家治理的现代化，经法律、法规规章、授权的社会行政组织也能成为行政主体。

第三，行政主体有权代表国家和社会组织独立行使职权。

第四，行政主体能够独立参加行政诉讼。

★★ 行政主体与行政机关的关系

行政主体与行政机关这两个概念的关系极为密切。首先，行政主体与行政关系具有包容关系，行政主体的范围大于行政机关，行政机关是行政主体中最重要的一种。在我国，行政主体还包括法律、法规和规章授权的组织和其他社会公权力组织。其次，行政主体是一个法学概念。它是行政法学为研究行政法律关系而对参加人进行抽象而创制的概念，而行政机关是一个法律术语，一个具体的法律概念。此外，就行政机关这个概念而言，它还可以反映民事法律关系主体的身份，即当行政机关在行使行政权力，作为特定的行政法律关系中与相对人相对应的一方时，具有行政主体身份；当行政机关从事民事活动时，其身份是机关法人，或者说是以民事主体的身份出现。

★★ 行政主体与行政行为主体的关系

行政主体主要是从法律地位的角度来定义的，即行政主体是享有法律上所承认的行政主体资格的组织，而行政行为主体则主要是指实际上作出了行政行为的主体，即行政行为的主体是具体作出了某一行政行为的组织，但其在法律上并不一定享有行政主体的资格。行政主体和行政行为主体可以是一致的，如行政机关或依法授权的组织在作出行政行为时，二者是合一的。但在某些情况下，二者是可能出现分离的，如行政机关的内设行政机构或受委托的组织作出行为时，则这些行政机关的内设机构或受委托的组织就只是作出行政行为的主体而不是行政主体。[1]

★ 行政主体的类型

1. 依行政职权的来源不同，可将行政主体分为**职权行政主体**和**授权行政主体**。职权行政主体是依据宪法和组织法的规定，在其成立时就具有行政职权并取得行政主体资格的组织，如各级人民政府。授权行政主体是因宪法、组织法以外的法律、法规和规章的规定而获得行政职权，取得行政主体资格的组织，如经授权的事业单位。

2. 根据管辖的范围不同，可将行政主体分为**中央行政主体**和**地方行政主体**。中央行政主体是行使职权的范围及于全国的组织，如国务院。地方行政主体是行使职权的范围及于一定行政区划的组织。

3. 根据行政主体组织结构的差异和行使职权的对象不同，可将行政主体分为**地域行政主体**和**公务行政主体**。地域行政主体是指以行政地域为基础，行使职权的范围和行政地域相联系的组织。公务行政主体是指承担某项公务，不以地域为基础的组织，如大学履行教育职能对学生的管理。

---

〔1〕 参见方世荣、石佑启主编：《行政法与行政诉讼法》，北京大学出版社 2005 年版，第 68 页。

2.2.2　行政机关

★ 行政机关的含义

行政机关是指依照宪法和组织法设立，行使国家行政权力，承担行政事务、实现行政目的并能独立对外进行管理的基本组织体。对于此概念的理解，需要掌握以下几点：第一，行政机关是一个集合概念，是一个组织体；第二，行政机关设置的依据是宪法和组织法；第三，行政机关的设置目的是承担行政事务、实现行政目标和任务；第四，行政机关可以依法独立对外管理，但其法律后果最终归于国家。行政机关是最经常、最直接、最广泛与个人、组织打交道的组织体系。

★ 行政机关的特征

1. 行政机关是专门行使国家行政权力、管理国家行政事务的国家机关，这是行政机关所行使的国家权力属性的特征，也是其区别于其他国家机关的实质特征。例如，人民法院行使的是国家审判权，人民检察院行使的是国家检察权，行政机关则行使行政权。

2. 行政机关在组织体系上实行统一领导、分工负责的层级管理体制。即上级行政机关领导下级行政机关，下级行政机关从属于上级行政机关，向上级行政机关负责和报告工作，这一体制特征有利于行政管理活动的执行性和高效率。

3. 行政机关在决策体制上一般实行首长负责制。行政机关由于代表国家直接对公民、法人和其他组织实施管理，特别要求权限清楚、责任明确，故在决策体制上一般实行首长负责制。当然，行政机关中的行政立法、行政决策、行政裁决部分，也有采用合议制的。国家权力机关和国家审判机关行使职能通常都采取合议制的形式。

★★★ 行政机关的职权与职责[1]

1. 行政机关的职权

(1)行政立法权。它是指行政机关依据宪法和法律制定行政法规和规章的权力。

(2)行政命令权。它是指行政机关向行政相对人发布命令，要求行政相对人作

[1] 此处所讨论的行政机关的职权与职责是指行政机关乃至行政主体的一般职权与职责，而不是单一的某一个具体的行政机关。一些行政法学教科书也称为"行政主体的职权与职责"或行政法上的国家"公权力和公义务"，参见罗豪才主编：《行政法学》，中国政法大学出版社 1996 年版，第 72 ~ 75 页；方世荣、石佑启主编：《行政法与行政诉讼法》，北京大学出版社 2005 年版，第 77 ~ 78 页；林纪东：《行政法》，台北，台湾三民书局 1980 年版，第 108 ~ 116 页。

出某种行为或不作出某种行为的权力。行政命令的形式有多种形式,如通告、布告、通知、决定、命令、规定、责令等等。

(3)行政决定权。它是指行政机关依法对行政管理中的具体事项和特定相对人作出处理的权力。如行政许可、行政征收、行政给付等。

(4)行政监督权。它是指行政机关为保证行政管理目标的实现而对行政相对人遵守法律、法规、履行义务的情况进行检查监督的权力。如行政检查、审查、统计、审计、检验、查验、鉴定、勘验等。

(5)行政处罚权。它是指行政机关在实施行政管理过程中,为了维护公共利益和社会秩序,保护公民、法人和其他组织的合法权益,对违反法律、法规、规章规定的相对人所实施的惩罚性权力。

(6)行政强制权。它是指行政机关在实施行政管理过程中对不依法履行行政义务的行政相对人采取人身或财产的强制措施,迫使其履行相应的义务的权力。

(7)行政裁决权。它是指行政机关裁决民事或行政争议、处理纠纷的权力,也称行政司法权,即允许行政机关在行政管理过程中裁决和处理与其管理有关的民事、行政争议或纠纷,如有关商标、专利、医疗事故、交通事故、运输、劳动就业以及资源权属等方面的争议和纠纷。

2. 行政机关的职责

行政机关所具有的行政职责是其依法应当履行的义务。行政机关的一般职责主要有:**保障国家安全,维护社会秩序,保障和促进经济发展,保障和促进文化进步,健全和发展社会保障与社会福利,保护和改善人类生活环境与生态环境。**

☆ 我国现行行政机关的种类

1. 中央行政机关

我国中央行政机关由国务院和国务院的工作部门(部、委、行、署、局等)组成。

国务院即中央人民政府,是最高国家权力机关的执行机关,是最高国家行政机关。国务院由全国人民代表大会产生,对全国人民代表大会负责,受全国人民代表大会及其常委会监督。国务院由总理、副总理、国务委员、各部部长、各委员会主任、审计长、秘书长组成。国务院实行总理负责制。国务院总理由国家主席提名,经全国人大以全体代表过半数通过决定,由国家主席任命。其他成员由总理提名,以相同方式决定和任命。

国务院各部委是国务院的工作部门,负责国家行政管理的某一方面或某一类的行政事务,具有全国范围内的行政管理权限。各部委的设立由总理提出,经全国人大或全国人大常委会讨论决定。各部委实行部长、主任负责制。目前,国务院除了办公厅以外,设组成部门25个,分别是:外交部、国家发展和改革委员会、科学技术部、国家民族事务委员会、国家安全部、民政部、财政部、国土资源部、住房和城乡建设部、水利部、商务部、国家卫生和计划生育委员会、审计署、国防部、教育部、工业和信息化部、公安部、监察部、司法部、人力资源和社会保障部、环境保护部、交通运输部、农业部、文化部、中国人民银行。

国务院除设立部、委作为其正式工作部门外,还设有1个直属特设机构、15个直属机构。直属特设机构为国务院国有资产监督管理委员会,直属机构分别为:中华人民共和国海关总署、国家工商行政管理总局、国家新闻出版广电总局、国家安全生产监督管理总局、国家统计局、国家知识产权局、国家宗教事务局、国家机关事务管理局、国家税务总局、国家质量监督检验检疫总局、国家体育总局、国家食品药品监督管理总局、国家林业局、国家旅游局、国务院参事室。它们均是国务院按照工作需要和精简原则设立的主管各项专门业务的机构,不属于部委而直属于国务院领导,其行政首长不是国务院的组成人员,其设立、撤销或合并以及行政首长的任免均由国务院自行决定。

国务院还设有部委管理的国家局。这些国家局由相应的各部委管理,分别是:国家信访局、国家能源局、国家烟草专卖局、国家公务员局、国家测绘地理信息局、中国民用航空局、国家文物局、国家外汇管理局、国家粮食局、国家国防科技工业局、国家外国专家局、国家海洋局、国家铁路局、国家邮政局、国家中医药管理局、国家煤矿安全监察局。

国务院还设有13个直属事业单位,分别是新华通讯社、中国社会科学院、国务院发展研究中心、中国地震局、中国银行业监督管理委员会、中国保险监督管理委员会、国家自然科学基金委员会、中国科学院、中国工程院、国家行政学院、中国气象局、中国证券监督管理委员会、全国社会保障基金理事会。它们虽然称为"事业单位",但其中大多数为行使行政规制职能典型的行政机构,如银监会、证监会、保监会等。

除此之外,国务院设有4个办事机构和议事协调机构。国务院办事机构是协助国务院总理办理专门事项的机构。它的设立由国务院根据工作需要和精简的原则自行决定,无须经过全国人大或全国人大常委会批准,它们包括:国务院侨务办公室、国务院港澳事务办公室、国务院法制办公室、国务院研究室。国务院议事协调机构是承担跨国务院行政机构的重要业务的组织协调任务的行政机构,议事协调机构一般不设实体机构,议定事项由有关职能部门分别负责办理。

2. 地方行政机关

(1)地方各级人民政府。地方各级人民政府是地方各级权力机关的执行机关,负责组织和管理本行政区域内的各项行政事务。依据宪法和地方组织法的规定,我国地方各级人民政府分为省(自治区、直辖市)、市(自治州、直辖市的县)、县(自治县、市辖区及不设区的市)、乡(民族乡、镇)四级。地方各级人民政府一方面要对本级人民代表大会负责,另一方面也要对上一级国家行政机关负责。地方各级人民政府实行省长、市长、县长、区长、乡长、镇长负责制。地方各级人民政府每届任期同本级人民代表大会每届任期相同。

(2)地方各级人民政府的职能部门。地方各级人民政府的职能部门是地方县级以上各级人民政府依宪法和法律的规定根据工作需要而设立的行使专门权限和管理专门行政事务的行政机关。职能部门是地方各级人民政府的组成部分,受本级人民政府的领导,对本级人民政府负责。同时,它也具有独立的法律主体地位,能独立行使法定职权,以自己的名义作出行政决定并承担法律责任。

(3)县级以上地方各级人民政府的派出机关。它是指县级以上地方各级人民政府在一定区域内设立的代表本级政府实施行政管理的机关,它依法管理该区域内的各种行政管理事务。我国派出机关主要有三类:省、自治区人民政府经国务院批准而设立的行政公署,县、自治县人民政府经省、自治区、直辖市人民政府批准而设立的区公所,市辖区和不设区的市人民政府经上一级人民政府批准而设立的街道办事处。派出机关不是一级政权机关,也不设立和召开人大,其任务是执行设立和派出它的人民政府交付的任务,协助上级人民政府做好对辖区内的下级人民政府的监督、检查和指导工作。

★★ 行政机构与行政机关

行政机构是各级人民政府及其职能部门根据行政管理工作的需要而在该机关内部设立的,具体处理和承办各项行政事务的内部工作机构。行政机构只是行政机关的内部组成单位,行政机关由各内部机构集合而成。行政机构通常不具有行政主体资格,但在特定情况下,行政机构可因法律法规单独授权而成为行政主体,但也仅仅是在授权范围内具有法定主体资格,在其他管理事项尚它仍须以其所在机关的名义来进行管理,即它仍然不具有一般性的主体资格。根据我国法律法规的具体规定以及行政管理实践的具体情况,具有行政主体资格的行政机构有如下几种。

1. 依法授权的行政机关内部机构。行政机关内部机构有些依照法律法规的授权规定而直接设立,并有权以其名义对外实施管理,此时便可在授权范围内作为行政主体活动。例如,依《专利法》第41条、第45条、第46条的规定,国务院专利行政部门设立专利复审委员会,主管专利复审工作。依《商标法》第2条规定在国家工商行政管理部门设立商标评审委员会负责处理商标争议事宜。

2. 政府职能部门的派出机构。派出机构是政府职能部门根据行政管理的需要而在一定区域内设立的,代表该职能部门管理某项专门行政事务的机构,如县(区)公安局设立的公安派出所,县(区)工商局设立的工商所,县(区)税务局设立的税务所等。

派出机构与派出机关存在区别:

表2-2　派出机关与派出机构的区别

	派出机关	派出机构
设立主体不同	人民政府	政府职能部门
职能范围不同	职能、权限是多方面、综合性的,是对该行政区域内的各种行政事项进行管理	职能权限则是一方面的、专门性的,是对该行政领域内的某项专门行政事务进行管理
法律地位不同	自成立时起即享有独立的行政主体资格	要依据法律法规的具体授权规定,才能判断其是否能成为行政主体

例如,派出所在一般情况下对外以公安局的名义进行行政管理,作出行政行为,其产生的法律后果也由公安局承担。但是,根据《治安管理处罚法》第91条的规定,对于警告、500元以下罚款,派出所对外可以自己名义作出决定,参加由该行为引发行政复议或诉讼,并承担相应法律责任。

3. 综合执法机构。它是指依法成立或依法授权的行使两个或两个以上行政机关行政权的行政机关或机构,如城市管理综合执法机构。综合执法机构不同于实践中的联合执法机构,联合执法机构是几个独立的行政机关临时组织起来进行执法监察,这种机构不具备独立的法律地位,在作出决定时,均应以各自机关单独的名义进行,可以说是各种行政主体因某一阶段工作的需要松散组合在一起的联合体。

2.2.3　法律、法规、规章授权的组织

★ 法律、法规、规章授权的组织的含义

法律、法规、规章授权的组织是指经法律、法规和规章的授权而行使特定行政

职能,以自己的名义对外管理,并承担法律后果的非国家行政机关组织。

(1)法律、法规、规章授权的组织是行政机关以外的组织。它们只是事业单位或企业单位,并不属于国家行政机关体系,其主要职能并不是进行国家行政管理,经法律、法规、规章授权而进行行政管理只是其职能中一个特定的部分。这一特征使之不同于被授权的行政机构。被授权的机构自身属于国家行政机关体系中的一部分。

(2)法律、法规、规章授权的组织的权力来源于法律、法规、规章的明确授予,而非行政组织法所授。其行使的是特定的行政职能而非一般的行政职能,仅限于法律、法规、规章明确规定的某项具体职能或某种具体事务。

(3)法律、法规、规章授权的组织是以自己的名义对外管理,并独立承担其法律责任。即授权引起的行政职权和职责同时转移。经授权的组织可以成为行政复议的被申请人、行政诉讼的被告。

★★ 法律、法规、规章授权组织的条件和范围

法律、法规、规章授权组织的应当具备以下条件,以使其有资格和能力接受法律、法规、规章的授权并行使被授予的权力:

(1)被授权组织自身的活动与授权的内容有某种联系,使之有条件行使行政权力并管理相应的公共事务。

(2)必须有熟悉有关法律、法规、规章和业务的正式人员。

(3)必须具有与承担的行政职能相应的基本设备和条件,甚至对于某些特别的行政职能,被授权组织还应具备某些特殊的条件,如保密、安全、技术、经验以及工作人员的特殊素质要求等。

(4)能独立承担因自己行为而引起的法律责任。

法律、法规、规章授权组织的范围在实践中相当广泛,将其归纳为以下几类。其一,基层群众性自治组织。[1] 例如,居民委员会经授权可以办理本居住地区的公共事务和公益事业,协助维护社会治安,协助人民政府或它的派出机关做好与居民利益有关的公共卫生、优抚救济、青少年教育等工作。其二,行业性行政公司。主要是指符合公司的条件,从事经济活动,同时又经授权具有某一方面行政管理职能,特别是对某一行业的经济活动具有宏观调控和监督管理职能的组织,如烟草公司、自来水公司、物资公司、煤气公司、盐业公司等等。其三,事业单位,包括研究机构、教

---

〔1〕 基层群众性自治组织包括居民委员会和村民委员会,城市居民委员会受市或市辖区的派出机关——街道办事处的指导,村民委员会受乡、民族乡、镇的人民政府指导。

育机构等，例如《教育法》授权公立学校及其他公立教育机构招收学生或者其他受教育者，对受教育者进行处分、颁发学业证书等。其四，行业组织。如注册会计师协会经《会计法》授权可以指定和组织实施注册会计师统一考试办法，受理和办理注册会计师注册，撤销注册并收回证书等。其五，社会团体。法律、法规和规章授予工会、妇联等社会团体行使某种行政职能，办理一定行政事务的情况是大量存在的。其六，有关的技术检验、鉴定机构，如计量检定机构。

2.2.4 行政委托情形下的行政主体

★ 受委托组织的含义

行政委托是指行政机关根据管理需要，依法委托其他组织实施行政行为，**其后果归属于委托的行政机关的行为。**

受委托组织则是指接受行政机关委托而代替行政机关行使一定行政职能的非国家行政机关的组织。

(1)受委托的组织不是行政机关，也不是其他国家机关。行政委托是行政机关之外的组织参与实施具体行政任务的法律制度。

(2)受委托组织的权力来源于行政机关的委托，而非立法直接授权。

(3)受委托的组织并没有因委托而获得法定的职权、职责，即行政机关的委托行为并不引起职权和职责的同时转移，被委托的组织只能在委托的范围内以委托机关的名义行使行政权，并由委托的行政机关来承担该行为的法律责任。

(4)受委托组织不具有行政主体资格。行政委托并不导致新的行政主体的形成，即受委托组织并不因行政委托行为而取得行政主体资格，在受委托组织作出的行政行为中，行政主体仍然是委托的行政机关。

☆ 受委托组织的条件

对于受委托组织的条件，《行政处罚法》有明确规定，它们包括：[1] 受委托组织应是依法成立的管理公共事务的事业组织；受委托组织具有熟悉有关法律、法规、规章和业务的工作人员；对违法行为需要技术检查或者技术鉴定的，应当有条件组织进行相应的技术检查和技术鉴定。上述条件是法律对受委托行使行政处罚职权的组织应具备的条件的规定。对于受委托行使其他行政职能及其职权的组织，法律尚未规定统一的条件。

---

〔1〕 参见《行政处罚法》第19条。

法律与规范链接

▲ **必读法条**

《立法法》第二、三、四章

《国务院组织法》

《国务院机构设置和编制管理条例》

《地方组织法》

《地方各级人民政府行政机构设置和编制管理条例》

《治安管理处罚法》第91条

《村民委员会组织法》第2~5条

《城市居民委员会组织法》第2~4条

《行政处罚法》第19条

△ **延伸法条**

《民族区域自治法》

《香港特别行政区基本法》

《澳门特别行政区基本法》

《专利法》第41条、第45条、第46条

《行政处罚法》第17条

《行政许可法》第23条

《教育法》第28条

《注册会计师法》第7~13条

《律师法》第46条

《工会法》第19~34、36条

《劳动法》第80条、第81条

《妇女权益保障法》第7条、第53条

《城市生活无着的流浪乞讨人员救助管理办法》第2条，第6~15条

《烟草专卖法》第14条

延伸阅读

1.《学习读本》编写组:《〈全面推进依法行政实施纲要〉学习读本》，中共中央党校出版社2004年版。

2. 姜明安:《建设服务型政府应正确处理的若干关系》,载《北京大学学报》(哲学社会科学版)2010年第6期。
3. 崔卓兰、于立深:《行政规章研究》,吉林人民出版社2002年版。
4. 黎军:《行业组织的行政法问题研究》,北京大学出版社2002年版。
5. 沈岿编:《谁还在行使权力——准政府组织个案研究》,清华大学出版社2003年版。
6. 王丛虎:《行政主体问题研究》,北京大学出版社2007年版。
7. 薛刚凌:《行政主体的理论与实践——以公共行政改革委视角》,中国方正出版社2009年版。

2.3 公 务 员

知识要点

2.3.1 公务员概述

★ 公务员的概念与特征

依据《公务员法》第2条的规定,**公务员是指依法履行公职、纳入国家行政编制、由国家财政负担工资福利的工作人员。**

公务员的法律特征主要体现在以下几个方面。

(1)公务员必须是依法履行公职的人员。所谓公职是指,提供公共管理、公共服务等公共物品,以实现公共利益的职务。依法履行公职意味着公务员是为国家、社会和全体公民服务的,不是为私人企业或组织工作或服务。

(2)公务员必须是依法定方式和程序任用的人员。普通公民在符合法定条件下,依法定方式和程序办理任职,方能成为公务员。

(3)公务员必须是纳入国家行政编制的人员。我国的人员编制类型较多,有行政编制、事业编制、军事编制等,但只有纳入行政编制的人员才是公务员。

(4)公务员必须是由国家财政负担工资福利的工作人员。公务员的工资、福利等均由国家予以保障。

☆ 公务员的种类

《公务员法》所界定的公务员主要包括以下几类:中国共产党各级机关的工作人员;各级人民代表大会及其常务委员会机关的工作人员;各级行政机关的工作人

员；中国人民政治协商会议各级委员会机关中的工作人员；各级审判机关中的工作人员；各级检察机关中的工作人员；各民主党派和工商联的各级机关的工作人员。[1]

☆ **公务员的职位分类**

根据公务员职位的性质、特点和管理需要，《公务员法》将我国公务员划分为综合管理类、专业技术类和行政执法等类别三个类别。同时根据职务类别设置公务员职务序列。一定的职务序列构成相应公务员职业发展阶梯。《公务员法》对综合管理类以外其他职位类别公务员的非领导职务没有列举，由国家另行规定。

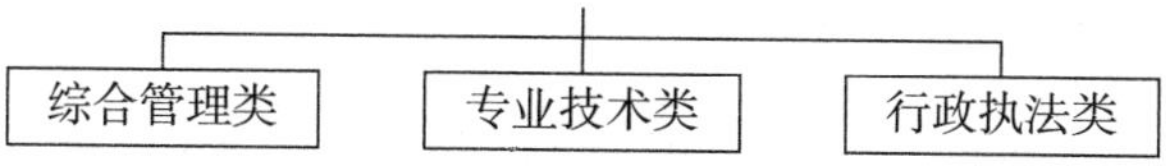

图2－1　我国公务员的类别

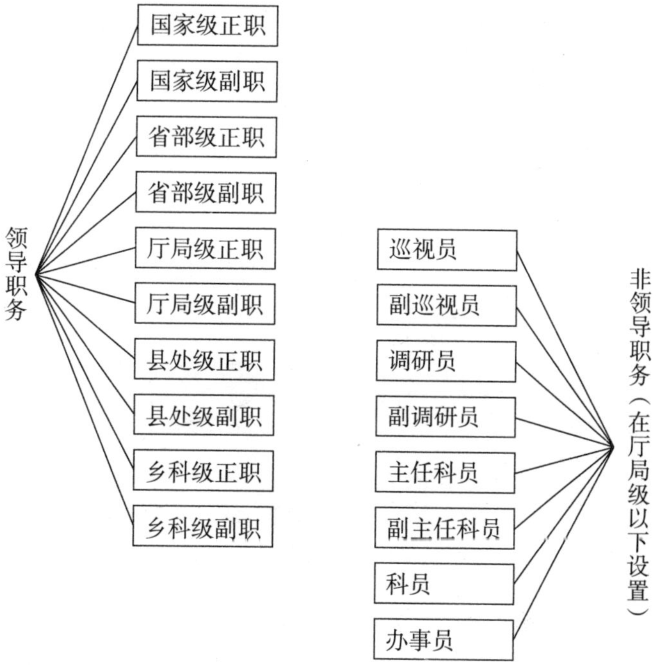

图2－2　我国综合类公务员职务序列

〔1〕参见《行政法与行政诉讼法》编写组：《行政法与行政诉讼法学》，高等教育出版社2017年版，第80页。

2.3.2 公务员的义务与权利

☆ **公务员义务的含义和内容**

公务员的义务是指,法律规定的公务员基于其身份必须作出某种行为或者不得作出某种行为的限制与约束。根据《公务员法》第12条的规定,我国公务员应当履行如下义务:

(1)模范遵守宪法和法律;

(2)按照规定的权限和程序认真履行职责,努力提高工作效率;

(3)全心全意为人民服务,接受人民监督;

(4)维护国家的安全、荣誉和利益;

(5)忠于职守,勤勉尽责,服从和执行上级依法作出的决定和命令;

(6)保守国家秘密和工作秘密;

(7)遵守纪律,恪守职业道德,模范遵守社会公德;

(8)清正廉洁,公道正派;

(9)法律规定的其他义务。

☆ **公务员权利的含义和内容**

公务员的权利是指,公务员基于身份和职责,在行使职权、执行公务或者日常工作中依法所享有的能够作出或者不作出一定行为,或要求他人为或者不为一定行为的能力和资格。根据《公务员法》第13条的规定,我国公务员享有下列权利:

(1)获得履行职责应当具有的工作条件;

(2)非因法定事由、非经法定程序,不被免职、降职、辞退或者处分;

(3)获得工资报酬,享受福利、保险待遇;

(4)参加培训;

(5)对机关工作和领导人员提出批评和建议;

(6)提出申诉和控告;

(7)申请辞职;

(8)法律规定的其他权利。

当公务员的权利受到损害时,可以通过申诉和控告两种途径寻求权利救济。公务员的申诉,是指公务员对行政机关作出的涉及本人权益的人事处理决定不服,依法向原处理机关、同级公务员主管部门、作出该人事处理的机关的上一级机关或者行政监察机关提出重新处理的要求,由受理机关重新进行处理的活动和制度。《公务员法》第90条对申诉的情形作出了规定。公务员的控告,是指公务员对机关及其领导人员的失职渎职、打击报复、栽赃陷害、以权谋私以及其他侵害自己合法权益的违法乱纪行为,依法向上级行政机关或者有关的专门机关提出指控,要求其进行处理的活动和制度。

2.3.3 公务员的进入与退出机制

☆ 公务员的录用

公务员的录用是指,国家机关按照一定条件和程序吸收公民进入公务员系统而使其获得公务员身份的一种人事制度。[1] 公务员的录用是公民进入公务员队伍的"入口",是整个公务员制度的基础和首要环节,直接影响着如何将优秀人才吸纳到公务员的队伍之中。因此,**公务员的录用必须坚持公开、平等、竞争、择优、德才兼备的原则**。[2]

☆ 公务员的职务任免

公务员的任职是指,有任免权的机关根据有关的法律规定和任职条件,在其权限范围内,依照法定程序任用公务员担任某一职务的制度。[3] 公务员的任职不同于公务员的录用,前者是授予具有公务员身份的人一定的职务,使其负责某项工作,而后者是把原本不具有公务员身份的公民吸纳到公务员队伍中,使其具有公务员身份。任职可以在录用后即进行,也可以在录用一段时间之后进行。我国公务员的任职方式主要是选任制和委任制,同时还对公务员部分职务实行聘任制。[4] 公务员的任职程序主要包括提名、考察、任命、归档四个环节。

公务员的免职是指,有任免权的机关根据有关法律规定的免职条件,在其任免权限范围内,通过法定程序免去公务员担任的某一职务。《公务员法》第39条、第40条对公务员免职的情形作出了规定。公务员免职的程序一般包括以下环节:由所在单位、上级或其他有权机关**提出**拟免职建议→任免机关人事部门对免职事由进行**审核**→按照管理权限,由任免机关**审批**→**发布**免职令,并在一定范围公布。[5]

---

〔1〕 参见《行政法与行政诉讼法》编写组:《行政法与行政诉讼法学》,高等教育出版社2017年版,第89页。

〔2〕 参见《公务员法》第11条、第21条、第23条、第24条,第26~31条。

〔3〕 参见《行政法与行政诉讼法》编写组:《行政法与行政诉讼法学》,高等教育出版社2017年版,第91页。

〔4〕 参见《公务员法》第38~39条。

〔5〕 参见《行政法与行政诉讼法》编写组:《行政法与行政诉讼法学》,高等教育出版社2017年版,第93页。

☆ **公务员的退出机制**

公务员通过退出机制退出公务员系统,不再保留公务员身份,不再履行相应职责、享受相应待遇。公务员的退出机制主要包括以下几种渠道:

1. 公务员的辞退

即国家行政机关依照法定的条件和程序,解除公务员的全部职务关系。公务员有下列情形之一的,予以辞退:(1)在年度考核中,连续2年被确定为不称职的;(2)不胜任现职工作,又不接受其他安排的;(3)因所在机关调整、撤销、合并或者缩减编制员额需要调整工作,本人拒绝合理安排的;(4)不履行公务员义务,不遵守公务员纪律,经教育仍无转变,不适合继续在机关工作,又不宜给予开除处分的;(5)旷工或者因公外出、请假期满无正当理由逾期不归连续超过15天,或者1年内累计超过30天的。[1] 此外,为保护公务员的合法权益,对有下列情形之一的公务员,不得辞退:(1)因公致残,被确认丧失或者部分丧失工作能力的;(2)患病或者负伤,在规定的医疗期内的;(3)女性公务员在孕期、产假、哺乳期内的;(4)法律、行政法规规定的其他不得辞退的情形。[2] 机关辞退公务员,按照管理权限决定。辞退决定应当以书面形式通知被辞退的公务员。被辞退的公务员,可以领取辞退费或者根据国家有关规定享受失业保险。

2. 公务员的辞职

公务员辞职分为辞去公职和辞去领导职务两种。辞去公职是指公务员根据本人意愿,在一定条件下申请终止其与所任职机关的任用关系。公务员辞去公职,应当向任免机关提出书面申请。任免机关应当自接到申请之日起30日内予以审批,其中对领导成员辞去公职的申请,应当自接到申请之日起90日内予以审批。但公务员在下列情况下不得辞去公职:(1)未满国家规定的最低服务年限的;(2)在涉及国家秘密等特殊职位任职或者离开上述职位不满国家规定的脱密期限的;(3)重要公务尚未处理完毕,且须由本人继续处理的;(4)正在接受审计、纪律审查,或者涉嫌犯罪,司法程序尚未终结的;(5)法律、行政法规规定的其他不得辞去公职的情形。[3]

公务员辞去领导职务是指担任领导职务的公务员依照法律规定,辞去所担任的领导职务。公务员辞去领导职务的情形主要包括:(1)因工作变动依照法律规定

---

〔1〕 参见《公务员法》第83条。

〔2〕 参见《公务员法》第84条。

〔3〕 参见《公务员法》第80～81条。

需要辞去现任职务的,应当履行辞职手续;(2)因个人或者其他原因,可以自愿提出辞去领导职务;(3)因工作严重失误、失职造成重大损失或者恶劣社会影响的,或者对重大事故负有领导责任的,应当引咎辞去领导职务;(4)应当引咎辞职或者因其他原因不再适合担任现任领导职务,本人不提出辞职的,应当责令其辞去领导职务。[1]

3. 公务员的退休

公务员达到国家规定的退休年龄或者完全丧失工作能力的,应当退休。公务员符合下列条件之一的,本人自愿提出申请,经任免机关批准,可以提前退休:(1)工作年限满30年的;(2)距国家规定的退休年龄不足5年,且工作年限满20年的;(3)符合国家规定的可以提前退休的其他情形。[2] 公务员退休后,享受国家规定的退休金和其他待遇,国家为其生活和健康提供必要的服务和帮助,鼓励发挥个人专长,参与社会发展。

4. 开除

公务员因违反政纪受到开除处分意味着所在行政机关强制其退出公职系统,自然终止其公务员身份。

2.3.4 公务员的激励机制

☆ 公务员激励机制的含义

公务员的激励机制是指通过保障、考核、评价、竞争等激励手段,激发公务员的工作动力,提高管理效率的一系列制度。该机制包括以下几项具体制度:公务员的物质保障制度、考核制度、奖励制度、责任制度、职务升降制度。[3]

☆ 公务员的物质保障

公务员的物质保障主要包括工资、福利和保险三个部分。

(1)工资。公务员工资是公务员的基本劳动报酬。公务员实行国家统一的职务与级别相结合的工资制度。公务员工资制度贯彻按劳分配的原则。公务员工资包括基本工资、津贴、补贴和奖金。公务员按照国家规定享受地区附加津贴、艰苦边远地区津贴、岗位津贴等津贴。公务员按照国家规定享受住房、医疗等补贴、补助。

---

[1] 参见《公务员法》第82条。

[2] 参见《公务员法》第87~89条。

[3] 参见《行政法与行政诉讼法》编写组:《行政法与行政诉讼法学》,高等教育出版社2017年版,第95页。

公务员在定期考核中被确定为优秀、称职的，按照国家规定享受年终奖金。公务员工资应当按时足额发放。[1]

(2)福利。公务员的福利主要包括行政机关为其提供的住房、交通等便利条件或补助以及各种带薪休假和培训进修等。公务员实行国家规定的工时制度，按照国家规定享受休假。公务员在法定工作日之外加班的，应当给予相应的补休。[2]

(3)保险。公务员保险主要包括医疗保险、生育保险、退休保险、失业保险、工伤保险。公务员的保险待遇标准，则根据公务员的工龄、职务和其他法定条件，由相应行政机关具体确定。公务员因公致残的，享受国家规定的伤残待遇。公务员因公牺牲、因公死亡或者病故的，其亲属享受国家规定的抚恤和优待。[3]

此外，任何机关不得违反国家规定自行更改公务员工资、福利、保险政策，擅自提高或者降低公务员的工资、福利、保险待遇。任何机关不得扣减或者拖欠公务员的工资。公务员工资、福利、保险、退休金以及录用、培训、奖励、辞退等所需经费，应当列入财政预算，予以保障。

☆ 公务员的考核

公务员的考核是主管机关依据有关法律法规的规定，按照管理权限对公务员的思想品德、工作能力、工作态度与工作业绩等进行考察和评价，以此作为对公务员进行奖惩、培训、辞退以及调整职务、级别和工资福利待遇等的依据的制度。公务员的考核分为平时考核和定期考核。定期考核以平时考核为基础。对非领导成员公务员的定期考核采取年度考核的方式，先由个人按照职位职责和有关要求进行总结，主管领导在听取群众意见后，提出考核等次建议，由本机关负责人或者授权的考核委员会确定考核等次。对领导成员的定期考核，由主管机关按照有关规定办理。定期考核的结果分为优秀、称职、基本称职和不称职四个等次。

定期考核的结果应当以书面形式通知公务员本人。定期考核的结果作为调整公务员职务、级别、工资以及公务员奖励、培训、辞退的依据。[4]

☆ 公务员的奖励

奖励是机关依法对工作表现突出、有显著成绩和贡献或其他突出事迹的公务

---

〔1〕 参见《公务员法》第73～75条。

〔2〕 参见《公务员法》第76条。

〔3〕 参见《公务员法》第77条。

〔4〕 参见《公务员法》第33～37条。

员或公务员集体予以精神和物资鼓励的制度。公务员奖励坚持精神奖励与物质奖励相结合、以精神奖励为主的原则。公务员或者公务员集体有下列情形之一的，给予奖励：忠于职守，积极工作，成绩显著的；遵守纪律，廉洁奉公，作风正派，办事公道，模范作用突出的；在工作中有发明创造或者提出合理化建议，取得显著经济效益或者社会效益的；为增进民族团结、维护社会稳定做出突出贡献的；爱护公共财产，节约国家资财有突出成绩的；防止或者消除事故有功，使国家和人民群众利益免受或者减少损失的；在抢险、救灾等特定环境中奋不顾身，作出贡献的；同违法违纪行为作斗争有功绩的；在对外交往中为国家争得荣誉和利益的；有其他突出功绩的。公务员的奖励分为：**嘉奖、记三等功、记二等功、记一等功、授予荣誉称号**。对受奖励的公务员或者公务员集体予以表彰，并给予一次性奖金或者其他待遇。给予公务员或者公务员集体奖励，按照规定的权限和程序决定或者审批。公务员或者公务员集体有下列情形之一的，撤销奖励：弄虚作假，骗取奖励的；申报奖励时隐瞒严重错误或者严重违反规定程序的；有法律、法规规定应当撤销奖励的其他情形的。[1]

☆ **公务员的责任**

1. 行政责任

公务员承担行政责任的主要方式是行政处分，即公务员主管部门对违反纪律的公务员依法给予惩戒，包括**警告、记过、记大过、降级、撤职、开除**六种处分形式。对公务员的处分，应当事实清楚、证据确凿、定性准确、处理恰当、程序合法、手续完备。公务员违纪的，应当由处分决定机关决定对公务员违纪的情况进行调查，并将调查认定的事实及拟给予处分的依据告知公务员本人。公务员有权进行陈述和申辩。处分决定机关认为对公务员应当给予处分的，应当在规定的期限内，按照管理权限和规定的程序作出处分决定。处分决定应当以书面形式通知公务员本人。公务员在受处分期间不得晋升职务和级别，其中受记过、记大过、降级、撤职处分的，不得晋升工资档次。受撤职处分的，按照规定降低级别。受处分的期间为：警告，六个月；记过，十二个月；记大过，十八个月；降级、撤职，二十四个月。公务员受开除以外的处分，在受处分期间有悔改表现，并且没有再发生违纪行为的，处分期满后，由处分决定机关解除处分并以书面形式通知本人。解除处分后，晋升工资档次、级别和

〔1〕 参见《公务员法》第48～52条。

职务不再受原处分的影响。但是,解除降级、撤职处分的,不视为恢复原级别、原职务。[1]

2. 刑事责任

公务员的刑事法律责任是指公务员因违反刑事法律上基于公务员身份所负有的法律义务,而应承担的不利后果。刑事责任是最严厉的法律责任,主要通过给予公务员刑罚的方式来实现。

3. 追偿责任

公务员的追偿责任是指在国家赔偿中,公务员对导致国家赔偿的国家侵权行为有故意、重大过失或其他法律规定的情形,赔偿义务机关在进行赔偿后,责令其承担部分或全部赔偿费用的责任。

4. 问责制度

问责制度是一种主要针对党政领导干部的,对其不履行或不正确履行职责造成失误或不良社会影响的行为,追究其责任的制度。其中既包括《公务员法》中所规定的法律责任,也包括政治责任与党的纪律责任。党的十八届四中全会《决定》明确提出"建立重大决策终身责任追究制度及责任倒查机制,对决策严重失误或依法应该及时作出决策但久拖不决造成重大损失、恶劣影响的,严格追究行政首长、负有责任的其他领导人员和相关责任人员的法律责任","完善纠错问责机制,健全责令公开道歉、停职检查、引咎辞职、责令辞职、罢免等问责方式和程序",这一要求和思路将指导我国公务员问责制度的健全和完善。[2]

☆ **公务员的职务升降**

公务员的职务升降包括职务晋升和降职两个方面。

(1)职务晋升,是公务员由低职务升到较高的职务的制度。公务员晋升职务,应当具备拟任职务所要求的思想政治素质、工作能力、文化程度和任职经历等方面的条件和资格。公务员晋升职务,应当逐级晋升。特别优秀的或者工作特殊需要的,可以按照规定破格或者越一级晋升职务。公务员晋升领导职务,按照下列程序办理:民主推荐,确定考察对象;组织考察,研究提出任职建议方案,并根据需要在一定范围内进行酝酿;按照管理权限讨论决定;按照规定履行任职手续。公务员晋升领导职务的,应当按照有关规定实行任职前公示制度和任职试用期制度。此外,随

---

〔1〕 参见《公务员法》第56~59条。

〔2〕 参见《行政法与行政诉讼法》编写组:《行政法与行政诉讼法学》,高等教育出版社2017年版,第100、101页。

着公务员制度的改革竞争上岗和公开选拔也被许多机关所采纳。依《公务员法》的规定,机关内设机构厅局级正职以下领导职务出现空缺时,可以在本机关或者本系统内通过竞争上岗的方式,产生任职人选。厅局级正职以下领导职务或者副调研员以上及其他相当职务层次的非领导职务出现空缺,可以面向社会公开选拔,产生任职人选。确定初任法官、初任检察官的任职人选,可以面向社会,从通过国家统一司法考试取得资格的人员中公开选拔。[1]

(2)降职,是公务员由较高的职务级别降任到较低的职务。《公务员法》规定公务员在定期考核中被确定为不称职的,按照规定程序降低一个职务层次任职。[2]

法律与规范链接

▲ 必读法条

《公务员法》

△ 延伸法条

《国家赔偿法》

《行政机关公务员处分条例》

《公务员奖励规定(试行)》

《行政监察法》

《国家公务员申诉控告暂行规定》

典型案例

张某诉某市人事局公务员招考行政录用决定案[3]

案情介绍

2003年6月,原告张某在某市人事局报名参加省公务员考试,报考职位为F县

---

〔1〕 参见《公务员法》第43~46条。

〔2〕 参见《公务员法》第47条。

〔3〕 资料来源:北大法宝网,http://www. pkulaw. cn/case_es/pfnl_1970324836986433. html? match = Exact,最后访问时间:2017年5月25日访问。

委办公室经济管理专业。经过笔试和面试,综合成绩在报考该职位的30名考生中名列第一,按规定进入体检程序。2003年9月,张某在某市人事局指定的T市人民医院的体检报告显示,其乙肝两对半中的HBsAg、HBeAb、HBcAb均为阳性,主检医生依据《某省国家公务员录用体检实施细则(试行)》确定其体检不合格。张某随后向某市人事局提出复检要求,并递交书面报告。某市人事局经请示安徽省人事厅同意,组织包括张某在内的11名考生前往解放军某医院进行复检。复检结果显示,张某的乙肝两对半中HBsAg、抗-HBc(流)为阳性,抗-HBs、HbeAg、抗-Hbe均为阴性,体检结论为不合格。依照体检结果,某市人事局依据成绩高低顺序,改由该职位的第二名考生进入体检程序。并以口头方式向张某宣布,张某由于体检结论不合格而不予录取。2003年10月,张某在接到不予录取的通知后,向省人事厅递交行政复议申请书。省人事厅作出《不予受理决定书》。2003年11月,原告张某以被告某市人事局的行为剥夺其担任国家公务员的资格,侵犯其合法权利为由,向法院提起行政诉讼。请求法院依法判令被告认定原告体检"一、五阳"(HBsAg、HBcAb阳性)不符合国家公务员身体健康标准,并非法剥夺原告进入考核程序资格而未被录用到国家公务员职位的具体行政行为违法;判令撤销被告不准许原告进入考核程序的具体行政行为,依法准许原告进入考核程序并被录用至相应的职位。

法院认为:国家行政机关招录公务员,由人事部门制定一定的标准是必要的,国家人事部作为国家公务员的综合管理部门,根据国务院《国家公务员暂行条例》,制定了《国家公务员录用暂行规定》这一部门规章,某省人事厅及卫生厅共同按照规章授权目的和范围行使权力,制定《某省国家公务员录用体检实施细则(试行)》,该规范性文件与上位法并不冲突,即未突破高阶位法设定的范围,也未突破高阶位法的禁止性规定,依照《关于执行〈中华人民共和国行政诉讼法〉若干问题的解释》第62条第2款规定,《某省国家公务员录用体检实施细则(试行)》属合法有效的规范性文件,可以参考适用。被告某市人事局根据《某省国家公务员录用体检实施细则(试行)》的规定,委托解放军某医院对考生进行体检,应属于行政委托关系,被委托人所实施的行为后果应由委托人承担。因解放军某医院的体检不合格结论违反《某省国家公务员录用体检实施细则(试行)》规定,某市人事局作为招录国家公务员的主管行政机关,仅依据解放军某医院的体检结论,认定原告张某体格检查不合格,作出不准予原告进入考核程序的具体行政行为缺乏事实证据,依照《行政诉讼法》第54条第2项第一、二目之规定,应予撤销,但鉴于2003年安徽省国家公务员招考工作已结束，且张某报考的职位已由该专业考试成绩第二名的考生进入该职位，故该被诉具体行政行为不具有可撤销内容，依据最高人民法院《关于执行〈中华人民共和国行政诉讼法〉若干问题的解释》第56条第4项之规定，对原告其他诉讼请求应不予支持。

问题

本案中将乙肝检查列入体检项目作为录用公务员的一般条件是否合法？

参考结论与案情分析

我国《公务员法》第11条对公务员的条件作出了规定，必须满足法律规定的条件，才可能取得公务员的资格，此外，《公务员法》第21～32条对公务员的录用也作出了规定，其中第24条规定了不得录用为公务员的条件，第29条规定了“体检的项目和标准根据职位要求确定。具体办法由中央公务员主管部门会同国务院卫生行政部门规定”。就本案而言，作为一般公务员，只要身体条件能够胜任所需要的工作，即应属于符合报考条件，可以成为公务员。将乙肝作为公务员体检的标准是否是合理的要求，需要考察乙肝病毒是否具有传染性，是否传染对就业者的工作是否会产生影响，如果一概而论便做出如此严格的规定，不符合《公务员法》和《劳动法》的规定，侵犯就业者的平等就业权。本案中安徽省人事厅关于公务员体检标准的规定中，明确要求对乙肝的七项标准进行体检，如果是“大小三阳”则不予录用，而张某并不具备文件中所明确规定的不予录用的情形，因此，被告作出的不予录用的具体行政行为不当。

延伸阅读

1. 徐银华、石佑启、杨勇萍：《公务员法要论》，北京大学出版社2003年版。
2. 皮纯协、张焕光：《现代公务员制度研究》，中国政法大学出版社1989年版。
3. 杨景宇、李飞：《公务员法释义》，法律出版社2005年版。
4. 苏海南、杨燕绥：《中国公务员福利制度改革》，中国财政经济出版社2008年版。
5. 张哲飞、戚建刚：《公务员免责制度的规范分析》，载《理论探讨》2017年第4期。

2.4　行政相对人

知识要点

2.4.1　行政相对人概述

★ 行政相对人的概念

行政相对人，也有学者称为行政相对方、行政管理相对人，[1]**是指在行政法律关系中与行政主体相对应的另一方当事人，是受行政主体行为影响其权利义务的公民、法人或其他组织**。首先，行政相对人是处在行政法律关系之中的公民、法人或其他组织，而不是民事法律关系或其他法律关系。其次，行政相对人是与行政主体相对应的另一方主体，这种"相对性"使它们对行政主体享有权利或承担义务。最后，行政相对人是权益受到行政主体行政行为影响的公民、法人或其他组织，这种影响有时是直接的，有时是间接的。

☆ 行政相对人的分类

1. 个体的相对人与组织的相对人

行政相对人以其是否由一定的组织体为标准可以分为**个体的相对人**与**组织的相对人**。个体的相对人是自然人形态的行政相对人，包括一人或多人两种情况。在多人的情况下，只要这些个人不构成一定的组织体，相互之间无组织上的联系，仍以自己的名义成为相对人，那么即使这些个人数量再多，他们仍为个人相对人而非组织的相对人。组织的相对人是以团体形态的相对人，主要包括法人组织和非法人组织，如企业组织、事业组织、社会团体、合伙组织、在筹备阶段的企业事业组织或群众团体等等。组织作为行政相对人处于行政关系之中，应由其法定代表人代表。

2. 直接的相对人与间接的相对人

行政相对人以受行政主体行为影响的方式不同，可以分为**直接的相对人**和**间接的相对人**。直接的相对人，是行政行为的直接对象，是行政行为明确针对和指向的人，其权益受到行政行为的直接影响，如行政征收、征用的被征收者、被征用者，行政处罚的

---

〔1〕 参见罗豪才主编：《行政法学》，北京大学出版社1996年版，第62页；方世荣、石佑启主编：《行政法与行政诉讼法》，北京大学出版社2005年版，第98页。

被处罚人等等。间接的相对人,是行政主体行为的间接对象,其权益受到行政行为的间接影响,即行政主体在作出行政行为时主观上并没有直接指向他的意思,但作出行为后,该行为在客观结果上却影响了其权益,如治安管理处罚关系中受到被处罚人行为侵害的人等等。直接的相对人和间接的相对人都是行政相对人,其权益受到行政行为侵害后都可以依法申请行政救济,但法律规定的救济途径、方式可能会有所区别。

3. 特定相对人与不特定相对人

以行政行为的对象是否确定为标准,可以将行政相对人分为**特定相对人**和**不特定相对人**。特定的相对人是行政主体行政行为所指向的、可确定的对象,这类相对人在范围上明确、具体,通常是行政主体具体行政行为的相对人。不特定的相对人是行政主体行政行为所指向的、广泛而不确定的对象,通常是行政主体抽象行政行为的相对人。

4. 授益相对人与损益相对人

以行政主体行为对其权益影响的性质不同,可以将行政相对人分为**授益相对人**与**损益相对人**。行政行为对其权益产生有利影响,即获得某种权益的相对人为授益相对人,通常是向行政主体主张权利并要求其履行相应义务的相对人。行政行为对其权益产生不利影响,即失去某种利益或使其利益受到损害的相对人为损益相对人,通常是受行政主体权力约束并向其履行义务的相对人。

★★★ 行政相对人的权利

行政相对人在行政法律关系中主要享有以下几类权利:[1]

(1)申请权。行政相对人有权依法向行政主体提出实现其法定权利的各种申请,如申请办理许可证,申请取得抚恤金、补助金、救济金,在合法权益受到侵犯时申请获得法律保护,等等。

(2)参与权。行政相对人有权依法参与国家行政管理,依法以各种形式和渠道参与决定、影响或帮助行政权力依法有效运行。如通过网络、手机、报刊杂志、信件等平台以及座谈会、听证会、论证会等形式和途径参与行政法规、规章以及政策的制定等。

(3)知情权。行政相对人依法享有对国家行政活动有关内容、资料及其他信息的了解权,行政主体则依法有义务向社会公开自身行政活动的义务。包括各种规范性法律文件、会议决定、决定、制度、标准、程序规则以及与行政相对人本人有关的各种档案资料。除法律法规规定应予以保密的以外,相对人均有权查阅、复制和要

---

〔1〕 参见姜明安主编:《行政法与行政诉讼法》,北京大学出版社、高等教育出版社2015年第6版,第140~141页。

求行政主体提供。

(4)正当程序权。行政相对人有权要求行政主体告知行为依据,说明理由;有权陈述自己的意见、看法,提供有关证据材料,进行说明和申辩,必要时可要求为之举行听证。

(5)批评、建议权。行政相对人对行政主体及其工作人员实施的违法、不当的行政行为有权提出批评,并有权就如何改善行政主体的工作和提高行政管理质量提出建议和意见。

(6)申诉、控告、检举权。行政相对人对行政主体及其工作人员作出的对自己不公正的行政行为有权提出申诉,对行政主体及其工作人员的违法、失职的行为有权控告或检举。

(7)申请复议权。行政相对人对行政主体作出的行政行为及其所依据的有关法律规范不服,认为侵犯其合法权益时,有权依法申请复议。

(8)提起行政诉讼权。行政相对人对行政主体作出的行政行为不服,认为侵犯其合法权益时,有权依法提起行政诉讼。

(9)请求国家赔偿、补偿权。行政相对人在其合法权益被国家机关及其工作人员行使职权行为侵犯并造成损失时,有权依法请求国家赔偿。行政相对人财产因公共利益需要而被国家征收、征用,或其合法权益因国家机关及其工作人员合法行使职权行为而受到损害、损失时,有权依法请求补偿。

(10)抵制违法行政行为权。行政相对人对行政主体实施的明显违法或重大违法的行政行为有权依法予以抵制,如抵制没有法律根据的罚款、收费等。[1]

☆ 行政相对人的义务[2]

(1)服从行政管理的义务。如遵守行政机关发布的行政法规、规章和其他规范性文件;执行行政命令、行政决定;履行行政法上的各项义务。

(2)协助公务的义务。行政相对人对行政主体及其工作人员执行公务的行为,有主动予以协助的义务,如配合公安机关维持社会秩序,协助人民警察追捕违法犯罪分子,必要时为公务人员提供交通工具或执行公务所需的其他设施或器材。

(3)维护公益的义务。行政相对人有义务维护国家和社会公共利益。在国家和社会公共利益正受到或可能受到损害或威胁时,行政相对人应采取措施尽可能

---

〔1〕 如《行政处罚法》第49条。

〔2〕 参见姜明安主编:《行政法与行政诉讼法》,北京大学出版社、高等教育出版社2015年第6版,第141~142页。

防止或减少损害的发生。行政相对人因维护公益而受到的损失或伤害，事后可以请求国家予以适当补偿。

（4）遵守法定程序的义务。行政相对人的行为均应遵守法律、法规规定的程序、手续、时限。否则可能导致自己提出的相应请求不能实现甚至要为之承担相应的法律责任。

法律与规范链接

▲ 必读法条

《宪法》第10条、第13条、第41条、第53条

《行政处罚法》第6条、第32条、第42条、第44条、第49条

《行政许可法》第7条、第36条，第46～48条，第66条、第67条

《行政复议法》第2、7条

《行政诉讼法》第2条

△ 延伸法条

《国家赔偿法》

《人民警察法》第34条

《消防法》第6条

《传染病防治法》第31条

《行政许可法》第31条、第61条、第62条、第78条

典型案例

某房地产开发有限公司不服北京市工商行政管理局某分局行政处罚案[1]

案情介绍

原告北京某房地产开发有限公司成立于2000年，登记住所地为北京市平谷区

〔1〕 资料来源：110法律资讯网，http://www.110.com/ziliao/article-232678.html，最后访问时间：2017年5月25日访问。

某镇某村,2002年该公司将公司住所地迁至北京市海淀区。2007年3月,被告北京市工商行政管理局某分局以原告擅自变更公司登记事项为由,向其作出《责令改正通知书》,限其30日内改正。原告并未按期改正,被告认为原告行为违反了《公司登记管理条例》第26条之规定,属于擅自改变公司登记事项的行为,拟对原告作出行政处罚,在作出处罚前,被告告知原告享有陈述申辩的权利,原告向被告提交了书面陈述意见,但被告执法人员以该陈述与本案无关为由未接受。2007年10月被告作出行政处罚决定,并向原告送达。原告不服,提起行政复议,复议机关维持了被告的行政处罚决定,原告仍不服,提起行政诉讼。法院经审查,判决确认被告所做行政处罚无效。双方当事人均未上诉。

问题

被告的行政处罚为何无效?

参考结论与案情分析

此案体现了对行政相对人正当程序权的保障。本案中,虽然原告未在登记住所地从事经营且在未经核准变更登记的情况下擅自迁址,已经违反了《公司登记管理条例》第26条,应当受到处罚,被告行政处罚决定认定事实清楚,证据确凿,适用法律正确。但是,被告在执法中忽视了相对人的正当程序权,行政相对人有权要求行政主体告知行为依据,说明理由;有权陈述自己的意见、看法,提供有关证据材料,进行说明和申辩,必要时可要求为之举行听证,被告并没有严格遵守依法行政的法定程序。依据《行政处罚法》相关规定,行政机关作出行政处罚前必须充分听取当事人的意见,对当事人提出的事实、理由和证据应当进行复核,若行政机关拒绝听取当事人的陈述、申辩,行政处罚决定不能成立。本案中,被告在庭审中承认原告在受到被告的行政处罚书后即向被告提交了书面陈述意见,被告承认当场以该陈述与本案无关为由未接受,在被告提供的档案材料中亦没有对原告书面陈述意见进行复核的证据,且在被告的行政处罚决定书中也没有表达对原意见采纳与否的意见,此行为即为拒绝接受原告陈述、申辩,属重大程序违法,故法院依照《最高人民法院关于执行〈中华人民共和国行政诉讼法〉若干问题的解释》第57条第2款第3项之规定,判决确认被告所做的行政处罚决定依法不成立。

延伸阅读

1. 方世荣:《论行政相对人》,中国政法大学出版社2000年版。
2. 陈海萍:《行政相对人合法预期保护之研究:以行政规范性文件的变更为视角》,法律出版社2012年版。
3. 关保英:《论行政相对人权利的平等保护》,载《中国法学》2002年第3期。
4. 王锡锌:《行政过程中相对人程序性权利研究》,载《中国法学》2001年第4期。

2.5 监督行政主体

知识要点

2.5.1 监督行政主体概述

★ 监督行政的概念

从广义上讲,**监督行政是指国家机关、政治组织、社会组织和公民个人等依法对行政机关及其公务员、法律法规规章授权组织和行政委托组织及其工作人员是否依法行政进行的监督活动**。广义的监督行政类同于政治学意义上的对行政的监督,包括政治监督行政、国家监督行政和社会监督行政。狭义的监督行政是指行政机关实施的监督行政,包括法规规章和规范性文件备案审查、行政执法监督、行政复议等一般监督,以及行政监察、审计监督等专门监督。监督行政具有多元性、特定性、独立性、规范性、多样性的特点。[1]

★ 监督行政主体的概念与特征

监督行政主体是对行政实施监督的主体,是依法对行政机关及其公务员、法律法规规章授权组织和行政委托组织及其工作人员行使行政职权和遵纪守法的情况进行监督的组织或个人。监督行政主体具有以下特征:(1)监督行政主体具有广泛性,既包括国家机关、政治组织、社会组织,也包括公民个人,既包括国家权力机关的监督、国家司法机关的监督,也包括行政机关内部的一般监督和专门监督;(2)监督行政主体在监督法律关系中的监督对象是行政主体及其公务员、其他行使公权力的组织和人员;(3)监督行政主体实施监督的主要内容是行政主体行使行政职权的行为和公务员遵纪守法的行为。

---

〔1〕 参见《行政法与行政诉讼法》编写组:《行政法与行政诉讼法学》,高等教育出版社2017年版,第330~332页。

2.5.2 监督行政的类型及其监督内容

★★ 国家权力机关的监督

国家权力机关的监督行政是指国家权力机关及其组成人员对行政机关及其工作人员等实施的监督。**国家权力机关的监督行政即人大监督行政，**监督主体包括全国和地方各级人大、县级以上人大常委会、全国和地方各级人大常委会组成人员、各级人大代表等，监督对象既包括对行政机关实施宪法、法律的监督，也包括对行政机关工作人员的监督。依据《各级人民代表大会常务委员会监督法》的规定，各级人大常委会通过下列方式监督行政：听取和审议人民政府的专项工作报告；审查和批准决算，听取和审议国民经济和社会发展计划、预算的执行情况报告，听取和审议审计工作报告；法律法规实施情况的检查；规范性文件的备案审查；询问和质询；特定问题调查；撤职案的审议和决定。此外，依据《全国人民代表大会和地方各级人民代表大会代表法》的规定，人大代表享有以下监督权利：参加审议各项议案、报告和其他议题，发表意见；依法联名提出议案、质询案、罢免案等；提出对各方面工作的建议、批评和意见；等等。[1]

★★ 国家司法机关的监督

国家司法机关的监督是指，人民法院和人民检察院依法对行政机关及其公务员的行政行为进行审判监督和检察监督的活动。**司法监督的主体是人民法院和人民检察院，**其中，人民法院主要是通过依法独立行使行政审判权对行政机关及其行政行为产生制约作用，实践中，人民法院对行政的监督也常常是通过提出司法建议督促行政机关及时纠正违法行政行为来实现的。人民检察院则主要是通过依法独立行使法律检察监督权监督行政活动。实际上，人民检察院作为宪法确立的法律监督机关，其监督职能非常广泛，但由于长期以来法律监督制度不完善，实践中的检查监督主要限于诉讼监督。随着依法行政的全面推进，地方各级人民检察院试点对行政执法活动的检查监督以及探索建立行政公益诉讼制度等。

★★ 行政机关的一般监督

一般监督行政是指行政机关基于领导与被领导关系对其所属部门和下级行政机关进行的监督，又称为行政机关内部层级监督行政。一般监督行政的主要形式包括：

---

[1] 参见《全国人民代表大会和地方各级人民代表大会代表法》第3条。

（1）备案和审查，规章和规范性文件备案和审查是一般监督行政的重要形式，有利于改变和撤销不合法或者不适当的规章和规范性文件，维护法制统一和行政秩序。

（2）行政复议，行政复议具有监督和救济的双重效能，属于行政机关内部一般监督行政的范畴。

（3）行政执法监督，主要包括审查行政执法主体的合法性，监督行政机关依法履行法定职责，审查抽象行政行为的合法性和适当性，监督具体行政行为的合法性和适当性，组织实施行政执法责任制、行政执法评议考核制、行政执法过错责任追究制等行政执法监督制度，等等。

（4）督查、督察，国务院办公厅《关于进一步加强政府督促检查工作的意见》中有关于督促检查的规定。此外，国务院设立国家土地总督察，对土地利用和管理情况进行监督检查。[1]

★★ 行政机关专门监督

1. 行政监察

行政监察是指，在行政系统中设置的专门负责监察职能的机关对国家行政机关及其公务员的行政行为进行监控、督察和惩戒的活动。行政监察需要遵循独立、客观公正、教育与惩处相结合、公众参与的原则。[2] 行政监察机关监督行政，主要对监察对象执法、廉政、效能情况进行监察，履行下列职责：

（1）检查国家行政机关在遵守和执行法律、法规和人民政府的决定、命令中的问题。

（2）受理对国家行政机关及其公务员和国家行政机关任命的其他人员违反行政纪律行为的控告、检举。

（3）调查处理国家行政机关及其公务员和国家行政机关任命的其他人员违反行政纪律的行为。

（4）受理国家行政机关公务员和国家行政机关任命的其他人员不服主管行政机关给予处分决定的申诉，以及法律、行政法规规定的其他由监察机关受理的申诉。

（5）法律、行政法规规定由监察机关履行的其他职责。监察机关按照国务院的规定，组织协调、检查指导政务公开工作和纠正损害群众利益的不正之风工作。[3]

---

〔1〕 参见《行政法与行政诉讼法》编写组：《行政法与行政诉讼法学》，高等教育出版社2017年版，第337～339页。

〔2〕 参见《行政监察法》第3～5条。

〔3〕 参见《行政监察法》第18条。

行政监察机关监督行政，其职权主要包括调查与检查权、采取措施权、建议和处理权三大类，[1]其实施监督的主要程序包括检查程序、调查处理程序、申诉复核程序三类程序。[2]

2. 审计监督

审计监督是指，审计机关对有关行政机关、国有的金融机构和企业事业组织的财务收支活动、经济效益和财政法纪的遵守情况进行的监督活动。审计监督的主体是拥有审计权的行政审计部门，审计对象包括行政机关、国家财政金融机构、企事业单位以及有关机关、组织主要负责人等。审计的内容涉及财政财务活动、财政资金使用效益、财政法纪、财政经济责任等。审计监督是行政机关的专门监督之一。[3] 审计机关监督行政，其主要职责包括：

(1)对本级各部门(含直属单位)和下级政府预算的执行情况和决算以及其他财政收支情况，进行审计监督。

(2)对本级预算执行情况和其他财政收支情况进行审计监督。

(3)对政府投资和以政府投资为主的建设项目的预算执行情况和决算，进行审计监督。

(4)对政府部门管理的和其他单位受政府委托管理的社会保障基金、社会捐赠资金以及其他有关基金、资金的财务收支，进行审计监督；对政府部门管理的和其他单位受政府委托管理的社会保障基金、社会捐赠资金以及其他有关基金、资金的财务收支，进行审计监督。

(5)对国家机关和依法属于审计机关审计监督对象的其他单位的主要负责人，在任职期间对本地区、本部门或者本单位的财政收支、财务收支以及有关经济活动应负经济责任的履行情况，进行审计监督。[4]

此外，对国有金融机构的资产、负债、损益，进行审计监督；对国家的事业组织和使用财政资金的其他事业组织的财务收支，进行审计监督；对国有企业的资产、负债、损益，进行审计监督；对国际组织和外国政府援助、贷款项目的财务收支，进行审计监督；[5]也与审计监督行政密切相关。

---

[1] 具体职权内容参见《行政监察法》第19～29条。

[2] 具体程序环节参见《行政监察法》第30～44条。

[3] 参见《行政法与行政诉讼法》编写组：《行政法与行政诉讼法学》，高等教育出版社2017年版，第345页。

[4] 参见《审计法》第16条、第17条、第22条、第23条、第25条。

[5] 参见《审计法》第18～20条，第24条。

审计机关监督行政，其职权主要包括调查与检查权、采取措施权、建议和处理权三大类，[1]其实施监督的主要程序可以概括为准备阶段、实施阶段、处理阶段三个步骤。[2]

☆ **社会监督**

社会监督行政包括公民监督、公众监督、社会团体监督、群众自治组织监督、企事业单位监督等。[3]

法律与规范链接

▲ **必读法条**

《各级人民代表大会常务委员会监督法》

《行政监察法》

《审计法》

△ **延伸法条**

《宪法》第27条、第41条

《全国人民代表大会和地方各级人民代表大会代表法》第3条

《人民检察院组织法》第5条、第6条、第19条

典型案例

监察部和国土资源部对某县政府土地违法问题进行调查[4]

案情介绍

2002年4月，某县政府在城南工业路建设用地未经依法批准的情况下，组织开

---

〔1〕具体职权内容参见《审计法》第31～37条。

〔2〕具体程序环节参见《审计法》第38～42条。

〔3〕参见《行政法与行政诉讼法》编写组：《行政法与行政诉讼法学》，高等教育出版社2017年版，第334页。

〔4〕资料来源：人民网，http://www.people.com.cn/GB/paper39/12157/1094350.html，最后访问时间：2017年5月25日。

工建设,致使191亩耕地遭到破坏。同时县政府还违法在城南工业路两侧与村组签订征地协议,圈占土地144亩。经核实,在以上征地用地中存在补偿低于法定最低标准及拖欠征地补偿费问题。2002年9月,该县政府在土地未经依法批准使用的情况下,与开发商签订生态园成片开发建设用地协议,约定出让土地6000亩,并收取了开发商支付的2330万元征地前期费用。此后,县政府与村民小组签订了征地补偿协议,拨付了相关费用。2003年5月,县政府在没有取得合法用地手续的情况下,对神农大道和北环路规划范围内的土地组织强制拆迁,并动用警力,引发警民冲突,造成严重后果,县政府有关领导负有直接责任。

依据《土地管理法》《中国共产党纪律处分条例》《关于违反土地管理规定行为行政处分暂行办法》的有关规定和国土资源部、监察部的建议,某省政府责成有关方面按规定程序给予原县长倪某行政降级处分;给予原常务副县长张某党内严重警告处分,并责令辞职;给予副县长任某行政撤职处分;给予原县长助理蔡某行政警告处分。同时,省政府还责成有关主管部门对土地违法行为依法进行处罚,要求违法圈占的土地该退还农民的,要坚决退还;拖欠的征地补偿费要限期支付;对违法征地、拆迁给农民造成的损失要采取措施,妥善解决。国土资源部、监察部强调,将进一步加大对土地违法违规案件的查处力度,使农民群众的合法权益得到维护,保证国家严格土地管理的宏观调控政策政令畅通。

问题

针对上述材料,从行政监察的角度分析所反映的主要问题。

事件分析

监察部和国土资源部在省市政府及有关部门的配合下,对某县政府土地违法问题进行的调查,主要体现了行政监督系统中的内部监督。不但包括了内部监督中的一般监督、职能监督,更体现了内部监督中特设监督机构的监督,即行政监察。在材料中,监察部行使了它的建议权,省有关方面也采纳了国土资源部、监察部的建议,依法追究了某县政府相关责任人员的行政责任。尽管行政监察在行政监督中发挥着重要的作用,但它本身还存在一定的局限性。对于政府违反法律和国家政策的抽象行为,行政监察机关无权改变或者撤销,只能依据监察法提出监察建议。对于被监察的部门和人员的违法违纪行为,也不能改变或者撤销,或者责令其重新做出行政行为,而只能依法责令被监察对象停止该行为。因此,在内部监督系统的建设中,应当将行政监察这样的专门监督与一般监督结合起来,使之相互配合、补充,以发挥更有效的监督作用。材料中,监察部对某县政府土地违法行为的行政监察除联合了国土资源部的职能监督外，还得到了省政府的大力配合。省政府作为内部监督的主体之一，有权对其所属的周至县政府及其工作人员的行政行为进行监督。这种自上而下的监督属于内部监督中的一般监督。省政府依法行使了它对下级政府的监督权，责成有关方面按规定程序对某县政府的相关责任人作出行政处分，并责成有关主管部门“对土地违法行为依法进行处罚，要求违法圈占的土地该退还农民的，要坚决退还；拖欠的征地补偿费要限期支付；对违法征地、拆迁给农民造成的损失要采取措施，妥善解决。”

延伸阅读

1. 王力群等：《国家权力机关监督体制创新与监督立法探讨》，载《人大研究》2000年第12期。
2. 姜明安：《行政诉讼中的检察监督与行政公益诉讼》，载《法学杂志》2006年第2期。
3. 王玄玮：《论检察权对行政权的法律监督》，载《国家检察官学院学报》2011年第3期。
4. 莫于川：《行政执法监督制度论要》，载《法学评论》2000年第1期。
5. 袁曙宏：《论加强对行政权力的制约和监督》，载《法学论坛》2003年第2期。

第3章 行政行为

教学目标

了解和识记行政行为、行政立法、行政给付等基本概念的含义和特征；

识记、理解并会应用行政行为的成立要件和合法要件、行政行为的效力、行政处罚的适用、行政强制措施和行政强制执行、行政应急行为的法治化等来分析实际问题；

了解行政立法的分类、对行政立法的监督、行政规范性文件的种类、行政征收与行政征用的比较、行政规划的类型、行政指导的原则和功能、行政协议的作用与原则、行政确认的分类和原则、行政事实行为的类型；

了解和识记行政许可、行政处罚、行政协议、行政裁决、行政仲裁、行政调解与行政应急行为的含义及特征、类型。

推荐参考资料

1. 应松年主编:《行政法与行政诉讼法》(马克思主义理论研究和建设工程重点教材),高等教育出版社 2017 年版,第六章至第十一章;
2. 姜明安主编:《行政法与行政诉讼法》(第六版),北京大学出版社、高等教育出版社 2015 年版,第十章至第十六章;
3. 马怀德主编:《行政法与行政诉讼法》,中国法制出版社 2015 年第 5 版,第五章至第十一章;
4. 马怀德编著:《行政法与行政诉讼法学案例教程》,知识产权出版社 2014 年版,第五章至第十二章。

3.1 行政行为概述

知识要点

3.1.1 行政行为的概念

★ 行政行为的含义

行政行为是行政法的核心概念,是由德国行政法学鼻祖奥托·迈耶运用概念法学的方法首先提炼、概括出来的。[1] 对行政行为含义的理解,学者们有着多种不同的观点,主要包括行政主体说、行政权说、公法行为说,[2]行政法学教科书中对行政行为的界定也存在最广义、广义、较广义、较狭义、狭义、最狭义之分。[3] 本书认为,**行政行为是指,行政主体行使行政职权或履行行政职责所实施的能够产生行政法律效果的行为**。首先,行政行为的主体是行政主体;其次,行政行为是行政主体实施的可以产生行政法律效果的行为,是具有行政法意义的行为;最后,行政行为是行政主体对外实施的产生行政法效果的行为,而不包括行政主体的内部行为。

★★ 行政行为的特征

(1)从属法律性。行政主体行使行政权的行为必须根据并服从法律,必须全面、全程地接受法律的监督,不能凌驾于法律之上或游离在法律之外。如果行政行为违背宪法和法律的规定就必须承担相应的法律责任。法治要求行政主体依法行政,**"法无授权不可为""法定职责必须为""法定职权职责依法为"**。

(2)服务性。行政行为是公务行为,是为全体国民提供公共服务的行为,因此行政主体与行政相对人的关系在状态上是一种利益一致关系,在行为上是服务与合作的关系,在观念上是一种相互信任的关系。[4]

(3)无偿性。行政行为不同于企业和其他经济组织的行为。企业和其他经济

〔1〕 参见[德]奥托·迈耶:《德国行政法》,刘飞译,商务印书馆2002年版,第97页。

〔2〕 参见姜明安主编:《行政法与行政诉讼法》,北京大学出版社、高等教育出版社2015年第6版,第148~150页。

〔3〕 参见《行政法与行政诉讼法》编写组:《行政法与行政诉讼法学》,高等教育出版社2017年版,第103页。

〔4〕 参见姜明安主编:《行政法与行政诉讼法》,北京大学出版社、高等教育出版社2015年第6版,第150页。

组织通常以营利为目的,而行政行为是基于公益的需要而从事的一种管理和服务活动,不适用民法上的等价有偿原则。行政机关的运作费用和工作人员的待遇都是国家财政开支,来源于纳税人所上缴的税收,是需要取之于民、用之于民的,所以公民在接受行政主体的公共服务时是无偿的。虽然行政主体实施的某些行政行为需要收取一定的成本费用,但这并不是以营利为目的,因此,一般而言行政行为具有无偿性。

(4)权力性。[1] 行政行为是以国家的名义执行法律的行为,行政主体为行使其管理职能,享有相应的管理权力和管理手段。行政主体根据法律的规定作出一定的行为,如果遇到障碍,在没有其他途径克服障碍时,可以运用其行政权力和手段,包括行政强制手段,以消除障碍,保障其行政执法目标的实现。[2]

3.1.2 行政行为的分类

★★ 行政行为的主要类别

表 3-1 行政行为的主要类别

划分依据	区分特点	类别
对象是否特定	特定	具体行政行为
	不特定	抽象行政行为
约束程度	对范围、条件、标准、形式、程序作了明确规定	羁束行政行为
	作原则规定,有自行裁量的余地	自由裁量行政行为
相对人的利益	有利,授予权利或免除义务	授益行政行为
	不利,加予义务或剥夺、限制权益,甚至处罚、制裁	负担行政行为
主体能否主动	主动、积极	依职权行政行为
	被动、消极	依申请行政行为

[1] 参见《行政法与行政诉讼法》编写组:《行政法与行政诉讼法学》,高等教育出版社 2017 年版,第 106 页。

[2] 行政行为除了具有文中几种主要特征外,还学者认为行政行为具有单方性、执行性、裁量性、职权和职责的统一性等特征,参见方世荣、石佑启主编:《行政法与行政诉讼法》,北京大学出版社 2005 年版,第 145 页;马怀德编著:《行政法与行政诉讼法学案例教程》,知识产权出版社 2014 年版,第 50 页。

续表

划分依据	区分特点	类别
行政权作用的方式和实施行政行为所形成的法律关系	依照立法程序,制定规范性文件	行政立法行为
	为执行法律法规实施的行政管理行为	行政执法行为
	作为第三者审理特定争议、作出裁决等	行政司法行为
行为应否具备法定形式	具备某种法定形式	要式行政行为
	不必须具备特定形式	非要式行政行为
有无限制条件	附有一定条件,如时间、期限、作为等	附条件行政行为
	不附加条件,无附款	不附条件行政行为
是否需要双方意思表示一致	无须征得相对人同意	单方行政行为
	双方协商达成一致	双方行政行为
条件背景	平常时期实施	平时行政行为
	紧急情况下实施	应急行政行为

1. 抽象行政行为与具体行政行为

按照行政行为的对象是否特定可以将行政行为划分为抽象行政行为和具体行政行为。抽象行政行为,是指行政主体针对不特定的行政相对人所作的具有普遍约束力的行政行为,其行为形式体现为行政法规、行政规章和其他行政规范性文件。抽象行政行为的核心特征是:行政行为的不确定性或普遍性。抽象行政行为是为不特定的行政相对人提供行为规范,是对某一类人或事具有约束力,且具有后及力,其不仅适用当时的行为或事件,而且适用于以后要发生的同类行为和事件。抽象行政行为具有普遍性、规范性和强制性的法律特征,并经过起草、征求意见、审议、修改、通过、签署、发布等一系列程序。

具体行政行为,是指行政主体对特定的人或事件作出影响相对方权益的具体决定与措施的行为。具体行政行为是将行政法律关系双方的权利和义务内容的具体化,是在现实基础上的一次性行为。在已有行政法律规范的情况下实施具体行政行为必须遵守法定规则。具体行政行为的特征是行为对象的特定性与具体化。其内容只涉及某一个人或某一类组织的权益。具体行政行为一般包括:行政许可与确认行为、行政奖励与给付行为、行政征收行为、行政处罚行为、行政强制行为等。

2. 羁束行政行为与自由裁量行政行为

按照行政行为受法律的约束程度不同,可将行政行为分为羁束行政行为和自由裁量行政行为。羁束行政行为，是指法律规范对其范围、条件、标准、形式、程序等作了较详细、具体、明确规定的行政行为。行政主体必须严格依照法律规范的规定进行，没有自行选择、斟酌、裁量的余地。

自由裁量行政行为，是指法律规范仅对行为目的、范围等作了原则性规定，而将行为的具体条件、标准、幅度、方式等留给行政机关自行选择、决定的行政行为。

3. 授益行政行为与负担行政行为

按照行政行为对相对人利益的不同影响，可将行政行为分为授益行政行为与负担行政行为。授益行政行为又称有利行政行为，是指行政主体依法授予行政相对人权利、利益或免除相对人义务的行为。负担行政行为又称损益行政行为或不利行政行为，是指行政主体依法对行政相对人加予义务或剥夺限制其权益或给予处罚、制裁的行为。

4. 依职权行政行为与依申请行政行为

按照行政主体能否主动作出行政行，可将行政行为分为依职权的行政行为和依申请的行政行为。依职权的行政行为又称主动行政行为或积极行政行为，是指行政主体依据法律授予的职权，无须相对人的申请而直接、主动实施的行政行为。依申请的行政行为又称被动行政行为或消极行政行为，是指行政主体必须有相对人的申请才能被动实施的行政行为。

5. 行政立法行为、行政执法行为与行政司法行为

按照行政权作用的方式和实施行政行为所形成的法律关系，可以将行政行为划分为行政立法行为、行政执法行为与行政司法行为。行政立法行为是指行政主体以法定职权，依照立法程序制定带有普遍约束力的规范性文件的行为。行政执法行为是指行政主体为执行法律、法规依法定行政程序实施的各种行政管理行为，如行政许可、行政确认、行政强制、行政奖励等。行政司法行为是指行政机关作为第三者，按照准司法程序审理特定争议、作出裁决、解决纠纷的行为，如行政裁决、行政仲裁等。

6. 要式行政行为与非要式行政行为

按照行政行为是否应当具备一定的法定形式，可以将行政行为划分为要式行政行为和非要式行政行为。要式行政行为，是指必须具备某种法定的形式或方式才能生效的行政行为，如行政处罚必须以书面形式加盖公章才能生效。非要式行政行为，是指行政法律规范没有要求产生法律效力必须具备特定的形式或方式的行政行为，如行政主体的口头通知行为、指示行为。

7. 附条件行政行为与不附条件行政行为

按照行政行为有无限制条件,可以将行政行为划分为附条件行政行为与不附条件行政行为。附条件行政行为又称附款行政行为,是指其效力附有一定条件限制的行政行为,限制条件通常包括时间条件、期限条件、作为条件、不作为条件等。不附条件行政行为又称无附款行政行为,是指其效力不附有条件限制的行政行为,即行政主体作出相应行政行为不附加其他条件,相应行政行为只需符合法定标准和要求即生效。附条件和不附条件是行政主体在作出行政行为是附加或不附加有关条件,而不是指法律法规设定的条件,无论是附条件行政行为还是不附条件行政行为,行政主体和行政相对人都要遵守法定条件。

8. 单方行政行为与双方行政行为

按照行政行为成立是否需要行政主体和行政相对人双方意思表示一致,可以将行政行为划分为单方行政行为与双方行政行为。单方行政行为,是指行政机关单方意思的表示,无须征得相对人同意即可成立的行政行为。双方行政行为,是指行政机关为实现公务目的,与相对方协商达成一致而成立的行政行为。

9. 平时行政行为与应急行政行为

按照实施行政行为的条件背景不同,可以将行政行为划分为平时行政行为与应急行政行为。平时行政行为是指行政主体在平常时期实施的行政行为,而应急行政行为[1]则是行政主体在紧急情况下所实施的行政行为。

3.1.3 行政行为的成立要件和合法要件

★★★ 行政行为的成立要件

行政行为的成立要件是指构成一个行政行为所必须具备的条件,它是行政行为与非行政行为的判别标准。行政行为的成立要件可以概括为主体要件、权力要件、内容要件和形式要件。(1)行政行为的主体必须是**具有行政权能的组织**;(2)行政行为的本质必须是**行政权的实际运用**;(3)行政行为的内容必须是**能产生法律效果的行为**;(4)行政行为在外观上必须**具有使行为主体的内在意思表示出来的一定的存在形式**。[2]

---

〔1〕 本章节将在后文专门详细地阐述应急行政行为。

〔2〕 参见方世荣、石佑启主编:《行政法与行政诉讼法》,北京大学出版社2005年版,第148~150页;陈新民:《行政法学总论》,台北,台湾三民书局1995年版,第206~217页;王名扬:《法国行政法》,中国政法大学出版社1989年版,第149页。

★★★ 行政行为的合法要件〔1〕

行政行为的合法要件，是指合法行政行为所必须具备的法定条件，是评价、判断和认定行政行为合法性的条件或标准。具备合法要件的行政行为才能最终稳定地产生法律效力，而不具备这些要件的行政行为即使成立了，也终究会被有权机关依法定程序予以撤销、变更或确认无效，而使其丧失效力。行政行为的一般合法要件〔2〕主要包括：

1. 行政行为**主体**合法

行政行为合法首先要求主体合法，即必须是合法取得行政权能的组织作出的行政行为，具体地说，合法行政行为的主体必须是合法成立的行政机关、法律法规和规章合法授权的组织或者行政机关依法委托的组织。此外，如果是合议制机关的行为，则应通过合议程序作出，应由合法的公务人员召集和主持会议讨论、审议，并且相应会议由法定人数出席，相应决定由法定票数通过。代表行政机关实施行政行为的公务人员必须是有合法的公务人员资格和身份的人员。

2. 行政行为**权限**合法

合法行政行为必须是具有行政权能的组织在其法定的行政权限范围内实施的行政行为，具体而言，行政行为权限合法有三项具体要求：(1)行为在行政主体的行政权范围内；(2)行为不侵越其他行政部门的权限；(3)行为不侵越上级行政部门的权限。

3. 行政行为**内容**合法

合法行政行为必须内容合法、适当、真实、明确，具体而言，行政行为内容合法要符合三项要求：(1)行政行为有事实根据，证据确凿；(2)行政行为具有正确的适用依据；(3)行政行为合乎立法目的。

4. 行政行为**程序**合法

合法行政行为必须符合法定程序。行政程序是行政法规范规定的行政主体作出行政行为必须遵循的步骤、顺序和时限。具体而言，行政行为程序合法要符合三项要求：(1)行为符合法定方式；(2)行为符合法定步骤、顺序；(3)行为符合法定时限。

---

〔1〕 参见《行政法与行政诉讼法》编写组：《行政法与行政诉讼法学》，高等教育出版社 2017 年版，第 113 ~ 119 页。

〔2〕 行政行为的一般合法要件是将行政行为合法的具体标准和要件经过综合、归纳、抽象而来，它适用于各种行政行为，但又不能包含和取代各种行政行为所特有的具体合法要件，所以在审查行政行为的合法性时既要考虑一般的合法要件，也要兼顾专门、具体的法律规范对相应行政行为设定的特殊具体的要求和要件。行政行为的特殊合法要件需要在部门行政法中加以研究。

3.1.4　行政行为的效力

★★★ 行政行为效力的内容

行政行为的效力是行政行为成立之后所发生的**法律效果**，通常表现为某种**特定的法律约束力和强制力**。通说认为，行政行为的效力内容主要包括公定力、确定力、拘束力和执行力。

1. 公定力

行政行为的公定力是指行政行为一经作出，除非有重大明显的违法情形，否则不论其实质上是否合法、得当，都具有被推定为合法、有效的法律效力，未经法定程序变更或撤销，任何机关、公民和组织都不得否认行政行为的效力。公定力是一种"对世"的法律效力，它并不是仅仅对行政主体和行政相对人双方而言的一种法律效力，而是对包括行政主体和行政相对人在内的任何机关、公民和组织而言的一种法律效力，任何机关、公民和组织都要尊重相应的行政行为，不得违反也不得作出与之相抵触的行为。公定力是行政行为效力的基础。确定力、拘束力、执行力均来源于行政行为的公定力，同时，在行政复议和行政诉讼期间，没有法律特别规定，原则上不停止执行。因为行政行为一经作出就被推定为合法有效的。

2. 确定力

行政行为的确定力又称为行政行为的不可改变力，是指行政行为成立并生效后，对行政主体和相对人所具有的不得任意改变的法律效力。行政主体不得任意撤销、变更、重做或废止自己所作的行政行为，否则应承担相应的法律责任。行政行为的确定力对于维护相对人对行政行为的信任感以及对自己合法权益的安全感是十分重要的。行政相对人也不得任意请求撤销、变更、重作或废止已成立并生效的行政行为，否则其请求将不被受理。超过行政复议和行政诉讼的期限后，不得对该行为申请行政复议或提起行政诉讼，即使在复议和诉讼期间，相对人非经法定程序，亦不得停止对该行为确定的权利义务的履行。需要注意的是，确定力是相对的，行政主体如果发现自己的行政行为确实具有违法情形，可依法予以撤销、变更、重作或废止，但对受损害的行政相对人应依法予以赔偿或补偿。行政相对人也可在法定期限内，按法定程序向法定国家机关请求撤销、变更、重作或废止行政行为。

3. 拘束力

行政行为的拘束力是指已成立并生效的行政行为所具有的约束和限制行政主体和行政相对人行为的法律效力。一方面，行政相对人都要受到成立并生效的行政行为的约束，履行该行为确定的义务，不得作出与该行为相抵触的行为，例如行政主体作出责令停产停业的处罚决定，那么该企业即不得再行开工营业；行政主体查封了某个人的财产，那么该个人即不得拆封启用该财产。另一方面，行政主体对自己做出的行政行为，无论是规定相对人义务的行为，还是授予相对人权益的行为，都要保证其实现，都要求其对自己的行为予以严格遵守而不得超越于该行为之外。

4. 执行力

行政行为的执行力是指已经成立并生效的行政行为要求行政主体和行政相对人对其内容予以实现的法律效力。行政主体和行政相对人双方对行政行为所设定的内容都具有实现的权利义务。当行政行为为相对人设定义务时，行政主体有要求行政相对人履行义务的权力，行政相对人负有自觉履行相应行为的义务，如其拒绝履行或拖延履行，行政主体可以依法自己采取强制措施或申请法院强制执行，以强制相对人履行义务。当行政行为为相对人赋予权利时，行政相对人具有要求行政主体履行义务的权利，行政主体负有履行该行为的义务，如果行政主体在作出行政行为之后不采取措施保障相对人的权益得以实现，行政相对人可以申请行政主体履行自己的行政行为，或通过行政复议或行政诉讼途径，请求行政复议机关或人民法院责令行政主体履行自己的行政行为。

★★★ 行政行为的生效

行政行为的生效是指，行政主体实施的法律行为在完成其法定程序，具备相应法定要件后正式对外发生法律效力。行政行为何时生效，因行政行为的内容和表现形式不同，而又有**不同的生效规则**。

1. 具体行政行为的生效

（1）即时生效。即时生效指具体行政行为一经作出即对相对方产生法律效力。即时生效的行为因为是当场作出，立即生效，其适用条件相对较为严格。

（2）告知生效。告知生效是指行政机关将行政行为的内容采取公告或宣告等有效形式，向行政相对人告知，使相对方知悉、明了，该行政行为对相对方才能开始生效。

（3）送达生效。送达生效是指行政机关通过直接送达、留置送达、委托送达、转交送达、邮寄送达、公告送达等方式将具体行政行为的内容送达相对人。

（4）附条件生效。附条件生效是指具体行政行为的生效附有一定的期限或其他条件，在所附期限来到或条件消除时，具体行政行为才开始生效。

2. 抽象行政行为的生效

(1)公布生效。公布生效是指抽象行政行为从行为机关公布之日起生效。

(2)附期限生效。附期限生效是指即在抽象行政行为中另外规定该行为生效的时间。

★★★ 行政行为的失效

已经成立并发生法律效力的行政行为,因某种情况的出现也会丧失法律效力。

1. 行政行为的撤销

行政行为的撤销是指行政行为在具备可撤销情形时,由有权机关给予撤销并使之失去法律效力。可撤销的行政行为在撤销后才失去效力,尽管这种失效也可一直追溯到行为作出之日,但行政相对人在撤销决定作出之前一般要受该行为拘束,而且可撤销的行为不一定必然被撤销,行政相对人申请行政复议或提起行政诉讼均有一定时限,超过此时限即不能申请撤销相应行为,除非行政机关主动撤销或有权机关通过其他法定监督途径撤销。

(1)行政行为撤销的情形

一是行政行为合法要件缺损。合法的行政行为必须具备主体合法、权限合法、内容合法、程序合法等要件,行政行为如果缺损其中一个或一个以上要件,该行政行为就是可撤销的行政行为。

二是行政行为不适当。不适当是指行政行为具有不合理、不公正、不符合现行政策、不合时宜、不合乎有关善良风俗等情形。不适当的行政行为在很多情形下同时是不合法的行为,从而可以“违法”为由予以撤销,但在有些情况下,不适当的行政行为并不违法,因此,“不适当”亦可成为撤销行政行为的条件之一,应特别说明的是,人民法院一般不能以“不适当”为由撤销行政行为。[1]

(2)行政行为撤销的法律后果

一是相应行政行为通常自撤销之日起失去法律效力,撤销之前仍有效,但对于为相对人设定义务或对相对人作出不利处理的行政行为,只要相应行为不是相对人过错造成的,撤销的效力应追溯到行政行为作出之日。

二是如果行政行为的撤销是因行政主体过错引起的,且相应行政行为是授益行政行为,撤销的效力可以不追溯到行政行为作出之日。但是,如果因公益的需要必须使行政行为的撤销效力追溯到行为作出之日,由此给相对人造成的一切损失

---

〔1〕 参见方世荣、石佑启主编:《行政法与行政诉讼法》,北京大学出版社2005年版,第158页。

应由行政主体予以赔偿。如行政主体违法批地给某企业盖厂房,某企业本身无过错,后违法批准行为被有权机关撤销,已改好的厂房因不符合城市建设规划而必须拆迁,为此,违法批地的行政机关应赔偿拆迁企业的损失。

三是如果行政行为的撤销是因相对人的过错(如其通过虚报、瞒报有关材料而获得行政主体的某种批准、许可等)或行政主体与相对人的共同过错(如行政行为是在相对人行贿、行政公务人员受贿的情况下作出的)所引起,行政行为撤销的效力通常应追溯到行政行为作出之日。行政主体通过相应行为已给予相对人的利益均要收回;行政相对人因行为撤销而受到的损失由其自身负责;其他个人、组织因已撤销的行政行为所受到的损失,由行政主体和行政相对人依其过错程度共同赔偿;行政主体及其工作人员因导致行政行为撤销的过错还应承担行政法律责任。

2. 行政行为的废止

行政行为的废止是指本来具备合法要件的行政行为,因法律和政策的变化而不再适应新的社会情况,如果行政行为继续存在将会不合时宜且可能与法律相冲突,从而由有权机关依据法定程序废除行政行为的法律效力。

(1)行政行为废止的情形

一是行政行为**所依据的法律、法规、规章、政策**被有权机关依法修改、废止或撤销。

二是行政行为**所依据的客观情况**发生重大变化,如国际、国内或行政主体所在地区的形势发生重大变化,此时原行政行为的继续存在将有碍于社会政治、经济、文化的发展,甚至损害国家、社会公共利益,为此,行政主体必须废止原行政行为。

三是行政行为已**完成原定目标、任务**,实现了其历史使命,从而没有继续存在的必要,为此行政主体应该废止原行政行为。

(2)行政行为废止的法律后果

一是行政行为自废止之日起失效,行政主体在行为废止之前通过相应行为已给予相对人的权益不再收回,行政相对人依原行为已履行的义务不能要求行政主体予以赔偿或补偿。

二是行政行为的废止如果是因法律、法规、规章、政策的废、改、撤或客观情况的变化,为了公共利益的需要而实施的,且此种废止给相对人的合法权益造成了比较大的损失,行政主体应予以补偿。

3. 行政行为的无效[1]

行政行为的无效是指行政行为具有重大、明显的违法情形，从而使该行为自始至终不发生法律效力的行为。

(1)行政行为无效的情形

一是行政行为具有特别重大的违法情形。例如，某市政府命令一个因有爆炸危险而停止供气的煤气供应站立即恢复向外供气，此行政命令如果执行，将造成公民生命财产的重大的无可挽回的损失。煤气供应站应该视此行政行为为一个无效行政行为，并对其不予执行。

二是行政行为具有明显的违法情形。例如，某地方政府作出了一个行政决定，要求该地所有机关、企事业组织只能购买、使用该地生产的某种产品，而不能购买、使用外地生产的同类产品。该决定显然属于限制竞争的地方保护主义，明显违法，故对相对人不产生拘束力。如果该地方政府规定不允许行政相对人提起行政诉讼，则此行为更明显违法，此行为更应为无效行政行为，自始不发生效力。

三是行政行为的实施将导致犯罪。例如，为了吸引外商在该地投资，某乡政府命令村民捕杀国家保护动物招待外商，而捕杀珍稀动物的行为属于犯罪行为，故该乡政府的这一命令是无效行政行为，行政相对人有权抵制而不予执行。

四是不可能实施的行政行为。例如，某市政府为了发展旅游事业，改善游客住宿条件，命令全市所有宾馆、旅馆、饭店在3日内将它们的蹲式厕所全部改建成抽水式马桶厕所。这项工程即使具备其他所有条件，其劳务工作量也不止3天就能完成，因此，该行政命令是根本不可行的，属于无效行政行为。

五是行政主体受行政相对人胁迫或欺骗作出的行政行为。例如行政机关工作人员在行政相对人武力威胁或其他方式胁迫下作出的行政许可等，均属无效行政行为，自始不发生效力。

六是行政主体不明确或明显超越相应行政主体职权的行政行为。例如行政主体实施行政行为不表明身份，在行政决定上不署相应行政主体的名称，不盖印章，使行政相对人不能确定该行政行为的行政主体是谁，在该行为侵犯其合法权益时亦无法申请复议或提起行政诉讼，因此，这类行为应认定为无效行政行为。至于超越权限的行政行为，如果不是很明显的越权，一般不宜认定为无效行政行为，而应将其归于可撤销的行政行为。只有明显的无权限或越权行为，才应该认定为无效

[1] 参见《行政法与行政诉讼法》编写组：《行政法与行政诉讼法学》，高等教育出版社2017年版，第127~129页。

行政行为。例如,乡镇政府对不执行拆迁决定的村民进行拘留,公安派出所对违反计生政策的公民进行罚款等,这些行为都是显而易见的越权行为,因而属于无效行政行为。

(2)行政行为无效的法律后果

一是行政相对人可以不受该行为拘束,可以不履行该行为所确定的任何义务,并且不履行该行为所确定的义务也不会引起任何法律责任。

二是行政相对人可以在任何时候请求有权国家机关宣布该行为无效,不受行政复议和行政诉讼时效期限的限制。

三是有权国家机关可以在任何时候宣布某行政行为无效,因为无效行政行为不具有公定力和确定力。

四是行政主体通过相应行为从行政相对人处得到的一切物资均应返还给相对人,所加予相对人的一切义务均应取消,对相对人造成的一切实际损失,均应赔偿。对于行政相对人通过无效行政行为获得的利益好处是否均应收回,则应视相对人对行政主体作出无效行政行为是否有过错。如果相对人有过错,其所得利益应全部收回;如果相对人没有过错,对其所得利益可以不予收回,但如果为了公共利益必须收回,行政主体对因此给善意的相对人造成的损失应予以赔偿。总之,行政行为被宣布无效后,被行政行为改变的状态应尽可能恢复到行为作出以前的状态。

法律与规范链接

▲ 必读法条

《行政诉讼法》第 70 条,第 74 ~ 77 条

《行政复议法》第 28 条

△ 延伸法条

《行政诉讼法》第 12 条、第 13 条

《行政复议法》第 2 条

《治安管理处罚法》第 10 条、第 19 条、第 20 条,第 23 ~ 76 条

《突发事件应对法》

典型案例

骆某诉天津市公安局对侵犯其人身权利治安处罚显失公正案[1]

案情介绍

原告骆某因清扫雨水与邻居董发生争执。董的丈夫与儿子范某相继用语言和手势对骆进行侮辱。骆某在此情况下,打了范某一记耳光。董、范某及范某妻陈某便共同对骆进行撕打,范踢伤骆的腹部,被群众拉开后,董、陈阻止骆离开现场,继续揪打骆某,致其当场昏迷。经医院诊断:骆"脑外伤综合症""双手挫伤,左中、下腹部挫伤",住院治疗15天。董"左手软组织挫伤、右前臂表皮挫伤"。董、范、陈的行为引起了在场围观群众的公愤。

对此,天津市公安局河北分局依据《治安管理处罚条例》(现在为《治安管理处罚法》)第22条第1项、第3项之规定,分别以"殴打他人"为理由,给予董拘留15日处罚;给予陈拘留10日处罚;以"公然侮辱妇女"为理由给予范拘留15日处罚。董、陈、范不服上述处罚决定,向天津市公安局提出申诉。天津市公安局经复议认为:董、骆两家此次纠纷,双方互有责任。于是对董改裁罚款200元;对陈改裁罚款100元;以"侮辱他人"为理由,对范改裁罚款200元。骆某对申诉裁决不服,向天津市河北区人民法院提起诉讼。

问题

本案中法律对天津市公安局河北分局和天津市公安局的行政行为的约束程度如何?二者的裁判处罚是否恰当?法院宜如何判决?

参考结论与案情分析

本案中天津市公安局河北分局和天津市公安局的行政行为都属于自由裁量行政行为。按照行政行为受法律的约束程度不同为标准,可将行政行为分为羁束行政行为和自由裁量行政行为。羁束行政行为,是指法律规范对其范围、条件、标准、形式、程序等作了较详细、具体、明确规定的行政行为。行政主体必须严格依照法律规范的规定进行,没有自行选择、斟酌、裁量的余地。而自由裁量行行政为,是指法律规范仅对行为目的、范围等作了原则性规定,而将行为的具体条件、标准、幅度、方

---

[1] 参见找法网:《骆淑芬诉天津市公安局对侵犯其人身权利治安处罚显失公正案》,http://china.findlaw.cn/info/xzss/ssal/ssay/383495.html,最后访问时间:2017年4月10日。

式等留给行政机关自行选择、决定的行政行为。本案中天津市公安局河北分局和天津市公安局的处罚决定都是自由裁量行政行为,二者可以根据实际情况在《治安管理处罚法》规定的警告、罚款、拘留中选择具体的罚种,在1~200元、200~500元、500~1000元、2000元以下、5000元以下等级别中选择具体的罚款数额,在1~5日、5~10日、10~15日中选择具体的拘留日期等,法律将处罚种类和处罚幅度的选择留给行政主体根据案件的具体情况裁量。但是自由裁量行政行为并不是无限制地自由裁量,也要受到一定约束。自由裁量行政行为不仅存在合法性问题,不能违反授权法的目的和裁量范围,还存在合理性问题。此案便涉及处罚决定的合理性问题。

经过调查,董、范的行为违反了《治安管理处罚条例》(现为《治安管理处罚法》)的有关规定,其行为有以下特征:(1)情节恶劣:范当众用专指妇女生理特征的语言和手势对骆某进行侮辱、谩骂,内容十分下流污秽;范、董对骆不仅侮辱、谩骂,还行揪打,属两种违法行为;(2)后果严重:骆被董、范、陈三人揪打后,当场昏迷,致使其患"脑外伤综合症""双手挫伤,左中、下腹部挫伤",住院治疗15天,骆的身心健康受到很大损害;(3)社会影响很坏:纠纷发生过程中,有数十名群众围观,对董一家人的蛮横行径愤慨不已,董家的言行已造成很坏的社会影响。所以此案中董故意滋事,挑起事端,且殴打原告骆某致伤;第三人范公然对原告进行侮辱,情节严重。故一裁机关天津市公安局河北分局对董、范予以拘留处罚是正确的,二裁机关天津市公安局又改为罚款处罚,实属显失公正。第三人陈殴打他人,情节一般,给予罚款100元处罚,并无不当。

显失公正的处罚,畸轻畸重,违背了社会公认的公正原则,它意味着对行政职权的滥用。因此,《行政诉讼法》规定,行政处罚显失公正的,可以判决变更。故天津市河北区人民法院宜依据《行政诉讼法》《治安管理处罚法》之规定判决:(一)变更被告天津市公安局的治安管理处罚申诉裁决,对第三人范处行政拘留15日;(二)变更被告天津市公安局治安处罚申诉裁决,对第三人董处行政拘留15日;(三)维持被告天津市公安局对第三人陈罚款100元的治安处罚申诉裁决。

延伸阅读

1. 陈春生:《行政法之学理与体系——行政行为形式论》,三民书局1996年版。
2. 叶必丰:《行政行为的效力研究》,中国人民大学出版社2002年版。
3. 杨建顺:《关于行政行为理论与问题的研究》,载《行政法学研究》1995年第3期。
4. 章志远:《行政行为效力论》,中国人事出版社2003年版。
5. 叶必丰:《论行政行为的公定力》,载《法学研究》1997年第5期。

3.2　抽象行政行为

知识要点

3.2.1　行政立法

★ 行政立法的含义

行政立法是指国家行政机关依法定权限和法定程序制定行政法规和规章的活动。[1] 行政立法属于抽象行政行为。行政立法的概念主要包含以下几层含义：

(1)行政立法的主体是特定国家行政机关；

(2)行政立法是制定和发布行政法规和行政规章的行为；

(3)行政立法需要依照法定的权限和法定的程序进行。

☆ 行政立法的分类

1. 职权立法和授权立法

按照行政立法权来源的不同，可以把行政行为分为职权立法和授权立法。职权立法是指行政机关根据宪法、立法法和组织法赋予的职权，就其职权范围内的事项制定行政法规和规章的活动。根据我国《宪法》和《立法法》的规定，国务院是我国最高的行政立法主体，有权制定行政法规；国务院各部、委员会、中国人民银行、审计署和具有行政管理职能的直属机构，可以根据法律和国务院的行政法规，在本部门的权限范围内，制定规章；省、自治区、直辖市和较大的市的人民政府，可以根据法律、行政法规和本省、自治区、直辖市的地方性法规，制定地方政府规章。[2] 一般而言，行政机关通过职权立法所指定的行政法规和规章不能变通法律和法规的规定。

授权立法是指行政机关根据单行法律或权力机关的特别授权，就本应由权力机关制定法律或地方性法规的事项进行的行政立法。授权立法有两类：一是一般授权性立法，即根据宪法、立法法、组织法以外的单行法律、法规中的条款授权某一行政机关制定具体的实施细则或实施办法；二是特别授权性立法，即最高权力机关

---

[1] 各国对行政立法的法律规定以及学者对行政立法的概念界定不完全相同，主要有内容说、全部主体说、部分主体说、单一主体说几种观点。参见廖晃龙主编：《新编中国行政法原理》，大连海运学院出版社1990年版，第154～155页。

[2] 参见我国《立法法》第56、71、73条。

将应由法律规定的事项以决定的形式，特别授予行政机关行使。如《立法法》第9条规定："本法第八条规定的事项尚未制定法律的，全国人民代表大会及其常务委员会有权作出决定，授权国务院可以根据实际需要，对其中的部分事项先制定行政法规，但是有关犯罪和刑罚、对公民政治权利的剥夺和限制人身自由的强制措施和处罚、司法制度等事项除外。"〔1〕

2. 执行性立法和创制性立法

按照行政立法的内容和功能的不同，可以将行政立法分为执行性立法和创制性立法。执行性立法是指，行政机关为了执行或实现特定法律和法规的规定而进行的立法。执行性立法可以依职权也可以依授权而进行，但不得任意增减所要执行的法律、法规的内容，不得创设新的权利义务或权力职责。通过执行性立法所指定的行政法规和规章，一般称为"实施条例""实施细则"或"实施办法"。

创制性立法是指，行政机关为了填补法律和法规的空白或变通、补充法律和法规的规定以实现行政职能而进行的立法。其中，为了填补法律和法规的空白而进行的创制性立法，称为自主性立法，即某事项本应由法律或法规规定，但现实条件还不成熟，于是行政机关依据宪法、立法法和组织法所赋予的立法权或授权在其职权或授权范围内进行创制性立法，通过这种立法所指定的行政法规和规章，通常称为"暂行/试行条例""暂行/试行规定"或"暂行/试行办法"。而为了变通或补充已发布的行政法规范而进行的创制性立法，称为补充性立法，这类立法一般叫"补充规定"。

3. 中央行政立法和地方行政立法

按照行政立法的主体，可以将行政立法划分为中央行政立法和地方行政立法。中央行政立法，是指中央行政机关依法制定和发布行政法规和规章的活动。在我国，国务院制定行政法规和国务院各部、委员会、中国人民银行、审计署和具有行政管理职能的直属机构所制定的部门规章即为中央行政立法。中央行政立法调整全国范围内的普遍性问题和必须由中央统一作出规定的重大问题，中央行政立法所制定的行政法规和规章在全国范围内具有法律效力。

地方行政立法，是指特定地方行政机关依法制定和发布规章的活动。在我国，省、自治区、直辖市和较大的市〔2〕的人民政府所制定的地方政府规章为地方行政

---

〔1〕 我国《立法法》第9～11条及第56条都对授权立法的条件和限制作出了相关规定。

〔2〕 较大的市是指省、自治区的人民政府所在地的市，经济特区所在地的市和经国务院批准的较大的市，参见我国《立法法》第63条。

立法。地方行政立法调整范围限于执行性事务、地方事务等，其所制定的规章，只能在本区域内发生法律效力。

★★ **行政立法的原则**

行政立法的原则是指贯穿于行政立法过程对行政立法起指导作用的基本准则。行政立法应贯彻以下几项原则：[1]

(1)**依法立法原则**。行政立法必须依法进行，主要包括：行政立法必须依照法定权限进行；行政立法的内容必须符合宪法、法律、法规的规定，不得与上层级的法律规范相抵触；行政立法必须遵循法定程序。[2]

(2)**民主立法原则**。行政立法应当通过各种方式听取各方面的意见，保障人民通过多途径参与行政立法。例如，立法草案应提前公布，并附以立法说明；起草过程中应广泛听取有关机关、组织和公民的意见；依法公布通过的行政立法内容；等等。[3]

(3)**法制统一原则**。行政立法的法制统一原则要求：行政立法与权力机关之间的立法、行政立法相互之间应当协调一致，不得相互冲突、矛盾；行政立法必须从国家的整体利益出发，从人民的长远利益、根本利益出发，坚决反对破坏法制统一原则的部门垄断主义和地方保护主义。[4]

★★ **行政立法的程序**

1. 编制行政立法规划

行政立法规划是各级人民政府的法制机构，根据国民经济和社会发展计划所规定的任务，编制有指导性的行政立法的计划。

国务院编制年度行政法规立法计划的程序是：国务院有关部门认为需要制定行政法规的，应当于每年年初编制国务院年度立法工作计划前，向国务院**报请立项**→国务院法制机构应当根据国家总体工作部署对部门报送的行政法规立项申请汇总研究，突出重点，统筹兼顾，**拟订**国务院年度立法工作**计划**，**报国务院审批**→对列入国务院年度立法工作计划的行政法规项目，承担起草任务的部门应当按照要求**上报**

---

〔1〕 除下述三项主要原则之外，还有学者提出了协调原则和可操作性原则等。

〔2〕 参见我国《立法法》第4条，《行政法规制定程序条例》第3条，《规章制定程序条例》第3条。

〔3〕 参见我国《立法法》第5条，《行政法规制定程序条例》第12条，《规章制定程序条例》第14条、第15条。

〔4〕 参见我国《立法法》第4条。

国务院→国务院年度立法工作计划在执行中可以**根据实际情况予以调整**。[1]

编制规章制定计划的程序是:国务院部门内设机构或者其他机构认为需要制定部门规章的,应当向该部门**报请立项**;省、自治区、直辖市和较大的市的人民政府所属工作部门或者下级人民政府认为需要制定地方政府规章的,应当向该省、自治区、直辖市或者较大的市的人民政府报请立项→国务院部门法制机构,省、自治区、直辖市和较大的市的人民政府法制机构对制定规章的立项申请进行**汇总研究**,拟订本部门、本级人民政府年度规章制定**工作计划**→规章制定工作计划报本部门、本级人民政府**批准后执行**→年度规章制定工作计划在执行中,可以根据实际情况予以**调整**,对拟增加的规章项目应当进行**补充**论证。[2]

2. 起草

起草是对列入计划的需要制定的行政法规和规章,由人民政府各主管部门分别草拟法案。

行政法规由国务院组织起草。国务院年度立法工作计划确定行政法规由国务院的一个部门或者几个部门具体负责起草工作,也可以确定由国务院法制机构起草或者组织起草。重要的行政法规草案,应由国务院法制机构组织起草。起草行政法规,起草部门应当就涉及其他部门的职责或者与其他部门关系紧密的规定,与有关部门协商一致;经过充分协商不能取得一致意见的,应当在上报行政法规草案送审稿(以下简称行政法规送审稿)时说明情况和理由。[3]

部门规章由国务院部门组织起草,国务院部门可以确定规章由其一个或者几个内设机构或者其他机构具体负责起草工作,也可以确定由其法制机构起草或者组织起草。地方政府规章由省、自治区、直辖市和较大的市的人民政府组织起草,省、自治区、直辖市和较大的市的人民政府可以确定规章由其一个部门或者几个部门具体负责起草工作,也可以确定由其法制机构起草或者组织起草。起草规章可以邀请有关专家、组织参加,也可以委托有关专家、组织起草。起草部门规章,涉及国务院其他部门的职责或者与国务院其他部门关系紧密的,起草单位应当充分征求国务院其他部门的意见。起草地方政府规章,涉及本级人民政府其他部门的职责或者与其他部门关系紧密的,起草单位应当充分征求其他部门的意见。起草单位与其他部门有不同意见的,应当充分协商;经过充分协商不能取得一致意见的,

[1] 参见我国《行政法规制定程序条例》第7~9条。

[2] 参见我国《规章制定程序条例》第9~12条。

[3] 参见我国《立法法》第67条,《行政法规制定程序条例》第10条、第11条、第13条。

起草单位应当在上报规章草案送审稿（以下简称规章送审稿）时说明情况和理由。[1]

3. 征求和听取意见

行政立法必须在立法过程中征求和充分听取各方面的意见，特别是人大代表、社会公众和利害关系人的意见。涉及全体公民权益的行政法规和规章，立法草案应通过新闻媒体公布，然后通过一定形式征询和听取各方面公众的建议、意见或异议；涉及一定地区、一定阶层公民的权益的，立法草案应在相应地区、相应阶层公众中公布并组织讨论。我国《立法法》第67条，《行政法规制定程序条例》第12条，《规章制定程序条例》第14条、第15条均对行政立法过程中征求和听取意见的程序要求作出了相关规定。

4. 审查

行政法规和行政规章起草工作完成后，应当将草案及其说明、各方面对草案主要问题的不同意见和其他有关资料送有关机关进行审查。行政立法送审稿由行政立法机关法制机构负责审查，审查的范围通常包括：是否符合宪法、法律和其他上位法的规定以及国家的方针政策；是否符合《立法法》《行政法规制定程序条例》《规章制定程序条例》的规定和要求；是否与有关行政立法协调、衔接；是否正确处理有关机关、组织和公民对送审稿主要问题的意见；其他需要审查的内容。

法制机构对审查不合格的行政立法送审稿可以缓办或者退回起草部门有关部门。对送审稿涉及的主要制度、方针政策、管理体制、权限分工等有不同意见的，法制机构应当进行协调，力求达成一致意见；不能达成一致意见的，应当将争议的主要问题、有关部门的意见以及法制机构的意见报行政立法机关决定。法制机构应当认真研究各方面的意见，与起草部门协商后，对送审稿进行修改，形成行政法规和规章的草案和对草案的说明。

5. 决定、签署与公布

决定是指行政法规、规章在起草、审查完毕后，由行政立法机关在正式会议上讨论决定的制度。行政法规草案由国务院常务会议审议，或者由国务院审批。国务院常务会议审议行政法规草案时，由国务院法制机构或者起草部门作说明。[2] 部门规章应当经部务会议或者委员会会议决定。地方政府规章应当经政府常务会议

---

[1] 参见我国《规章制定程序条例》第13条、第16条。

[2] 参见我国《行政法规制定程序条例》第26条。

或者全体会议决定。[1]

经行政立法机关审议、决定(或审批)的行政法规和规章,应经行政首长签署发布令,在政府公报上或通过新闻媒介发布。行政法规由总理签署国务院令公布。有关国防建设的行政法规,可以由国务院总理、中央军事委员会主席共同签署国务院、中央军事委员会令公布。

行政法规签署公布后,及时在国务院公报和中国政府法制信息网以及在全国范围内发行的报纸上刊载。[2] 部门规章由部门首长签署命令予以公布。地方政府规章由省长、自治区主席、市长或者自治州州长签署命令予以公布。部门规章签署公布后,及时在国务院公报或者部门公报和中国政府法制信息网以及在全国范围内发行的报纸上刊载。地方政府规章签署公布后,及时在本级人民政府公报和中国政府法制信息网以及在本行政区域范围内发行的报纸上刊载。[3]

★★ 行政立法的效力

1. 行政立法的效力范围

行政立法的效力范围具体体现在四个方面:[4]

(1)行政立法的空间效力。行政立法是多层次的,其空间效力范围是不一样的。国务院的行政法规和国务院的部门规章效力的范围及于全国,而省自治区、直辖市和设区的市、自治州的人民政府的规章的空间效力一般仅及于相应行政管辖区域。

(2)行政立法对于行政机关的效力。行政法规和规章一经发布,对行政机关本身亦发生拘束力:下级行政机关必须执行上级行政机关的法规、规章,不得作出与上级行政立法不同的规定;上级行政机关及行政首长认为下级行政机关的行政立法不妥,应通过法定程序撤销或责令下级行政机关自行撤销,而不得任意改变、撤销或否定下级行政立法的效力;制定法规、规章的行政机关自己也不得任意改变、撤销、废止自己制定的法规、规章,其行为应受信赖保护原则的约束。对于合法有效的行政立法,任何行政机关在实施相应具体行政行为时都必须予以遵循和适用,而不得违反。

---

〔1〕 参见我国《规章制定程序条例》第27条。

〔2〕 参见我国《立法法》第70条、第71条。

〔3〕 参见我国《立法法》第85条、第86条。

〔4〕 参见《行政法与行政诉讼法》编写组:《行政法与行政诉讼法学》,高等教育出版社2017年版,第141～143页。

(3)行政立法对于其他国家机关的效力。对于行政机关就行政管理发布的行政法规和规章,其他国家机关也有遵守的义务。当然,人民代表机关可以根据宪法和法律、撤销违法的行政立法。人民法院在行政诉讼中也有审查和不适用违法行政规章的权力。但是对于合法的行政法规和规章,人民法院在审理行政案件中还应予以适用和作为裁判的依据或参照。

(4)行政立法对于公民、法人和其他组织的效力。就每一个具体的行政法规、规章来说,其效力决定于颁布机关的管辖权限和立法内容,如规定国家公务员事项的行政法规只适用于国家公务员,规定个体经营者问题的部门规章只适用于个体经营者,等等。

2. 行政立法的效力等级

行政立法包括行政法规、部门规章和地方政府规章。在我国,宪法具有最高的法律效力,行政立法不得同宪法相抵触。法律的效力高于行政法规和规章,行政法规和规章与法律规定不一致的,有监督权的机关可予以改变或撤销。行政法规的效力高于地方性法规,地方性法规的效力高于地方政府规章。省、自治区的人民政府制定的规章的效力高于本行政区域内的设区的市、自治州的人民政府制定的规章。部门规章之间、部门规章与地方政府规章之间具有同等效力,在各自的权限范围内施行。地方性法规、规章之间不一致时,由有关机关依照下列规定的权限作出裁决:地方性法规与部门规章之间对同一事项的规定不一致,不能确定如何适用时,由国务院提出意见,国务院认为应当适用地方性法规的,应当决定在该地方适用地方性法规的规定;认为应当适用部门规章的,应当提请全国人民代表大会常务委员会裁决;部门规章之间、部门规章与地方政府规章之间对同一事项的规定不一致时,由国务院裁决。[1]

3. 行政立法的生效

(1)行政立法的生效要件。一是经享有相应行政立法权的行政机关审议通过;二是经行政首长签署;三是公开发布。

(2)行政立法的生效时间。行政立法的生效时间通常有两种情况:一是指公布之日起生效,即行政法规和规章自公布之日起施行。二是行政立法在公布一段时间后生效,即对于有些行政法规和规章,自发布之日起生效和施行不太适宜故规定一个准备期或过渡期,过此期限后再生效。

---

〔1〕 参见我国《立法法》第87~89条,第91条、第95条。

行政立法一般不溯及既往，即使在某些特殊情况下需要溯及既往，也以不对相对方权益造成不利影响为原则。《立法法》第93条明确规定“法律、行政法规、地方性法规、自治条例和单行条例、规章不溯及既往，但为了更好地保护公民、法人和其他组织的权利和利益而作的特别规定除外”。

4. 行政立法的失效

（1）法定的授权时效届满；

（2）新法废除旧法；

（3）行政立法因规定的社会事实已消灭或效果已完成而失效；

（4）在法规清理中宣布相关行政法规和规章的废止；

（5）行政立法被有权机关撤销。

☆ 对行政立法的监督

1. 备案

《立法法》对行政法规和规章备案的规定要求包括：行政法规、规章应当在公布后的30日内报有关机关备案；行政法规报全国人民代表大会常务委员会备案；部门规章和地方政府规章报国务院备案；地方政府规章应当同时报本级人民代表大会常务委员会备案；设区的市、自治州的人民政府制定的规章应当同时报省、自治区的人民代表大会常务委员会和人民政府备案；根据授权制定的法规应当报授权决定规定的机关备案；经济特区法规报送备案时，应当说明对法律、行政法规、地方性法规作出变通的情况。[1]

2. 改变或撤销

（1）改变或撤销的条件。行政法规、规章有下列情形之一的，可由有权机关予以改变或者撤销：超越权限的；下位法违反上位法规定的；规章之间对同一事项的规定不一致，经裁决应当改变或者撤销一方的规定的；规章的规定被认为不适当，应当予以改变或者撤销的；违背法定程序的。[2]

（2）改变或撤销的机关和权限。改变或者撤销行政法规、规章的机关和权限是：全国人民代表大会常务委员会有权撤销同宪法和法律相抵触的行政法规；国务院有权改变或者撤销不适当的部门规章和地方政府规章；地方人民代表大会常务委员会有权撤销本级人民政府制定的不适当的规章；省、自治区的人民政府有权改

---

〔1〕 参见我国《立法法》第98条。

〔2〕 参见我国《立法法》第96条。

变或者撤销下一级人民政府制定的不适当的规章；授权机关有权撤销被授权机关制定的超越授权范围或者违背授权目的的法规，必要时可以撤销授权。[1]

3.2.2　行政规范性文件

★ 行政规范性文件的含义

行政规范性文件是指，行政机关制定的除行政法规、规章以外的具有普遍约束力的决定、命令等规范性文件。行政规范性文件虽然不是行政立法，但它与行政立法一样，都是抽象行政行为，都可以作为具体行政行为的依据，在我国行政管理中具有非常重要的地位。我国有权发布行政规范性文件的行政机关非常多，包括各级人民政府和政府的所有工作部门。行政机关的大量行政行为指直接根据行政规范性文件作出的。行政规范性文件是一种特殊的政令，它在法律文件中的表现形式通常为“行政措施”“决定”“命令”“公告”“通知”“报告”等等。

表3－2　行政法规（规章）与行政规范性文件的区别

	行政法规（规章）	行政规范性文件
制定主体	宪法和法律规定的特定行政机关	所有国家行政机关
效力	高于行政规范性文件	以法律、法规、规章为依据，不得抵触
内容	可以在法定范围内设定权利义务、权力责任等	无权作出设计行政相对人的权利义务的规定
程序	较为严格	较为简单，由《国家行政机关公文处理办法》规定

☆ 行政规范性文件的种类

根据行政规范性文件发布的主体，行政规范性文件可以分为三类。(1)享有行政立法权的行政机关发布的行政规范性文件，该类型的行政规范性文件与行政立法最主要的区别是在制定程序上，行政立法必须经相应行政立法机关的正式会议审议通过，由行政首长签署发布，而行政规范性文件则没有这样的程序要求。(2)不享有行政立法权的国务院的工作机构发布的行政规范性文件，如国务院的办公机构、直属机构和部委归口的国家局等，宪法、组织法和立法法并未赋予其规章制定权，但它们也直接或间接行使着某些行政管理职权，要对作为行政相对人的企事业组织、个人的行为进行规制，因工作需要，往往要发布大量的行政规范性文件。

---

〔1〕 参见我国《宪法》第67条、第89条，《立法法》第97条。

(3)不享有行政立法权的地方人民政府及其工作部门发布的行政规范性文件,该类行政规范性文件制定的主体最为广泛。《立法法》修改后,地方各级人民政府中只有省、自治区、直辖市和设区的市、自治州的人民政府才享有规章制定权,其他数以千计的县级市、县和数以万计的乡、镇人民政府均只能发布行政规范性文件。

★★ 行政规范性文件的法律效力

行政规范性文件的法律效力主要体现在行政管理和行政诉讼两个领域。[1](1)对作为相对人的公民、法人和其他组织具有拘束力和执行力,行政规范性文件一经颁布,相应文件所调整的个人和组织必须服从。(2)对行政机关本身具有公定力和确定力。行政规范性文件一经颁布,行政机关非经法定程序不得撤销、改变或废止,有关行政机关在实施具体行政行为时必须遵循相应文件的规定。(3)行政规范性文件既是行政复议机关审理行政复议案件的依据,又是行政复议的客体。[2]

在行政诉讼领域,行政规范性文件的法律效力主要表现在以下几个方面:(1)行政诉讼当事人可以以行政规范性文件作为论证相应具体行政行为违法或合法的根据。(2)公民法人或者其他组织认为行政行为所依据的行政规范性文件不合法,在对行政行为提起诉讼时,可以一并请求对该规范性文件进行审查。(3)人民法院在审理行政案件时,经审查如认为行政行为所依据的行政规范性文件合法,可以在裁判文书中引用;如认为不合法,则不作为认定行政行为合法的依据,并向制定机关提出处理意见。[3]

法律与规范链接

▲ 必读法条

《宪法》第 67 条、第 89 条

《立法法》

《行政法规制定程序条例》

《规章制定程序条例》

---

〔1〕 参见《行政法与行政诉讼法》编写组:《行政法与行政诉讼法学》,高等教育出版社 2017 年版,第 150~152 页。

〔2〕 参见我国《行政复议法》第 7 条、第 26 条、第 27 条。

〔3〕 参见我国《行政诉讼法》第 64 条。

△ **延伸法条**

《国家行政机关公文处理办法》

《行政复议法》第7条、第26条、第27条

《行政诉讼法》第64条

典型案例

乔某诉铁道部2001年春运价格上浮案[1]

2000年12月21日,铁道部向有关铁路局发布了关于2001年春运期间部分旅客列车实行票价上浮的通知。通知确定2001年春节前10天及春节后23天北京铁路局、上海铁路局、广州铁路(集团)公司等始发的部分直通列车实行票价上浮20%至30%。为此,乔某在2001年1月17日及22日分别购买的车票共多支付9元。乔某认为铁道部的通知侵害了他的合法权益,向铁道部提起行政复议。铁道部作出《行政复议决定书》,决定维持票价上浮通知。乔某针对上述票价上浮通知及铁道部的复议决定,起诉到北京市一中院,请求法院判决:撤销复议决定,责令铁道部履行转送审查职责;撤销票价上浮通知。

据了解,国家计委依据铁道部报送的《关于报批部分旅客列车政府指导价实施方案的函》(铁财函〔2000〕253号),于2000年11月下发了《关于部分旅客列车实行政府指导价有关问题的批复》(计价格〔2000〕1960号)(以下简称"批复"),批准对铁路部分旅客列车运价实行政府指导价,允许客流较大线路和春运、暑运、"五一""十一"等主要节假日期间,客运繁忙线路的铁路旅客列车票价适当上浮;允许部分与高速公路平行、竞争激烈及其他客流较少线路列车票价常年下浮,对团体购票旅客、提前购票旅客等实行下浮,同时规定了浮动幅度、审批权限等。并在2000年12月同意由铁道部颁发铁路旅客票价表,作为旅客列车实行浮动票价的中准价(计办价格〔2000〕931号)。

铁道部依据国家计委《批复》,发出《关于2001年春运期间部分旅客列车实行票价上浮的通知》(以下简称"铁道部通知"),规定:节前(1月13日至22日)

---

〔1〕 资料来源:中国法院网,http://www.chinacourt.org/article/detail/2003/11/id/93721.shtml,最后访问时间:2017年5月25日。

自广州(集团)公司、北京、上海铁路局始发、节后(1月26日至2月17日)为成都、郑州、南昌、上海铁路局始发的部分直通客车票价上浮,其中新型空调列车上浮20%,其他列车上浮30%。除夕、正月初一、初二不上浮。儿童、学生、现役军人、革命伤残军人票价不上浮。

问题

北京市一中院该如何处理?

参考结论与案情分析

北京市一中院经审理后认定,调整和缓解春运期间客运量与铁路运能的突出矛盾,是保证铁路客运正常发展的客观需要。铁道部依职权拟定的票价上浮通知体现了价格法的有关规定,包含了市场需求、地区差别、季节变化和社会承受力等因素,符合法律规定及客运市场的价值规律。

另外,铁道部作出的2001年春运期间部分旅客列车价格上浮的决定,是经过有关市场调查、方案拟定、报送国家计委审查,国家计委在国务院授予其批准的权限范围内予以批准后,铁道部依据国家计委的批准文件作出的,上述程序未违反有关法律规定。

乔某认为铁道部所作的票价上浮通知未经国务院批准及铁道部未能提供组织价格听证会,并由此请求法院对铁道部作出的上浮票价的通知予以撤销的诉讼请求,缺乏事实依据和法律依据。而且依据价格法的有关规定,主持价格听证会不属于铁道部的法定职责,因此,本案的诉讼并不涉及价格听证及其相关问题。

据此,北京市一中院依法作出驳回乔某诉讼请求的判决。

延伸阅读

1. 姜明安:《法规审查与法规评价研究》,北京大学出版社2003年版。
2. 毕雁英:《宪政权力架构中的行政立法程序》,法律出版社2010年版。
3. 崔卓兰、于立深:《行政规章研究》,吉林人民出版社2002年版。
4. 刘莘:《行政立法研究》,法律出版社2003年版。
5. 叶必丰、周佑勇:《行政规范研究》,法律出版社2002年版。

3.3 具体行政行为

知识要点

3.3.1 行政给付

★★ 行政给付的含义及特征

行政给付是指,行政主体根据相对人的申请,依据相关法律、法规、规章或政策规定,考虑相对人的具体条件,而决定无偿给予一定物质利益的行政行为。[1] 行政给付具有授益性、无偿性、依申请等法律特征。

☆ 行政给付的形式和制度

我国行政给付的形式散见于各类法律制度之中,主要包括以下几种:[2]

1. 行政保障制度

行政保障制度是行政机关在相对人发生年老、疾病或者丧失劳动能力等情况时或其他特殊情况下,依照有关法规规定,赋予其利益的制度。

2. 行政救助制度

(1)灾害救济制度。包括洪涝灾害、防震减灾救灾、地质灾害救济、森林灾害救济、突发公共事件救济等。

(2)社会救济制度。主要包括对城市生活无着落的流浪乞讨人员救助和农村特困户救济,例如农村"五保户"的生活保障。

3. 行政补助制度

行政补助制度由行政补贴制度、行政助长制度两大类组成。前者包括粮食生产补贴、增加农民收入补贴、促进就业补贴。后者包括国家助学贷款、义务教育经费等。

3.3.2 行政许可

★★ 行政许可的含义及特征

行政许可是指,特定的行政主体根据行政相对人的申请,经依法审查,作出准

---

〔1〕 参见《行政法与行政诉讼法》编写组:《行政法与行政诉讼法学》,高等教育出版社2017年版,第156页。

〔2〕 同上注,第156~158页。

予或不准予其从事特定活动之决定的行政行为。[1] 行政许可具有以下四个法律特征:(1)行政许可具有赋权性和解禁性;(2)行政许可是依申请的行政行为;(3)行政许可是授益性行政行为;(4)行政许可是要式行政行为。

★★ 行政许可的事项

行政许可的事项可以分为两类:一是可以设定行政许可的事项,二是可以不设定行政许可的事项。

可以设定行政许可的事项包括:

(1)直接涉及国家安全、公共安全、经济宏观调控、生态环境保护以及直接关系人身健康、生命财产安全等特定活动,需要按照法定条件予以批准的事项。

(2)有限自然资源开发利用、公共资源配置以及直接关系公共利益的特定行业的市场准入等,需要赋予特定权利的事项。

(3)提供公众服务并且直接关系公共利益的职业、行业,需要确定具备特殊信誉、特殊条件或者特殊技能等资格、资质的事项。

(4)直接关系公共安全、人身健康、生命财产安全的重要设备、设施、产品、物品,需要按照技术标准、技术规范,通过检验、检测、检疫等方式进行审定的事项。

(5)企业或者其他组织的设立等,需要确定主体资格的事项。

(6)法律、行政法规规定可以设定行政许可的其他事项。[2]

可以不设定行政许可的事项主要包括:

(1)公民、法人或者其他组织能够自主决定的。

(2)市场竞争机制能够有效调节的。

(3)行业组织或者中介机构能够自律管理的。

(4)行政机关采用事后监督等其他行政管理方式能够解决的。[3]

★★ 行政许可的设定和规定

1. 行政许可的设定

行政许可的设定必须通过一定的法律形式予以实现。《行政许可法》第 14 条、第 15 条分别规定了法律、行政法规和地方性法规对行政许可的设定。

对于《行政许可法》第 12 条所列事项,法律可以设定行政许可。尚未制定法律

---

〔1〕 参见《行政许可法》第 2 条。

〔2〕 参见《行政许可法》第 12 条。

〔3〕 参见《行政诉讼法》第 13 条。

的，行政法规可以设定行政许可。必要时，国务院可以采用发布决定的方式设定行政许可。实施后，除临时性行政许可事项外，国务院应当及时提请全国人民代表大会及其常务委员会制定法律，或者自行制定行政法规。对于《行政许可法》第12条尚未制定法律、行政法规的，地方性法规可以设定行政许可；尚未制定法律、行政法规和地方性法规的，因行政管理的需要，确需立即实施行政许可的，省、自治区、直辖市人民政府规章可以设定临时性的行政许可。临时性的行政许可实施满1年需要继续实施的，应当提请本级人民代表大会及其常务委员会制定地方性法规。地方性法规和省、自治区、直辖市人民政府规章，不得设定应当由国家统一确定的公民、法人或者其他组织的资格、资质的行政许可；不得设定企业或者其他组织的设立登记及其前置性行政许可。其设定的行政许可，不得限制其他地区的个人或者企业到本地区从事生产经营和提供服务，不得限制其他地区的商品进入本地区市场。

2. 行政许可的规定

行政法规可以在法律设定的行政许可事项范围内，对实施该行政许可作出具体规定。地方性法规可以在法律、行政法规设定的行政许可事项范围内，对实施该行政许可作出具体规定。规章可以在上位法设定的行政许可事项范围内，对实施该行政许可作出具体规定。法规、规章对实施上位法设定的行政许可作出的具体规定，不得增设行政许可；对行政许可条件作出的具体规定，不得增设违反上位法的其他条件。[1]

★★ 行政许可的变更和撤回

行政许可所依据的法律、法规、规章修改或者废止，或者准予行政许可所依据的客观情况发生重大变化的，为了公共利益的需要，行政机关可以依法变更或者撤回已经生效的行政许可。由此给公民、法人或者其他组织造成财产损失的，行政机关应当依法给予补偿。[2]

行政许可的变更是指，对已生效的行政许可内容的改变，如行政许可事项范围的缩小、许可期限的缩短或延长等。行政许可的撤回则是指提前收回已经生效的行政许可。行政许可的变更和撤回以行政许可所依据的法律、法规、规章修改或者废止，或者准予行政许可所依据的客观情况发生重大变化为前提；以符合公共利益的需要为标准；以时候补偿为原则。

---

〔1〕 参见《行政许可法》第16条。

〔2〕 参见《行政许可法》第8条。

★★ 行政许可的撤销与注销

行政许可的撤销是指，行政许可机关违法做出行政许可决定或被许可人以不正当手段取得行政许可的，行政许可机关或上级行政机关，根据利害关系人的请求或者依职权，依法取消行政许可的法律制度。行政许可的注销，是指有关行政机关针对各种效力已经消灭的行政许可进行登记，以确认其往后不再具有许可效力的法律制度。

3.3.3 行政处罚

★★ 行政处罚的含义及特征

行政处罚是指，具有行政处罚权的行政主体为维护公共利益和社会秩序，保护公民、法人或其他组织的合法权益，依法对行政相对人违反行政管理秩序而尚未构成犯罪的行政行为所实施的法律制裁。行政处罚具有制裁性、处分性、不利性、法定性的特征。[1]

★★ 行政处罚的种类

从学理上而言，行政处罚可以分为人身罚，如行政拘留、驱逐出境、禁止出境、限期出境等；财产罚，如罚款、没收等；行为罚，如责令停产停业、吊销执照等；申诫罚，如警告等。依据《行政处罚法》第 8 条的规定，行政处罚主要包括警告，罚款，没收违法所得、没收非法财物，责令停产停业，暂扣或者吊销许可证、暂扣或者吊销执照，行政拘留，法律、行政法规规定的其他行政处罚。

★★★ 行政处罚的设定

1. 法律可以设定各种行政处罚。限制人身自由的行政处罚，只能由法律设定。

2. 行政法规可以设定除限制人身自由以外的行政处罚。主要指行政拘留。法律对违法行为已经作出行政处罚规定，行政法规需要作出具体规定的，必须在法律规定的给予行政处罚的行为、种类和幅度的范围内。

3. 地方性法规可以设定除限制人身自由、吊销企业营业执照以外的行政处罚。法律、行政法规对违法行为已经作出行政处罚规定，地方性法规需要作出具体规定的，必须在法律、行政法规规定的给予行政处罚的行为、种类和幅度的范围内规定。

4. 国务院部、委员会制定的规章可以在法律、行政法规规定的给予行政处罚的

---

〔1〕 参见姜明安主编：《行政法与行政诉讼法》，北京大学出版社、高等教育出版社 2015 年第 6 版，第 265 页；《行政法与行政诉讼法》编写组：《行政法与行政诉讼法学》，高等教育出版社 2017 年版，第 156～158 页。

行为、种类和幅度的范围内作出具体规定。尚未制定法律、行政法规的，前款规定的国务院部、委员会制定的规章对违反行政管理秩序的行为，可以设定警告或者一定数量罚款的行政处罚。罚款的限额由国务院规定。国务院可以授权具有行政处罚权的直属机构对上述进行规定，规定行政处罚。

5. 省、自治区、直辖市人民政府和省、自治区人民政府所在地的市人民政府以及经国务院批准的较大的市人民政府制定的规章可以在法律、法规规定的给予行政处罚的行为、种类和幅度的范围内作出具体规定。

尚未制定法律、法规的，前款规定的人民政府制定的规章对违反行政管理秩序的行为，可以设定警告或者一定数量罚款的行政处罚。罚款的限额由省、自治区、直辖市人民代表大会常务委员会规定。

6. 除上述1～5点的规定外，其他规范性文件不得设定行政处罚。

★★★ 行政处罚的适用

1. 行政处罚适用的基本原则

(1)行政机关实施行政处罚时，应当责令当事人改正或者限期改正违法行为。[1]

(2)一事不再罚款原则。对当事人的同一个违法行为，不得给予两次以上罚款的行政处罚。[2]

(3)行政处罚折抵刑罚原则。违法行为构成犯罪，人民法院判处拘役或者有期徒刑时，行政机关已经给予当事人行政拘留的，应当依法折抵相应刑期。违法行为构成犯罪，人民法院判处罚金时，行政机关已经给予当事人罚款的，应当折抵相应罚金。[3]

(4)行政处罚追诉时限。违法行为在2年内未被发现的，不再给予行政处罚，法律另有规定的除外。期限从违法行为发生之日起计算；违法行为有连续或者继续状态的，从行为终了之日起计算。[4]

2. 行政处罚的具体量刑

公民、法人或者其他组织违反行政管理秩序的行为，应当给予行政处罚的，应依法给予行政处罚。但是，下列情形不予行政处罚：

---

〔1〕 参见《行政处罚法》第23条。

〔2〕 参见《行政处罚法》第24条。

〔3〕 参见《行政处罚法》第28条。

〔4〕 参见《行政处罚法》第29条。

(1)不满14周岁的人有违法行为的,不予行政处罚,责令监护人加以管教。

(2)精神病人在不能辨认或者不能控制自己行为时有违法行为的,不予行政处罚,但应当责令其监护人严加看管和治疗。

(3)违法行为轻微并及时纠正,没有造成危害后果的,不予行政处罚。

以下情形从轻或减轻处罚:

(1)已满14周岁不满18周岁的人有违法行为的,从轻或者减轻行政处罚。

(2)主动消除或者减轻违法行为危害后果的。

(3)受他人胁迫有违法行为的。

(4)配合行政机关查处违法行为有立功表现的。

(5)其他依法从轻或者减轻行政处罚的情形。〔1〕

3.3.4　行政征收和征用

★★ 行政征收的含义及特征

行政征收是指,行政主体凭借国家行政权,根据国家和社会公共利益的需要,依法向行政相对人强制性地收取税费或私有财产的行政行为。〔2〕行政征收的效果是剥夺和处分相对人的私有产权,而公民的私有财产权是受宪法和物权法特别保护的基本权利,因而行政征收是一项必须由法律直接明确设定的法律制度。行政征收具有强制性、法定性、非对价性、处分性的法律特征。在我国,行政征收主要包括土地征收、房屋征收、税征收、费征收、其他财产性征收等几种。

★★ 行政征用的含义及特征

行政征用是指,行政主体根据法律规定,出于公共利益的需要,强制性地使用相对人的财产并给予补偿的行政行为。行政征用具有以下几个特征:

(1)非处分性和限制性,行政征用只是影响被征用物的使用权而不是处分其所有权,所以它不具有处分性,而只是限制性。

(2)强制性,行政征用是一种国家的单方强制行为,不以被征用财物所有权和使用权人的同意为前提。

(3)补偿性,行政征用具有补偿性,行政主体征用有关财物时,应当向被征用人支付补偿金。

---

〔1〕参见《行政处罚法》第23~29条。

〔2〕参见姜明安主编:《行政法与行政诉讼法》,北京大学出版社、高等教育出版社2015年第6版,第263页。

(4)应急性,行政征用一般是在抢险、救灾等紧急需要情形下采用,所以具有应急性。

(5)法定性,行政征用的主体、条件、对象、方式、范围等都必须有法律的明文规定,无法律依据,不得行政征用。[1]

★★ 行政征收与行政征用的比较

行政征收和行政征用都是由行政主体为了公共利益的需要,依据法律单方作出,无须行政相对人的同意,均由法律直接设定征收或征用项目。但是,它们是两个相互独立的行政行为,存在明显区别:

(1)处分所有权和限制使用权的不同。征收一般是指对公民财产所有权的限制或剥夺;而征用仅是指对公民财产使用权的暂时剥夺(用完之后还要归还)。

(2)补偿原则不同。征税和征费是无偿的,对其他财产权的征收以补偿为条件;而行政征用一般应是有偿的,行政主体应当给予被征用方以相应的经济补偿。

(3)从行为的标的看,行政征收的标的一般仅限于财产;而行政征用的标的除财产外还可能包括劳务。

(4)是否具有应急性的不同。行政征用一般发生在应急状态下,如在抢险、救灾等情形中征用交通工具或通信工具等;行政征收则不具有应急性。[2]

3.3.5　行政强制

★★ 行政强制的含义

行政强制是指,在行政过程中出现违反义务或者不履行义务的情况下,为了确保行政的实效性,维护和实现公共利益,由行政主体或者行政主体申请人民法院,对公民、法人或者其他组织的财产以及人身、自由等予以强制而采取的措施。[3] 依据我国《行政强制法》的规定,行政强制包括行政强制措施和行政强制执行。[4]

---

[1] 参见《行政法与行政诉讼法》编写组:《行政法与行政诉讼法学》,高等教育出版社 2017 年版,第 201~202 页。

[2] 同上注,第 202 页。

[3] 参见姜明安主编:《行政法与行政诉讼法》,北京大学出版社、高等教育出版社 2015 年第 6 版,第 263 页。

[4] 参见《行政强制法》第 2 条。

★★★ 行政强制措施

行政强制措施，是指行政机关在行政管理过程中，为制止违法行为、防止证据损毁、避免危害发生、控制危险扩大等情形，依法对公民的人身自由实施暂时性限制，或者对公民、法人或者其他组织的财物实施暂时性控制的行为。[1] 行政强制措施是一种“限权性”“暂时性”“可复原性”“从属性”的行为。[2] 行政强制措施主要包括限制公民人身自由；查封场所、设施或者财物；扣押财物；冻结存款、汇款；其他行政强制措施这五大类。[3]

★★★ 行政强制执行

行政强制执行是指，行政机关或者行政机关申请人民法院，对不履行行政决定的公民、法人或者其他组织，依法强制履行义务或者达到与履行义务相同状态的行为。[4] 行政强制执行具有以下法律特征：

(1)在主体上，行政强制执行是由国家行政机关或者人民法院实施的一种强制行为。

(2)在客体上，行政强制执行是有权机关对行政决定的执行。

(3)从行为的过程上考察，行政强制执行不是一个暂时性的中间行为，而是一个最终封闭的行为。[5]

行政强制执行的方式，是指行政强制主体为执行行政决定依法实施的手段和方法。行政强制执行有两种方式，即行政机关采取的强制执行方式和由人民法院采取的强制执行方式。对于前者，《行政强制法》第 12 条作出了专门的规定，即由行政机关采取的行政强制执行方式主要包括：加处罚款或者滞纳金；划拨存款、汇款；拍卖或者依法处理查封、扣押的场所、设施或者财物；排除妨碍、恢复原状；代履行；其他强制执行方式。对于后者，《行政强制法》并未作出具体规定，行政机关申请人民法院强制执行，在行政诉讼法中称为“非诉执行”，人民法院在非诉执行中所实施的执行方式可以适用民事诉讼法的有关规定。[6]

---

〔1〕 参见《行政强制法》第 2 条。

〔2〕 参见《行政法与行政诉讼法》编写组：《行政法与行政诉讼法学》，高等教育出版社 2017 年版，第 205～206 页。

〔3〕 参见《行政强制法》第 9 条。

〔4〕 参见《行政强制法》第 2 条。

〔5〕 参见《行政法与行政诉讼法》编写组：《行政法与行政诉讼法学》，高等教育出版社 2017 年版，第 213 页。

〔6〕 参见《最高人民法院关于执行〈中华人民共和国行政诉讼法〉若干问题的解释》第 97 条的精神。

法律与规范链接

▲ 必读法条

《行政许可法》

《行政处罚法》

《行政强制法》

《强制执行房屋征收补偿决定的规定》

△ 延伸法条

《宪法》第10条、第13条

《物权法》第4条、第42条、第44条、第121条

《土地管理法》第2条、第45条

《城市房地产管理法》第6条

《认证认可条例》

《治安管理处罚法》

典型案例

李某诉山东省东营市规划局行政许可违法案[1]

原告李某于1996年6月取得了涉案许可用地范围内的部分国有土地使用有权证,依法享有对部分土地的使用权。2008年4月,第三人东营市某公司根据东营市发展和改革委员会《关于东营河(庐山路—东一路)综合治理工程概算和招标方案的批复》文件向被告东营市规划局提出办理东营河(庐山路—东一路段)综合治理工程建设用地申请。被告在审核后,认为第三人申报材料符合要求,根据《城乡规划法》第37条规定,为第三人核发了建设用地规划许可证。但原告李某认为被告为第三人核发建设用地规划许可证的具体行政行为侵犯了其原有的土地使用权,于是向山东省建设厅申请行政复议。山东省建设厅作出维持行政复议决定书。原告不服,向法院提起行政诉讼,请求撤销被告作出的建设用地规划许可证的具体行

〔1〕 资料来源:找法网,http://china. findlaw. cn/info/xingzheng/xingzhengxuke/xzxkal/72305. html,最后访问时间:2017年5月25日。

政行为。

问题

本案中被告的行政许可行为是否合法适当？法院该如何处理？

参考结论与案情分析

行政许可作为一种行政管理制度，是行政机关在管理经济事务和社会事务中的一种控制手段。由于行政许可是授予公民、法人或者其他组织某种权益的享有或者资格的取得，而这种授权一般情况下会对其他的同类主体造成一定的影响，故行政许可在实施过程中需要注意遵循行政许可法定原则、公平公开公正原则、便民原则和当事人程序性权利保护原则。其中，程序性原则可以说是行政行为的核心，是其具备信服力的主要依据。具体来说，当事人程序性权利保护原则的核心在于，公民、法人和其他组织对于行政机关实施行政许可的行为，有权陈述和申辩，依法申请行政复议或提起行政诉讼，合法权益受到违法行政行为损害时，有权要求赔偿。只有确保行政行为按照法定的程序来执行，通知相关的行政相对人其应当享有的权利并予以保障，行政行为才是合法的。在本案中，由于原告对涉案土地享有在先的使用权，规划局在实施以该地作为标的的行政许可时应当知晓与该地相关的利益存在，故其在实施许可行为时，应当告知原告，保证其申辩的权利，而不应当直接许可第三人的建设用地申请，这不仅不符合程序的相关规定，而且与在先权利相冲突，故该行政许可行为是不合法的。

故山东省东营市人民法院经审理，认为被告为第三人核发建设用地规划许可证直接涉及原告的土地使用权。被告在为第三人核发建设用地规划许可证的行政程序中，未告知本案原告，也未举行听证，违反了法律规定。据此判决撤销被告作出的行政许可具体行政行为。

延伸阅读

1. 冯军：《行政处罚法新论》，中国检察出版社 2003 年版。
2. 杨小君：《行政处罚研究》，法律出版社 2002 年版。
3. 胡建淼主编：《行政强制法研究》，法律出版社 2003 年版。
4. 马怀德：《行政许可》，中国政法大学出版社 1994 年版。
5. 罗文燕：《行政许可制度研究》，中国人民公安大学出版社 2003 年版。

3.4 其他行为

知识要点

3.4.1 行政规划

★★ 行政规划的含义及特征

行政规划,在静态上是指为处理行政事务、实施行政事业或制定行政政策而由行政机关确定的行政指导性目标;在动态上是指行政机关在实施行政事业及其他活动之前,综合地提示有关行政目标和制订出规划蓝图以具体明确行政目标,并进一步制定出为实现行政目标所必需的各项部署和安排的行政活动过程。行政规划具有如下特征:(1)是用于实现一定政策的手段和工具;(2)是实现行政目标的一个过程;(3)在时间上具有动态展开的要素,具有一定的持续性;(4)内容具有非完结性,并留有一定的余地;(5)一般而言并不一定要有具体的法律根据,但当其决定将产生各种权利限制的效果时,则必须要有行政作用法上的具体法律依据。[1]

☆ 行政规划的类型

行政规划的法律形式和内容非常多,可以从多种角度对其进行划分。例如,根据制定规划的主体不同,可分为中央政府的国家规划、中央各部的行业规划、地方政府的区域发展规划等;根据规划内容不同,可以划分为经济规划、开发规划、教育规划、产业规划等;根据规划的时间长短不同,可以划分为长期规划、中期规划、短期规划、年度规划、临时规划等;根据规划的事项范围不同,可以划分为综合规划、专题规划等。[2]

3.4.2 行政指导

★★ 行政指导的含义及特征

行政指导是,行政机关基于国家的法律、政策的规定在其职责范围内作出的,旨在引导行政相对人自愿采取一定的作为或不作为,以实现行政管理目的的一种

---

〔1〕 参见《行政法与行政诉讼法》编写组:《行政法与行政诉讼法学》,高等教育出版社2017年版,第226~227页。

〔2〕 同上注,第229页。

非职权的行为。[1]

行政指导具有非强制性、主动补充性、行为引导性、方法多样性、事实行为性、自愿性等重要特征。[2]

行政指导的方法主要包括：引导、辅导、帮助、通知、提示、提醒、劝告、建议、提议、说服、劝诫、意见、主张、商讨、沟通、赞同、推荐、示范、勉励等等。

3.4.3　行政协议

★★ 行政协议的含义及特征

行政协议，也称为行政合同、行政契约，是指行政主体与行政相对人之间为执行公共事务，实现行政管理目标，适用行政法规则，依双方意思表示一致而成立的一种双方行为。行政协议具有以下特征：(1)必有一方是行政机关；(2)双方当事人地位不同；(3)目的在于实施国家行政管理目标；(4)双方当事人意思表示一致为成立要件；(5)行政机关享有行政优益权；(6)采取多种法律救济手段。[3]

★★ 行政协议的权利与义务[4]

1. 行政主体适度的主导性权利以及相应义务

(1)行政主体的主导性权利。一般来说主要包括以下方面：对协议履行的指导与监督权；对不履行协议义务的相对一方的直接强制执行权；作为制裁手段的直接解除协议权；对严重违约构成违法的相对方处以行政制裁措施的权利；在情势变迁情况下单方变更与解除协议的权利；对行政协议的解释权。

(2)行政主体的义务。行政主体的义务主要包括：向协议方兑现应给予的优惠或照顾；给付价金；给予单方行为引起的物质损害赔偿等。

2. 行政协议相对一方的权利和义务

行政协议相对一方的权利主要包括：获得报酬权；享受优惠或照顾的请求权；给予物质损害赔偿或补偿请求权；必要或有益的额外费用偿还请求权；不可预见的意外和特殊困难补偿请求权；等等。行政协议相对方的义务主要包括：履行协议，接

---

[1] 参加姜明安主编：《行政法与行政诉讼法》，北京大学出版社、高等教育出版社 2015 年第 6 版，第 300 页。

[2] 参加莫于川：《行政指导要论——以行政指导法治化为中心》，人民法院出版社 2002 年版，第 26 ~ 32 页；姜明安主编：《行政法与行政诉讼法》，北京大学出版社、高等教育出版社 2015 年第 6 版，第 300 ~ 301 页。

[3] 参见《行政法与行政诉讼法》编写组：《行政法与行政诉讼法学》，高等教育出版社 2017 年版，第 241 ~ 242 页。

[4] 同上注，第 243 ~ 244 页。

受监督和指导等等。

3.4.4 行政确认

★★ 行政确认的含义及特征

行政确认是指,行政主体依法对行政相对人的法律地位、法律关系或者有关法律事实进行甄别和确证,给予确定、认可、证明或否定并予以宣告的行政行为。行政确认是现代行政管理的重要手段,具有以下特征:

(1)行政确认的主体是具有法定确认权的主体。

(2)行政确认的内容是确定相对人的法律地位、权利义务或特定的法律事实。

(3)行政确认是要式行政行为。

(4)行政确认是羁束行政行为。[1]

☆ 行政确认的分类

1. 以是否主动实施为标准可划分为**依职权的**行政确认和**应申请的**行政确认。依职权的行政确认,是指行政主体根据法定职权对法律关系、法律事实等予以确认的行为;而应申请的行政确认,是指行政主体回应行政相对人的申请或其他方面的请求对法律关系、法律事实等予以确认的行为。实际上,依职权实施行政确认的情形较少,行政确认的绝大多数是基于行政相对人的申请而得以实施的。

2. 根据行政确认的内容不同,可以分为**对身份的确认**、**对能力的确认**、**对事实的确认**。对身份的确认,是指行政主体对相对方在法律关系中的地位的确认,如颁发居民身份证、结婚证;对能力或资格的行政确认,是指行政主体对相对方是否具有从事某种行为的能力或者资格的证明,如颁发教师资格证、律师从业资格证;对事实的行政确认,是指行政主体对某项事实的性质、状态、真伪、等级、数量、质量、规格等的确认。

3. 以确认形式为标准可以划分为**认定**、**证明**、**登记**、**鉴证**等。认定,又称认证,是行政主体对个人、组织已有法律地位和权利义务以及确认事项是否符合法律要求的承认和肯定,如产品质量是否合格的认证等。证明,即行政主体向其他人明确肯定被证明对象的法律地位、权利义务或某种情况,如各种学历、学位证明,宅基地使用证明、居民身份、货物原产地证明等。登记,即行政主体应申请人申请,在政府有关登记簿册中记载相对方的某种情况或事实,并依法予以正式确认的行为,如房屋

---

〔1〕 参见方世荣、石佑启主编:《行政法与行政诉讼法》,北京大学出版社2005年版,第227页。

产权登记、户口登记、婚姻登记等。行政鉴定，即行政主体对特定的法律事实或客体的性质、状态、质量等进行的客观评价，如纳税鉴定、审计鉴定、会计鉴定等。此外，审定、检验、检疫等也是行政确认的重要形式。

4. 按照行政领域标准可以划分为如下种类和范围。(1) **公安管理中的确认**，主要由对交通事故的车辆、物品、尸体、路况以及当事人的生理、精神状态的检验和鉴定；对交通事故等级的确认；对当事人交通责任的认定；对行政案件的原告中自然受治安行政拘留的人员、劳教和受审人员的精神病司法鉴定等。(2) **司法行政管理中的确认**，主要有对合同、委托、遗嘱、继承权、财产权、收养关系、亲属关系等民事法律关系的公证；对身份、学历、经历、出生、死亡、婚姻状况等事实的证明；对有关文件的真伪、法律效力的公证等等。(3) **民政管理中的确认**，主要有对现役军人死亡性质、伤残性的确认；对烈士纪念建筑物的等级确认；对革命烈士的确认；对结婚、离婚条件的确认等。(4) **劳动管理中的确认**，主要有对人员伤亡事故原因、责任的确认；对锅炉压力容器事故原因和责任的确认；对特别重大事故的技术鉴定等。(5) **卫生管理中的确认**，主要有食品卫生的确认；对新药品及进口药品的鉴定；对国境卫生的鉴定；对医疗事故等级的鉴定。(6) **经济管理中的确认**，主要有对产品标准的行政认证和计量器具检定，产品质量认证；对商标和专利权的审定；对著作权属的确认；对动植物检疫的确认；对养殖水面区域的确认；对自然资源的所有权和使用权的确认；对无效经济合同的确认等。

3.4.5　行政司法行为

★★ 行政司法的含义及特征

行政司法是指，法律、法规授权的特定的行政机关按照准司法程序审理特定具体案件，裁决或处理特定争议的活动。

行政司法具有以下特征：

(1) 行政司法的主体是法律、法规和规章授权的特定行政机关。

(2) 行政司法的客体是某些特定的争议、纠纷，即在行政管理过程中发生的或与行政管理有关的争议、纷争。

(3) 行政司法的程序是准司法程序，即此种程序具有司法程序的某些形式，贯彻司法程序的某些原则，而非完全的行政程序，亦非完全的司法程序。[1] 行政司法

---

〔1〕 参见《行政法与行政诉讼法》编写组：《行政法与行政诉讼法学》，高等教育出版社 2017 年版，第 262 页。

的主要形式包括行政裁决、行政仲裁和行政调解。

★★ 行政裁决

行政裁决是指,行政机关适用准司法程序裁决法律、法规和规章授权行政机关处理的特定争议案件,是行政司法的最基本形式。行政裁决的主要客体是民事争议,如有关自然资源所有权或使用权的争议,但行政裁决的客体也包括某些行政争议,如商标评审委员会裁决商标注册申请人不服商标局驳回商标注册申请、不予公告的争议。[1]

根据我国现行法律的规定,行政裁决主要有以下几类:

(1)损害赔偿裁决,这是指行政机关对平等主体之间发生的、因涉及与行政管理相关的合法权益受到侵害而引起的赔偿争议所作的裁决。

(2)权属纠纷裁决,这是指行政主体对平等主体之间,因涉及与行政管理相关的某一财产、资源的所有权、使用权的归属发生争议所作出的裁决。

(3)侵权纠纷裁决,这是指在平等主体之间,一方当事人认为其行政法上的合法权益受到了另一方侵犯时,依法请求行政机关制止侵害,并责令侵权方对其侵害行为已造成的损失予以赔偿。[2]

★★ 行政仲裁

行政仲裁是指,根据法律规定和当事人的申请,由国家行政机关专设的机构以第三方的身份对双方当事人之间的特定争议依照仲裁程序作出公断的法律制度。[3] 根据我国现行法律的规定,行政仲裁主要有以下四种:(1)劳动争议仲裁,如《劳动法》第77条的规定;(2)社会保险仲裁,如《社会保险法》第83条的规定;(3)农村土地承包经营纠纷仲裁,如《农村土地承包法》第51条的规定;(4)人事争议仲裁,如《公务员法》第100条的规定。[4]

★★ 行政调解

行政调解是指,行政主体主持,以国家法律和政策为依据,以自愿为原则,通过说服、教育等方法,促使双方当事人互谅互让,达成协议,以解决民事纠纷或特定行

---

〔1〕参见《行政法与行政诉讼法》编写组:《行政法与行政诉讼法学》,高等教育出版社2017年版,第271页。

〔2〕参加姜明安主编:《行政法与行政诉讼法》,北京大学出版社、高等教育出版社2015年第6版,第249~250页。

〔3〕参见方世荣、石佑启主编:《行政法与行政诉讼法》,北京大学出版社2005年版,第331页。

〔4〕参见《行政法与行政诉讼法》编写组:《行政法与行政诉讼法学》,高等教育出版社2017年版,第273页。

政争议的活动。

行政调解的特征主要包括：

(1)行政调解是行政主体出面主持的一种行为，其主体一般是国家行政机关。

(2)行政调解以当事人自愿为原则，不能由行政主体单方强制作出决定。

(3)行政调解的对象主要是民事争议，但也可以是行政赔偿争议。

(4)行政调解是一种诉讼外的调解，当事人经过行政调解仍能申请行政仲裁或者提起行政诉讼。[1]

3.4.6　行政事实行为

★★ 行政事实行为的含义及特征

行政事实行为是指，行政主体基于职权实施的，不以产生、变更或消灭行政法律关系，而以影响或改变事实状态为目的的行政活动。行政事实行为具有如下法律特征：

(1)行政性。行政事实行为的行政性，是指行政事实行为尽管不具备行政行为的构成要件，但它仍然是行政主体借助行政职权实施的一种行政活动形式，因此，行政事实行为仍然要收到行政法原理的约束。

(2)可致权益受损性。行政事实行为虽然不具有法律上的约束力，但它对行政相对人人身权、财产全等合法权益仍然可能产生事实上的损害。

(3)多样性。即行政事实行为在客观上表现为多种行为式样。[2] 行政事实行为不以设立、变更或消灭行政管理相对人在行政法上的权利、义务为目的，不能同具体行政行为等同起来，但是行政事实行为也可能会影响行政相对方的合法权益。有损害就应有救济，如果行政机关的行政事实行为对行政相对方的合法权益造成了损害，就应当为公民、法人或其他组织提供司法救济的机会。

☆ 行政事实行为的类型[3]

1. 补充性(执行性)行政事实行为。即行政主体为了实现一个已经作出的行政行为的内容而实施的行为。如银行没收假币之后的销毁假币行为，工商行政管理机构销毁收缴的假冒伪劣产品，以震慑假冒伪劣产品的生产者和销售者。

---

〔1〕 参见方世荣、石佑启主编：《行政法与行政诉讼法》，北京大学出版社 2005 年版，第 309～310 页。

〔2〕 姜明安主编：《行政法与行政诉讼法》，北京大学出版社、高等教育出版社 2015 年第 6 版，第 321～322 页。

〔3〕 姜明安主编：《行政法与行政诉讼法》(第六版)，北京大学出版社、高等教育出版社 2015 年第 6 版，第 323 页。

2. 即时性行政事实行为。即行政主体在执行公务过程中,为确保正常的社会秩序或公务活动的顺利实现而采取的一种行为。如清理路障、暂时封锁交通事故现场。

3. 建议性行政事实行为。即行政主体为避免行政相对人的合法权益受到不必要的损失,根据自己所掌握的信息资料作出判断,而向行政相对人提出可以实施或不要实施某种行为的忠告、建议。如推荐名优产品、建议投资方向、境外旅游的风险预警等。

4. 服务性行政事实行为。即行政机关基于服务行政的法律精神,基于行政职权为社会或特定的行政相对人提供服务的行为。如气象报道、发布信息、义务咨询,又如为了交通安全,交通警察在道路岔口安装交通标志。

3.4.7 行政应急行为

★★ 行政应急行为的含义及构成要素

行政应急行为是指,在战争、内乱、各种恐怖活动、严重的自然灾害、经济危机或其他突发公共事件等紧急情况下,由行政机关机关依据宪法及有关法律予以应急处置的行政行为。[1] 行政应急行为具有复杂多样的表现形式,包括储备、预测、监督、控制、处置、协调、重建等一系列行政应急措施,在危机防控和应急救援的过程中发挥着特殊的调整作用。为避免行政机关和公务员滥用行政应急权力,须对其做出严格的法律规范。一般而言,行政应急行为必须具备如下构成要素:一是必须有明确的突发事件或紧急危险存在;二是行政应急行为的实施必须有法律规定;三是必须是为了实现预期的合法行政目的。[2] 严格依法规范行政应急行为是现代民主和法治的基本要求,也是危机管理法治化的标志。

★★ 行政应急行为的类型

行政应急行为按照突发公共事件的类型来划分,可以分为突发自然灾害的行政应急行为、突发事故灾难的行政应急行为、突发公共卫生时间的行政应急行为、突发社会安全事件的行政应急行为、突发环境综合事件的行政应急行为等。行政应急行为按照突发公共事件的演进脉络来划分,可以分为预防与准备阶段的行政应急行为、监测与预警阶段的行政应急行为、应急处置阶段的行政应急行为、恢复重建阶段的行政应急行为等。两种行政应急行为各具特点,也有不同的依法约束

---

〔1〕 参见《行政法与行政诉讼法》编写组:《行政法与行政诉讼法学》,高等教育出版社 2017 年版,第 280 页。

〔2〕 参见徐高、莫纪宏:《外国紧急状态法律制度》,法律出版社 1994 年版,第 64～68 页。

的难点、重点和要求。[1]

★★★ 行政应急的法制建设

行政应急是我国改革开放时期法制建设的重要组成部分。2004 年第十届全国人民代表大会第二次会议修改宪法，规定了国务院决定在个别省、自治区和直辖市的范围内部分地区进入紧急状态的职权。在此之前发布的《戒严法》(1996)、《防洪法》(1997)、《防震减灾法》(1997)、《安全生产法》(2002)等法律，《核电厂核事故应急管理条例》(1993)、《突发公共卫生事件应急条例》(2003)等行政法规也涉及了行政应急法制建设。相较于国外而言，我国应急管理起步晚、起点低，相应的法律法规的制定也较为迟滞，但在 2003 年防治“非典”以后，国务院和地方各级政府纷纷开始制定应对突发事件的规范性文件。2006 年 1 月，国务院正式发布了全国应急管理体系的总纲领——《国家突发公共事件总体应急预案》;2007 年在已经制定的应对突发事件的法律、法规、规章的基础之上，正式颁布实施了《突发事件应对法》，其被视为我国应急管理法制建设中的里程碑。目前我国已经相机制定了 70 多部应对自然灾害、事故灾难、突发公共卫生事件和社会安全事件的单行法律和行政法规，一些地方也出台了相应的地方性法规和地方政府规章。[2] 以我国《突发事件应对法》为核心、相关单项法律法规加以配套所确定的应急管理体系不断完善，标志着我国应急管理工作逐步进入了制度化、规范化、法治化的轨道。

法律与规范链接

▲ 必读法条

《城乡规划法》

《突发事件应对法》

《国家突发公共事件总体应急预案》

《仲裁法》

△ 延伸法条

《戒严法》

---

〔1〕 参见《行政法与行政诉讼法》编写组:《行政法与行政诉讼法学》，高等教育出版社 2017 年版，第 287 页。

〔2〕 如 2008 年 10 月 1 日施行的《湖南省行政程序规定》第五章第五节就用 8 个法条规定了行政应急的相关内容。

《防震减灾法》

《安全生产法》

《防汛条例》

《传染病防治法》

典型案例

Y房地产开发有限公司诉某市国土资源局不履行行政协议案[1]

2006年1月13日，某市土地收购储备中心受市肉类联合加工厂委托，经被告某市国土资源局（以下简称市国土局）批准，在当地日报上刊登了国有土地使用权公开挂牌出让公告，定于2004年1月30日至2004年2月12日在土地交易大厅公开挂牌出让TG－0403号国有土地使用权，地块位于某市安源区后埠街万公塘，土地出让面积为23173.3平方米，开发用地为商住综合用地，冷藏车间维持现状，容积率2.6，土地使用年限为50年。Y房地产开发有限公司（以下简称Y公司）于2006年2月12日以投标竞拍方式并以人民币768万元取得了TG－0403号国有土地使用权，并于2006年2月21日与被告市国土局签订了《国有土地使用权出让合同》。合同约定出让宗地的用途为商住综合用地，冷藏车间维持现状。土地使用权出让金为每平方米331.42元，总额计人民币768万元。2006年3月2日，市国土局向Y公司颁发了两本国有土地使用证，其中一本为工业，使用权类为出让，使用权面积为8359平方米，另一本为商住综合用地。对此，Y公司认为约定的"冷藏车间维持现状"是维持冷藏库的使用功能，并非维持地类性质，要求将地类由"工业"更正为"商住综合"；但市国土局认为维持现状是指冷藏车间保留工业用地性质出让，且该公司也是按照冷藏车间为工业出让地缴纳的土地使用权出让金，故不同意更正土地用途。2012年7月30日，市规划局向市土地收购储备中心作出《关于要求解释〈关于萍乡市肉类联合加工厂地块的函〉》中有关问题的复函，主要内容是：我局在2003年10月8日出具规划条件中已明确了该地块用地性质为商住综合用地（冷藏车间约7300平方米，下同）但冷藏车间维

[1] 参见杨青：《萍乡市亚鹏房地产开发有限公司诉萍乡市国土资源局不履行行政协议案》，http://www.chinacourt.org/article/detail/2017/01/id/2502922.shtml，最后访问时间：2017年5月6日。

持现状。根据该地块控规,其用地性质为居住(兼容商业),但由于地块内的食品冷藏车间是目前我市唯一的农产品储备保鲜库,也是我市重要的民生工程项目,因此,暂时保留地块内约7300平方米冷藏库的使用功能,未经政府或相关主管部门批准不得拆除。2013年2月21日,市国土局向Y公司书面答复:一、根据市规划局出具的规划条件和宗地实际情况,同意贵公司申请TG－0403号地块中冷藏车间用地的土地用途由工业用地变更为商住用地。二、由于贵公司取得该宗地中冷藏车间用地使用权是按工业用地价格出让的,根据《城市房地产管理法》之规定,贵公司申请TG－0403号地块中冷藏车间用地的土地用途由工业用地变更为商住用地,应补交土地出让金。补交的土地出让金可按该宗地出让时的综合用地(住宅、办公)评估价值减去的同等比例计算,即297.656万元×70%＝208.36万元。三、冷藏车间用地的土地用途调整后,其使用功能未经市政府批准不得改变。Y公司于2013年3月10日向法院提起行政诉讼,要求判令被告将国有土地使用证上的地类用途由"工业"更正为商住综合用地(冷藏车间维持现状)。撤销被告"关于对市Y房地产有限公司TG－0403号地块有关土地用途问题的答复"中第二项关于补交土地出让金208.36万元的决定。

问题

法院对该案中行政协议的纠纷该如何处理?

参考结论与案情分析

行政协议是行政机关为实现公共利益或者行政管理目标,在法定职责范围内与公民、法人或者其他组织协商订立的具有行政法上权利义务内容的协议,本案行政协议即是市国土局代表国家与Y公司签订的国有土地使用权出让合同。行政协议强调诚实信用、平等自愿,一经签订,各方当事人必须严格遵守,行政机关无正当理由不得在约定之外附加另一方当事人义务或单方变更解除。本案中,TG－0403号地块出让时对外公布的土地用途是"开发用地为商住综合用地,冷藏车间维持现状",出让合同中约定为"出让宗地的用途为商住综合用地,冷藏车间维持现状"。但市国土局与Y公司就该约定的理解产生分歧,而市规划局对某市肉类联合加工厂复函确认TG－0403号国有土地使用权面积23173.3平方米(含冷藏车间)的用地性质是商住综合用地。市规划局的解释与挂牌出让公告明确的用地性质一致,且该解释是市规划局在职权范围内作出的,符合法律规定和实际情况,有助于树立诚信政府形象,并无重大明显的违法情形,具有法律效力,并对市国土局关于土地使用性质的判断产生约束力。因此,对市国土局提出的冷藏车间占地为工业用地的主张不予支持。Y公司要求市国土局对"萍国用(2006)第43750号"土地证(土地使用权面积8359.1平方米)地类更正为商住综合用地,具有正当理由,市国土局应予以更正。Y公司作为土地受让方按约支付了全部价款,市国土局要求Y公司如若变更土地用途则应补交土地出让金,缺乏事实依据和法律依据,且有违诚实信用原则。故某市区人民法院于2014年4月23日作出行政判决:一、被告某市国土资源局在本判决生效之日起90天内对国有土地使用证上的8359.1m^2的土地用途应依法予以更正。二、撤销被告市国土资源局于2013年2月21日作出的《关于对Y房地产开发有限公司TG-0403号地块有关土地用途的答复》中第二项补交土地出让金208.36万元的决定。

延伸阅读

1. 戚建刚:《法治国家架构下的行政紧急权力》,北京大学出版社2007年版。
2. 戚建刚:《中国应急法制研究》,北京大学出版社2010年版。
3. 莫于川:《行政指导要论——以行政指导法治化为中心》,人民法院出版社2002年版。
4. 宋功德:《聚焦行政处理》,北京大学出版社2007年版。
5. 余凌云:《行政契约论》,中国人民大学出版社2000年版。

第4章 行政程序

教学目标

了解和识记行政程序的基本概念、特征、类型和作用；
识记、理解行政程序的基本原则并应用来分析实际问题；
了解行政程序的基本制度，包括回避制度、说明理由制度、听证制度、政府信息公开制度等主要方面及其内容。

推荐参考资料

1.《行政法与行政诉讼法》编写组：《行政法与行政诉讼法学》，高等教育出版社2017年版。
2. 姜明安主编：《行政法与行政诉讼法》，北京大学出版社、高等教育出版社2015年第6版。
3. 马怀德主编：《行政法与行政诉讼法》，中国法制出版社2015年第5版。
4. 马怀德编著：《行政法与行政诉讼法学案例教程》，知识产权出版社2014年版。
5. 应松年、董皞：《行政法与行政诉讼法学案例教程》，法律出版社2011年版。
6. 王万华主编：《中国行政程序法汇编》，中国法制出版社2005年版。

4.1 行政程序概述

知识要点

4.1.1 行政程序的概念和特征

★ 行政程序的概念

行政程序是指，行政机关实施行政行为时所应当遵循的方式、步骤、时限和顺序所构成的一个连续过程。行为方式、步骤构成了行政行为的空间表现形式；行为的时限、顺序构成了行政行为的时间表现形式。因此,行政程序本质上是行政行为空间和时间表现形式的有机结合。

★ 行政程序的特征

(1)法定性与正当性。行政主体实施行政行为所遵循的程序必须是法律程序,这是行政程序的外在特征。重要的行政法律程序必须贯彻公平、公正、公开原则,这是行政程序的内在品质。以行政正义为主旨的行政程序必须实现外在法定性特征和内在正当性品质的有机结合。

(2)空间性与时间性。行政主体实施行政行为需要分阶段、有步骤、采取一定方式、持续一定时间地展开,构成一个要素组合的过程。一般而言,环节、步骤、方式等构成了行政程序的空间表现形式,时限、期间、顺序等构成了行政程序的时间表现形式。

(3)权力性与权利性。行政程序以维护行政主体及其行为的规范性、权威性为主旨,体现了行政程序权力性特征;同时又发挥维护行政相对人知情、陈述、申辩等程序性权利,保障行政相对人参与的功能,这是行政程序权利性的体现。符合法治要求的行政程序应当实现权力与权利的平衡。

(4)行政性与司法性。行政程序不具有完全司法性。行政过程的突出特征是行政性。行政性明显的行政处罚、许可等行政行为因引入司法性的听证程序,逐步实现了行政性与司法性适度结合的行政程序制度改造。

4.1.2　行政程序的类型

行政程序不同于立法程序、司法程序。行政立法程序、行政司法程序在实质上仍属于行政程序范畴。除此之外,行政程序可以分为五类。[1]

1. 外部行政程序与内部行政程序

外部行政程序是指,调整和规范行政主体与行政相对人之间程序关系的规定。其主要特征是必须有行政相对人的参与,同时对其权益能够直接产生影响。内部行政程序是指,调整和规范行政主体之间或行政主体内部程序关系的规定,不需要行政相对人的参与,也不直接对其权益产生影响。

2. 正式行政程序与非正式行政程序

正式行政程序是指,法律规定的具有强制约束力的行政程序,违反正式行政程

---

〔1〕 参见《行政法与行政诉讼法》编写组:《行政法与行政诉讼法学》,高等教育出版社2017年版,第302～305页。

序规定可能对行政相对人合法权益产生实质影响,这直接关系到行政行为的合法性。而非正式行政程序是指,强制约束性较弱的行政程序,违反非正式行政程序并不会对行政相对人合法权益产生实质影响,也不会完全否定行政行为的合法性。

3. 普通行政程序与简易行政程序

普通行政程序是指,行政主体行使行政职权应当遵守的基本程序,是行政程序中最完整的程序,又称为标准行政程序。而简易行政程序,是对普通行政程序的简化,是指行政主体对事实清楚、情节简单的行政事务给予简便处理的程序,其主要特点是简便易行,是当时、当场即可完成的程序。

4. 一般行政行为程序与特别行政行为程序

一般行政行为程序是指,行政主体实施行政处罚、许可等行政行为所遵循的程序,其特别强调程序的行政主导性和规范严谨性。特别行政行为程序是指,行政主体实施行政合同、指导等行政行为和行政裁决、复议等裁判型行政行为所遵循的程序,其特别强调程序的参与性和灵活性。

5. 抽象行政行为程序与具体行政行为程序

抽象行政行为程序,是规范行政主体抽象行政行为的程序,即行政主体实施具有普遍效力的行政行为所遵循的程序,包括制定行政法规、行政规则和其他行政规范性文件等所遵循的程序,以及作出行政决策所遵循的的程序。具体行政行为程序,是规范行政主体具体行政行为的程序,即行政主体作出影响特定行政相对人权益的行政行为所遵循的程序,包括行政处罚、许可等所遵循的程序,以及行政合同、指导等所遵循的程序。

法律与规范链接

▲ 必读法条

《行政处罚法》

《行政许可法》

《行政强制法》

《政府信息公开条例》

《行政法规制定程序条例》

△ 延伸法条

《湖南省行政程序规定》

延伸阅读

1. 姜明安主编:《行政程序研究》,北京大学出版社 2006 年版。
2. 胡建淼:《行政强制法论:基本〈中华人民共和国行政强制法〉》,法律出版社 2014 年版。
3. 王万华主编:《中国行政程序法汇编》,中国法制出版社 2005 年版。
4. 章剑生:《对违反法定程序的司法审查》,载《法学研究》2009 年第 2 期。

4.2　行政程序的基本原则

知识要点

行政程序原则是指,反映程序价值精神、指导程序制度规范、贯穿于行政程序规范制定和运作始终的基本准则。**行政程序原则主要包括公开原则、公正原则、参与原则、效率原则,需要一系列行政程序制度加以体现和保障。**

4.2.1　公开原则

公开原则是行政程序基本原则之一,是指行政主体实施行政行为过程的开放性和行政信息的公开性。而行政公开,是指行政机关在行使行政职权时,除涉及国家秘密、个人隐私和商业秘密外,必须向行政相对人及社会公开与行政职权有关的事项。[1] 公开原则主要包括以下内容:[2]

(1)行使行政权的依据必须公开。这里的"依据"具有两个方面的含义:其一,如果行使行政权的依据是抽象的,必须事先以法定形式向社会公布;其二,如果行使行政权的依据是具体的,行政机关必须在作出决定以前将该依据以法定形式告知相关的行政相对人。如我国《行政处罚法》第 31 条规定:"行政机关在作出行政处罚决定之前,应当告知当事人作出行政处罚决定的事实、理由及依据,并告知当事人依法享有的权利。"[3]

(2)行政信息公开。行政机关必须根据行政相对人的申请,及时、迅速地提供

---

[1] 对于行政程序公开原则的进一步分析,可参阅胡建淼、章剑生:《论行政程序立法与行政程序法的基本原则》,载《浙江社会科学》1997 年第 6 期。

[2] 参见姜明安主编:《行政法与行政诉讼法》,北京大学出版社、高等教育出版社 2015 年第 6 版,第 331 页。

[3] 参见《行政处罚法》第五章第 31 条。

其所应当知晓的行政信息，除法律规定不得公开的情形以外，一律公开。

(3)设立听证制度。听证是行政机关在作出影响行政相对人合法权益的决定前，由行政相对人表达意见、提供证据的程序以及行政机关听取意见、接受证据的程序所共同构成的一种法律制度。这项制度已经成为了行政程序法的核心内容之一。

(4)行政决定公开。行政机关对行政相对人的合法权益作出有影响的决定，应当向行政相对人公开，从而使行政相对人不服决定时能够行使行政救济权。应当公开而不公开的行政决定不能产生法律效力，且不具有行政执行力。

4.2.2　公正原则

公正原则是行政程序的基本原则之一，基本要求主要涵盖以下几点。一是要保持中立。行政机关不能既做执法者又做司法者，以避免行政职权的行使过程中的利益对立和冲突。二是要保持公平。对行政相对人一律平等，依法给予公平的机会，均衡的权利义务，去除偏见和歧视。三是要保持尊重。行政机关应当尊重行政相对人的独立行政主体地位，准许行政相对人依法行使申辩权、听证权，避免行政职权肆意专断，有权任性。四是要保持客观。行政决定的作出需要以法律为准绳，以事实为依据，注重证据、注重程序，以客观事实、而不是主观意愿维护公平正义。[1]

4.2.3　参与原则

参与原则主要体现在行政相对人在行政程序上的权利，包括以下几点。一是知悉权。又指获得通知权，这是行政相对人的一项重要程序权利。知悉权是指行政相对人在符合法定参与行政程序的条件下，有权要求行政机关通知其参与行政程序的时间、方式。二是陈述权。陈述权是指行政相对人为维护自身合法权益就行政案件所涉及的事实真相向行政机关作陈述的权利。三是抗辩权。抗辩权是行政相对人针对行政机关作出的不利决定，根据法律规定和其自身掌握的事实向行政机关提出抗辩反驳，意图从法律上免除或减弱不利影响。如果行政机关在作出行政决定之前，拒绝行政相对人行使抗辩权，该决定应属无效。[2] 四是请求权。也称申请权，作为行政相对人获得行政程序主体资格的重要条件，是其请求

---

〔1〕参见《行政法与行政诉讼法》编写组：《行政法与行政诉讼法学》，高等教育出版社 2017 年版，第 308 页。

〔2〕参见《行政处罚法》第 41 条。

行政机关启动行政程序的权利。其主要内容包括了听证请求权,回避请求权,卷宗阅览请求权。

4.2.4　效率原则

效率原则是指,行政程序中的各种行为方式、步骤、时限、顺序等诸要素及其组合都应当体现行政便捷性、保障基本的行政效率,同时在不损害行政相对人合法权益的前提下及时、有效实现行政目的。行政程序效率原则需要一系列行政程序制度作为保障。代理制度、文书格式化制度、行政顺序制度、行政应急制度等各种行政服务的便民制度,都体现了效率原则。比如,行政时效制度是指行政程序法律关系的主体,在法定期限内不作为,法定期限届满后即产生相应的不利法律后果。它既包括行政机关在法定期限内若不行使职权,在法定期限届满之后则不得再行使,同时承担相应的行政责任;又包括行政相对人在法定期限内不行使权利,即丧失了相应的权利,并承担相应的法律后果。时效制度的法律意义是其不仅稳定了行政法律关系,及时排除行政程序中的不利因素,也是保证行政管理、执法和服务效率性的基本要求。[1]

法律与规范链接

▲ 必读法条

《行政法规制定程序条例》
《行政许可法》
《行政复议法实施条例》
《规章制定程序条例》

延伸阅读

1. 姜明安:《法治思维与新行政法》,法律出版社 2003 年版。
2. 胡锦光、刘飞宇:《行政处罚听证程序研究》,法律出版社 2004 年版。

---

〔1〕 参见姜明安主编:《行政法与行政诉讼法》,北京大学出版社、高等教育出版社 2015 年第 6 版,第 335 - 336 页。

4.3 行政程序的基本制度

知识要点

4.3.1 行政回避制度

行政回避制度是指,行政机关及其工作人员在行使职权的过程中因存在法律的禁止身份关系或其他法定利益冲突情形,为保证实体结果的公正性和程序进程的正当性而进行人员替换的制度。行政程序中的回避制度,主要是指公务回避制度,其基本内涵是行政机关工作人员不得参与处理与其自身相关的案件或者事务,只要存在法定的身份关系和其他利益冲突的情形,行政机关公务人员就应当申请回避。行政相对人也可以根据法律规定申请公务人员的回避,行政机关应当依法终止相关人员继续行使职权并进行替换。[1]

行政回避的发生分为**自行回避和申请回避**。自行回避是指,行政机关的工作人员在认为自身与案件有法定的回避情形时,向行政机关主动提出回避的请求,回避请求经审查后,行政机关负责人认为回避情形成立的,应当立即终止工作人员继续行使职权,并重新任命其他工作人员接替。自行回避属于行政机关内部行为,一般不需要征求双方当事人的意见。申请回避是指,行政相对人在行政程序进行过程中,如果认为负责案件的行政机关工作人员存在法定的回避情形,依法向相关行政机关提出申请,要求相关工作人员回避本案。有权限的行政机关在收到回避申请之后,应当及时审查,认为回避申请理由成立的,应立即决定相关工作人员终止对案件的处理,并尽快将案件材料移交给接替其职权的行政机关工作人员。如果行政机关认为回避理由不成立,应当决定驳回申请。

4.3.2 说明理由制度

说明理由制度是指,行政机关在作出涉及行政相对人合法权益的行政行为时,除法律有特别规定以外,必须向行政相对人说明其做出行政行为的事实根据、法律依据以及裁量的理由等因素。行政主体作出行政决定,应当说明理由;行政主体作

〔1〕 参见《行政法与行政诉讼法》编写组:《行政法与行政诉讼法学》,高等教育出版社 2017 年版,第 314 页。

出对行政相对人权益产生不利影响的行政行为，必须说明理由。[1]

4.3.3　听证制度

行政听证制度是指，行政机关在制定行政规范和作出影响行政相对人合法权益的行政行为的过程中，与行政相对人以及其他行政程序参加人就拟制行政规范的内容、制定依据等或作出行政行为的决定理由、听证权利等进行说明、告知、申明意见、辩论、听取意见、接纳证据等一系列程序所构成的法律制度。

行政听证范围主要包括了两个方面。一是行政立法。尽管行政立法并未涉及具体的行政相对人，但其涉及面较广，且影响到重大利益，在立法程序中设置听证，听取利害关系人的意见，能够提升行政立法的科学性和公众参与度。比如，我国《行政法规制定程序条例》第12条规定："起草行政法规，应当深入调查研究，总结实践经验，广泛听取有关机关、组织和公民的意见。听取意见可以采取召开座谈会、论证会、听证会等多种形式。"二是行政行为。行政行为是行政机关对行政事务所作出的一种具体处置行为，但只有对行政相对人合法权益产生不利影响的行政行为才有必要举行听证，行政机关作出有利于行政相对人的决定，并不需要事先听取其意见。比如，我国《行政许可法》第47条规定："行政许可直接涉及申请人与他人之间重大利益关系的，行政机关在作出行政许可决定前，应当告知申请人、利害关系人享有要求听证的权利；申请人、利害关系人在被告知听证权利之日起五日内提出听证申请的，行政机关应当在二十日内组织听证。"

行政听证程序包括了正式听证程序和非正式听证程序，其主要区别在于正式听证一般都有法律的明确规定，听证结果对行政决定的影响较大，更有利于保护行政相对人的合法权益，但正式听证制度并不适应行政效率原则的要求，目前在我国规定了正式听证的主要有《行政许可法》和《行政处罚法》等。[2] 其中，《行政许可法》规定听证结果作为作出行政许可决定的依据，《行政处罚法》规定听证结果作为作出行政处罚决定的参考，而非依据。非正式听证一般法律仅作原则性规定，其听证结果与行政决定的关系并不密切。目前我国非正式听证主要包括了行政决策、立法中的听证，行政机关的自由裁量权较大，其目的是从民主立法的角度来考量，丰富行政行对人合理表达意见的途径。

---

〔1〕 参见《行政法与行政诉讼法》编写组：《行政法与行政诉讼法学》，高等教育出版社2017年版，第319页。

〔2〕 参见我国《行政许可法》第四章第四部分、《行政处罚法》第五章第三部分。

4.3.4 政府信息公开制度

政府信息公开是指,行政机关依据职权或者行政相对人的请求,将行政信息向社会公众或行政相对人公布、展示,并允许查阅、摘抄和复制的活动。这是行政公开原则的基础,同时也是行政程序公开制度的重要内容。[1]

★ 政府信息公开的概念

政府信息公开是将行政主体掌握的信息公之于众的活动。政府信息是行政机关在行使职权的过程中所形成的各种“痕迹”,它包括笔录、书信、书籍、图片、刻印、照片、微缩影片、录音带、可以机器读出的记录等各类记录、信息。

政府信息公开的范围涵盖广泛,既包括行政法规、规章和规范性文件、国民经济和社会发展规划及相关政策、国民经济和社会发展统计信息等抽象性的政府信息,也包括财政预算、决算报告、行政事业性收费的项目、依据、标准、重大建设项目的批准和实施情况以及行政许可的事项、依据、条件、数量、程序、期限以及申请行政许可需要提交的全部材料目录及办理情况。[2] 对于涉及公民、法人或者其他组织切身利益的政府信息,除法律有特殊规定的,行政机关均应主动公开。此外,公民、法人或者其他组织还可以根据自身生产、生活、科研等特殊需要,向国务院部门、地方各级人民政府及县级以上地方人民政府部门申请获取相关政府信息。

★ 政府信息公开的类型

(1)依职权的政府信息公开。依职权的政府信息公开是指,行政机关根据法律规定主动将其拥有的政府信息依照法定方式向社会公开。依职权公开是政府信息公开的基础方式。根据《政府信息公开条例》第 9 条规定,依职权的政府信息公开的范围主要包括:涉及公民、法人或者其他组织切身利益的;需要社会公众广泛知晓或者参与的;反映本行政机关机构设置、职能、办事程序等情况的;其他依照法律、法规和国家有关规定应当主动公开的。

(2)依申请的政府信息公开。依申请政府信息公开是指,行政机关应行政相对人的信息公开申请,以法定的方式向申请人公开,允许其复印、摘抄、查阅等。政府信息对于保障公民、法人和其他组织依法获取政府信息,提高政府工作的透明度,促进依法行政,有着重要意义。行政主体由于其在国家活动中掌握着大量生产、生

---

〔1〕 参见《行政法与行政诉讼法》编写组:《行政法与行政诉讼法学》,高等教育出版社 2017 年版,第 322 页。

〔2〕 参见《政府信息公开条例》第 10 条。

活、科研等方面的信息资源，为了充分发挥政府信息对人民群众生产、生活和经济社会活动的服务作用，公民、法人和其他组织均有权向行政机关申请公开此类信息。

法律与规范链接

▲ **必读法条**

《政府信息公开条例》

《行政法规制定程序条例》

△ **延伸法条**

《保守国家秘密法》

《政府信息公开案件审理司法解释》

《审理行政许可案件司法解释》

典型案例

余某诉海南省三亚市国土环境资源局案〔1〕

余某在紧临三亚某混凝土搅拌站旁种有30亩龙眼果树。为掌握搅拌站产生的烟尘对周围龙眼树开花结果的环境影响情况，于2013年6月8日请求三亚市国土环境资源局（以下简称三亚国土局）公开搅拌站相关环境资料，包括：三土环资察函〔2011〕50号《关于建设项目环评审批文件执法监察查验情况的函》、三土环资察函〔2011〕23号《关于行政许可事项执法监察查验情况的函》、三土环资监〔2011〕422号《关于三亚某混凝土搅拌站项目环评影响报告表的批复》《三亚某混凝土搅拌站项目环评影响报告表》。7月4日，三亚国土局作出《政府信息部分公开告知书》，同意公开422号文，但认为23号、50号文系该局内部事务形成的信息，不宜公开；《项目环评影响报告表》是企业文件资料，不属政府信息，也不予公开。原告提起行政诉讼，请求判令三亚国土局全部予以公开。

〔1〕 资料来源：中国法院网，http://www.chinacourt.org/article/detail/2014/09/id/1437613.shtml，最后访问时间：2017年5月25日。

裁判结果

三亚市城郊人民法院经审理认为，原告请求公开之信息包括了政府环境信息和企业环境信息。对此，应遵循的原则是：不存在法律法规规定不予公开的情形并确系申请人自身之生产、生活和科研特殊需要的，一般应予公开。本案原告申请公开的相关文件资料，是被告在履行职责过程中制作或者获取的，以一定形式记录、保存的信息，当然属于政府信息。被告未能证明申请公开之信息存在法定不予公开的情形而答复不予公开，属于适用法律法规错误。据此，判决撤销被告《政府信息部分公开告知书》中关于不予公开部分的第二项答复内容，限其依法按程序进行审查后重新作出答复。

一审判决后，佘某不服，提出上诉，二审期间主动撤回上诉。

典型意义

本案的典型意义表现在三个方面。第一，对外获取的信息也是政府信息。本案涉及两类信息，一是行政机关获取的企业环境信息；二是行政机关制作的具有内部特征的信息。关于前者，根据《政府信息公开条例》的规定，政府信息不仅包括行政机关制作的信息，同样包括行政机关从公民、法人或者其他组织获取的信息。因此，本案中行政机关在履行职责过程中获取的企业环境信息同样属于政府信息。关于后者，本案行政机关决定不予公开的23号函和50号函，虽然文件形式表现为内部报告，但实质仍是行政管理职能的延伸，不属于内部管理信息。第二，例外法定。政府信息不公开是例外，例外情形应由法律法规明确规定。本案判决强调，凡属于政府信息，如不存在法定不予公开的事由，均应予以公开。被告未能证明申请公开的信息存在法定不予公开的情形，简单以政府内部信息和企业环境信息为由答复不予公开，属于适用法律错误。第三，行政机关先行判断。考虑到行政机关获取的企业环境信息可能存在涉及第三方商业秘密的情形，应当首先由行政机关在行政程序中作出判断，法院并未越俎代庖直接判决公开，而是责令行政机关重新作出是否公开的答复，体现了对行政机关首次判断权的尊重。

延伸阅读

1. 方世荣：《论行政相对人》，中国政法大学出版社2000年版。
2. 崔卓兰：《行政程序法要论》，吉林大学出版社1996年版。
3. 董炯：《国家、公民与行政法——一个国家—社会的角度》，北京大学出版社2001年版。
4. 陈贵民：《现在行政法的基本理念》，山东人民出版社2004年版。

第5章 行政复议

教学目标

了解与识记行政复议的概念、性质、特征、原则与功能；

识记与理解行政复议的受案范围；

了解与识记行政复议机关与行政复议参加人的概念；

识记与理解行政复议的申请与受理程序；

了解行政复议的决定与执行的内容与程序。

推荐参考资料

1. 应松年主编:《行政法与行政诉讼法》(马克思主义理论研究和建设工程重点教材),高等教育出版社2017年版,第十四章。
2. 姜明安主编:《行政法与行政诉讼法》,北京大学出版社、高等教育出版社2015年第6版,第十九、二十、二十一、二十二章。
3. 马怀德主编:《行政法与行政诉讼法》,中国法制出版社2015年第5版,第十四章。
4. 方世荣、石佑启:《行政法与行政诉讼法》,北京大学出版社2015年第3版,第十八章。
5. 张正钊、胡锦光:《行政法与行政诉讼法》,中国人民大学出版社2015年第6版,第八章。
6. 林鸿潮:《行政法与行政诉讼法》,北京大学出版社2015年版,第十八章。
7. 杨小君:《我国行政复议制度研究》,法律出版社2002年版。

5.1 行政复议概述

知识要点

5.1.1 行政复议的概念

行政复议,是行政复议机关对公民、法人或其他组织认为侵犯其合法权益的具体行政行为,基于申请而予以受理、审理并作出决定的制度。

5.1.2 行政复议的性质

(1)行政复议不是一项司法制度,也不是一种具有准司法性质的仲裁制度;(2)行政复议是一种层级监督制度;(3)行政复议是一种权利救济制度。[1]

5.1.3 行政复议的特征

(1)行政复议是一种经申请而启动的制度化程序。行政复议机关作出行政复议决定,必须是基于公民、法人或者其他组织的申请。(2)行政复议是对具体行政行为的一种法律救济制度。(3)行政复议是一项按照法定程序而进行的的活动。《行政复议法》规定了行政复议的申请、受理、审理和决定程序。

5.1.4 行政复议基本制度

行政复议基本制度包括一级复议制度和书面复议制度。

★一级复议制度,是指行政争议经过行政复议机关一次审理并作出决定之后,申请人即使不服,也不得再向有关行政机关申请复议,而只能向法院提起行政诉讼的一种法律制度。

★书面复议制度,是指行政复议机关对行政复议申请人提出的申请和被申请人提交的答辩,以及有关被申请人作出具体行政行为的规范性文件和证据进行公开的、非对质性的审查,并在此基础上作出行政复议决定的制度。书面复议制度包括如下内容:[2]第一,行政复议机关主要是通过书面材料审查被申请的具体行政行

---

〔1〕《行政法与行政诉讼法学》编写组:《行政法与行政诉讼法学》,高等教育出版社 2017 年版,第 349 ~ 350 页。

〔2〕姜明安主编:《行政法与行政诉讼法》,北京大学出版社、高等教育出版社 2015 年第 6 版,第 373 页。

为,对书面材料中涉及的问题如需要进一步了解的,可要求复议当事人提供补充材料;第二,行政复议机关可以召集行政复议当事人了解案件情况,但不是必须让双方当事人互相对质,进行抗辩,召集复议当事人可以单方进行,也可以采取听证的方式;第三,行政复议机关认为有必要(如审理重大、复杂的案件),可以采用开庭形式审查,但仅仅是一个例外。

法律与规范链接

▲ **必读法条**

《行政复议法》第1~5条

典型案例

蔡某关于工伤认定行政复议案[1]

申请人:蔡某。

被申请人:某市人力资源和社会保障局。

第三人:某电机有限公司。

申请人因对被申请人作出的《关于蔡某不予认定工伤决定书》不服,向某市政府申请行政复议。

申请人认为,2012年3月9日14时许,申请人根据第三人的指派到车间外窗擦玻璃。申请人在擦窗户的时不慎摔倒导致昏迷,后被同事发现后送往医院抢救。虽然经过住院治疗,但申请人仍然落下了半身不遂,生活无法自理。申请人所受伤害系在工作时间和工作场所且系工作原因造成,因此应当认定为工伤。

被申请人认为,申请人根据第三人的安排去间外擦玻璃,后被同事发现仰卧在窗外草坪上,遂将其送往医院救治。因此,申请人应系在工作中突发疾病造成了伤害,经治疗后病情稳定,不符合"突发疾病死亡或者在48小时之内经抢救无效死亡"的情形,因此不应被认定为工伤。

---

〔1〕 资料来源:西安市人民政府法制办网站,http://xafz.xa.gov.cn/websac/cat/1801229.html,最后访问时间:2017年5月25日。

第三人意见与被申请人一致。

复议结果

行政复议机关认为，判断申请人是摔倒后引发疾病还是发病后倒地，是判断申请人所受伤害是否为工伤的关键，也是案件的焦点所在。根据《工伤保险条例》第14条第1项以及第19条第2款之规定，职工在工作时间和工作场所内，因工作原因受到事故伤害的，应当认定为工伤。如职工或者其近亲属认为是工伤，用人单位不认为是工伤的，由用人单位承担举证责任。在被申请人和行政复议机关审查期间，第三人均未能举证证明申请人所受伤害不属于工伤。因此，应当结合相关材料认定申请人属于"因工作原因受到事故伤害"的情形。最终，行政复议机关撤销了被申请人的《关于蔡某不予认定工伤决定书》并认定蔡某2012年3月9日在工作中所受伤害为工伤。

行政复议决定作出后，第三人向某市中级法院提起诉讼要求撤销，市中院审理后维持了行政复议决定，第三人未上诉，行政复议决定得以执行。

延伸阅读

1. 杨海坤、朱恒顺：《行政复议的理念调整与制度完善——事关我国〈行政复议法〉及相关法律的重要修改》，载《法学评论》2014年第4期。
2. 方军：《论中国行政复议的观念更新和制度重构》，载《环球法律评论》2004年第1期。
3. 王青斌、《论我国行政复议委员会制度之完善》，载《行政法学研究》2013年第3期。

5.2 行政复议的受案范围

知识要点

5.2.1 可申请复议的范围

《行政复议法》第6条中，明确规定了可申请复议的范围，共包括11项：

1. 对行政机关作出的警告、罚款、没收违法所得、没收非法财物、责令停产停业、暂扣或者吊销许可证、暂扣或者吊销执照、行政拘留等行政处罚决定不服的。这里面的"等"字，既包括了列举的行政处罚种类，也包括了还没有被列入的其他所有行政处罚。

2. 对行政机关作出的限制人身自由或者查封、扣押、冻结财产等行政强制措施决定不服的。从这一规定看,行政强制措施决定可以分为对人身自由的限制和对财产的查封、扣押、冻结等。从“等”中还可以解释出对行为的强制措施,如强制服兵役、取缔无证办学等。

3. 对行政机关作出的有关许可证、执照、资质证、资格证等证书变更、中止、撤销的决定不服的。变更,是指行政相对人的活动不符合原许可或者核准的范围和条件,应行政相对人申请而予以变更,或者行政机关认为行政相对人的活动明显超越或者不符合许可范围或者条件而予以变更或者强制变更的一种行政行为。中止,是指行政机关为了制止和纠正持证人的违法行为,责令其暂时停止从事被许可活动的一种行政行为。撤销,是指行政机关对所颁发的许可证和各种资质证或者资格证因其违法或者明显不当,依法使之失去效力的一种行政行为。

4. 对行政机关作出的关于确认土地、矿藏、水流、森林、山岭、草原、荒地、滩涂、海域等自然资源的所有权或者使用权的决定不服的。这一类行为属于行政确权行为。任何一方当事人如不服行政机关作出的关于自然资源的所有权或者使用权的决定,均可以针对这一行政确权行为申请行政复议。

5. 认为行政机关侵犯合法的经营自主权的。行政机关侵犯经营自主权,是指行政机关采用违法的行政手段,限制、剥夺公民、法人或者其他组织依法享有的经营自主权的行为,使经营者的合法权益受到损害。

6. 认为行政机关变更或者废止农业承包合同,侵犯其合法权益的。行政机关对于农民的农业承包合同不得随意加以变更或者废止,而应当依法加以保护,督促合同双方履行义务,尊重双方的权力,从而促进我国的农业生产全面发展。

7. 认为行政机关违法集资、征收财物、摊派费用或者违法要求履行其他义务的。行政机关违法要求相对人履行义务主要包括两个构成要件:第一,行政机关要求履行的义务没有法定依据;第二,行政机关要求违法履行义务的具体行政行为对行政相对人在法律上产生了不利影响。

8. 认为符合法定条件,申请行政机关颁发许可证、执照、资质证、资格证等证书,或者申请行政机关审批、登记有关事项,行政机关没有依法办理的。行政相对人根据自己的情况,认为自己符合法定条件,申请行政机关颁发许可证、执照、资质证、资格证等证书,或者申请行政机关审批、登记有关事项,行政机关没有依法拒绝办理或者不予答复的,则构成了违法的行政行为。

9. 申请行政机关履行保护人身权利、财产权利、受教育权利的法定职责,行政机关没有依法履行的。申请复议的不履行法定职责的具体行政行为应具备如下构成要件:第一,行政机关负有该项法定职责;第二,必须由行政相对人提出请求;第三,行政机关没有正当理由不履行法定职责;第四,行政相对人认为危及其人身权、财产权、受教育权的不法侵害正在来临或者有征兆来临。

10. 申请行政机关依法发放抚恤金、社会保险金或者最低生活保障费,行政机关没有依法发放的。

11. 认为行政机关的其他具体行政行为侵犯其合法权益的。除了上述 10 种具体行政行为之外,行政相对人认为行政机关的其他具体行政行为侵犯其合法权益的,也可以申请行政复议。这是一条概括性的规定,这一规定表明行政复议的范围并不限于具体行政行为侵犯人身权、财产权,而应当包括宪法和法律规定的其他一切权利,比如行政奖励等。

5.2.2 请求审查行政规范性文件

《行政复议法》第 7 条规定了可予审查的行政规范性文件,当公民、法人或者其他组织认为行政机关的具体行政行为所依据的下列规定不合法,在对具体行政行为申请行政复议时,可以一并向行政复议机关提出对该规定的审查申请:

(1)国务院部门的规定。

(2)县级以上地方各级人民政府及其工作部门的规定。

(3)乡、镇人民政府的规定。同时,前款所列规定不含国务院部、委员会规章和地方人民政府规章。规章的审查依照法律、行政法规办理。应当明确,这一规定只是要求在行政复议中对作为具体行政行为依据的行政规范性文件应予以审查,而不是将行政规范性文件纳入了行政复议的范围。对行政规范性的审查申请必须与具体行政行为一并提出,而不能单独提出。复议机关对一并请求审查的行政规范性文件,以及具体行政行为所使用的其他依据只能进行一定的审查,并在其权限内作出处理;对无权处理的,只能转送有权机关依法予以处理。

5.2.3 不能申请复议的范围

(1)人事行政行为,针对行政主体对公务员,以及对案公务员管理的其他人员的调动、晋升、奖励和惩戒等各类人事行政行为,行政相对人都不能按照《行政复议法》申请复议。

(2)行政仲裁,包括劳动争议仲裁和人事争议仲裁。对劳动争议和人事争议仲裁不服的,依法只能以双方当事人为原、被告向法院提起民事诉讼,而不能以仲裁机关为被申请人申请复议。

(3)行政主体对当事人相互之间的民事纠纷进行调解或处理,没有运用行政权的,不具备具体行政行为的要件,并非具体行政行为。

(4)国务院的具体行政行为。

法律与规范链接

▲ 必读法条

《行政复议法》第6条、第7条

典型案例

行政举报奖励纠纷案——行政奖励行为之探析[1]

申请人:彭某

被申请人:某市物价局

申请人彭某因对被申请人某市物价局作出的《价格举报办结函》不服,向行政复议机关申请行政复议。

申请人认为,2014年5月25日,申请人向某省物价局实名书面举报某电信公司某省分公司价格欺诈违法行为。2014年7月18日,某省物价局将该举报事项交由被申请人管辖处理。2014年12月16日,被申请人作出《价格举报办结函》,告知申请人举报事项办理情况。申请人认为该《价格举报办结函》并非对价格举报的奖励,被申请人未就其价格举报行为进行奖励的行为属于行政不作为。

被申请人认为,某电信公司某省网络科技分公司在网上营业厅开展促销活动时存在不正当价格行为。2014年12月4日,被申请人对该公司作出罚款15万元的行政处罚。2014年12月16日,被申请人向申请人告知举报办理情况,同时对申请人的价格举报行为表示感谢。被申请人认为,对申请人的价格举报行为,已根据《价格违法行为举报奖励办法》有关规定给予精神奖励。

行政复议机关认为,复议审理查明,申请人对被举报人存在价格欺诈的价格违

---

〔1〕 资料来源:杭州市人民政府法制办公室网站,http://www.hangzhoufz.gov.cn/Html/201607/06/8168.html,最后访问时间:2017年5月25日。

法行为进行举报时,提供了申请人身份证明材料、联系方式,同时提供了价格违法行为的视听资料、电子数据等证据材料。被申请人在其作出的《价格举报办结函》末尾陈述"感谢你对物价工作的支持"。复议机关认为,被申请人告知申请人举报事项办结情况,在办结函末尾记载的以上内容并非价格举报奖励形式,并且被申请人也未提供其他证据证明作出过其他处理,故责令被申请人在法定期限内就申请人价格举报行为的奖励问题予以处理。

延伸阅读

1. 傅华、何晓佳:《行政复议与行政诉讼受案范围的衔接》,载《电子科技大学学报》(社科版)2008年第3期。
2. 杨飞:《行政复议受案范围拓展问题初探》,载《天水行政学院学报》2011年第3期。
3. 李温:《论行政复议的受案范围》,载《公安大学学报》2000年第1期。

5.3 行政复议机关与行政复议参加人

知识要点

5.3.1 行政复议机关

行政复议机关,简称复议机关,是指受理复议申请,依法对具体行政行为进行审理并作出决定的行政主体。行政复议机构和行政复议委员会都是行政复议机关具体办理或审理案件的组织。行政复议机关应当具备三个方面的特征:[1]

(1)行政复议机关是行政机关,包括县级和县级以上人民政府和政府所属的职能部门,法律法规授权的组织不能成为行政复议机关。

(2)行政复议机关是有行政复议权的行政机关,根据《行政复议法》的相关规定,乡级人民政府则不享有行政复议权。

(3)行政复议机关是能以自己的名义行使行政复议权,并对其行为后果独立承担法律责任的行政机关。

---

[1] 姜明安主编:《行政法与行政诉讼法》,北京大学出版社、高等教育出版社2015年第6版,第384页。

根据我国现行法律法规的规定，我国行政复议机关的种类主要有：

(1)作出被申请行政行为的行政机关，如对省级人民政府和国务院组成部门作出的行为提起行政复议，该省级人民政府和国务院组成部门是复议机关。

(2)作出被申请行政行为的行政机关的上一级行政机关。

(3)作出被申请行政行为的行政机关所属的人民政府。

5.3.2 行政复议参加人

行政复议参加人是指，与系争具体行政行为有利害关系而参加行政复议，并依法受行政复议决定约束的当事人及与当事人复议地位相似的人，包括申请人、被申请人和第三人等。

申请人是指，认为具体行政行为直接侵害其合法权益，以自己的名义向行政复议机关提出申请，要求对该具体行政行为进行复议并依法受所作复议决定约束的公民、法人或其他组织。公民、法人或者其他组织不服具体行政行为而申请复议的，作出该具体行政行为的行政主体是被申请人。

在当事人一方或双方为2人或2人以上，因同一具体行政行为或者同样具体行为发生争议时，行政复议机关将其合并审理的行政复议，是共同行政复议。因同一具体行政行为发生争议的，是必要共同行政复议。因同样的具体行政行为发生争议的，为普通共同诉讼。

法律与规范链接

▲ 必读法条

《行政复议法》第2条、第10条、第12～15条

典型案例

甲村村委会申请行政复议案[1]

申请人：甲村村委会

---

〔1〕 资料来源：内蒙古自治区法制办网站，http://www.nmfzb.gov.cn/information/fzb36/msg10569180184.html，最后访问时间：2017年5月25日。

被申请人:X 市政府

第三人:刘某

1987 年 4 月 6 日,X 市原郊区人民政府为第三人颁发了《林权证》。该证作为被申请人作出《X 市人民政府关于批准市国土资源局〈关于甲村与乙村土地权属争议的处理意见〉的决定》(以下简称《决定》)的主要依据,并最终将争议地权属确权给了乙村,即第三人所在村。

1993 年 5 月 24 日与 9 月 4 日,经 X 市原郊区林业局批准,争议地的使用者刘某对争议地内的林木进行了两次采伐,2005 年对林地进行重新登记时甲乙两村产生权属纠纷。

甲村因不服 X 市 A 区政府林业行政主管部门的登记行为,向 X 市 A 区法院提起行政诉讼。2007 年 4 月 9 日,X 市中级人民法院作出《关于甲村民委员会诉 X 市 A 区人民政府林业行政登记纠纷一案指定管辖的通知》,将此案指定由 X 市 B 区法院审理。

2007 年 5 月 28 日,B 区法院作出行政判决书,"经审理查明,1987 年 4 月 6 日被告(A 区政府)为第三人刘某颁发了《林权证》,登记林地位置位于尚家坟,四至东:山根,南:河边;西道;北:砖厂。"

2009 年 7 月 23 日上午,在 X 市国土资源局的主持下,由甲乙两村参加的争议地现场调查中,争议双方对法院认定的争议地四至没有异议。

2011 年 4 月 1 日,被申请人作出的《决定》认定:争议地位于乙村(原为 A 区乙村,2005 年划入 B 区管辖)五组尚家坟地段,面积 28.3 亩。

2011 年 11 月 26 日,被申请人向复议机关提交的行政复议《答辩状》称:"将争议地块确定为乙村集体所有是有事实和法律依据",即"乙村在 1993 年度曾对争议的林木进行了两次采伐,有原郊区林业局颁发的(1993)采字第 1454 号、(1993)采字第 1625 号《采伐许可证》为据"。

2012 年 1 月 6 日,第三人向复议机关提交了上述两个《采伐许可证》及"买树款"收据的传真件,并称"刘某 1987 年 1 月 13 日向村里交了买树款,后办理了林权证,1993 年 5 月 24 日办理了(1993)采字第 1454 号采伐证,采伐树木 20 株 1.4 立方米;同年 9 月 4 日办理了(1993)采字第 1625 号采伐证,采伐林木 80 株 1.6 立方米。上述买树款以及采伐证充分说明和证明刘某享有此林地的使用权"。

2012 年 4 月 27 日,复议机关召开该案听证会。会上,申请人就第三人持有的《林权证》所标注的亩数与该证存根所标注的亩数(15 亩)不符提出质疑。第三人辩称:25 亩为原证所写,并无伪造,被申请人就第三人的辩称未表示异议。

2012 年 5 月 10 日,申请人对第三人持有的《林权证》所标有的亩数真伪提出异议,并向复议机关提出申请,请求复议机关委托司法鉴定机关就第三人所持《林权证》上所标注的亩数进行司法鉴定。

2012 年 5 月 15 日,复议机关就《林权证》中"面积(亩)"一栏处是否有涂改、其与存根所标亩数哪个为真,委托司法鉴定中心作文书检验。

2012 年 5 月 21 日,司法鉴定中心作出《司法鉴定中心文书检验报告书》,其检验结果:"经检验,《林权证》中'面积(亩)'一栏处阿拉伯数字有明显涂改;此证与存根为一体"。

综上所述,作为《决定》主要依据的《林权证》,其实际亩数应为 15 亩,而非 25 亩,更不是《决定》确认的 28.3 亩。依据《林木林地权属争议处理办法》第 2 条"本办法所称林木、林地权属争议,是指因森林、林木、林地所有权或者使用权的归属而产生的争议。处理森林、林木、林地的所有权或者使用权争议(以下简称林权争议),必须遵守本办法",第 6 条"县级以上人民政府或者国务院授权林业部依法颁发的森林、林木、林地的所有权或者使用权证书(以下简称林权证),是处理林权争议的依据",第 24 条"伪造、变造、涂改本办法规定的林木、林地权属凭证的,由林权争议处理机构收缴其伪造、变造、涂改的林木、林地权属凭证,并可视情节轻重处以 1000 元以下罚款"的规定,被申请人作出《决定》的主要事实不清、证据不足,适用依据错误,且具体行政行为明显不当。

根据《行政复议法》第 28 条第 1 款第 3 项之规定,复议机关撤销了 X 市人民政府于 2011 年 4 月 1 日作出的《X 市人民政府关于批准市国土资源局〈关于甲村与乙村土地权属争议的处理意见〉的决定》。

延伸阅读

1. 青锋、张水海:《行政复议机关在行政诉讼中作被告问题的反思》,载《行政法学研究》2013 年第 1 期。
2. 朱新力、魏小雨:《行政复议机关被告资格刍议》,载《河南社会科学》2014 年第 5 期。
3. 田巍:《论行政复议机关的独立性——兼与英国行政裁判所制度比较》,载《内蒙古农业大学学报》(社会科学版)2009 年第 3 期。

5.4 行政复议的申请与受理

知识要点

5.4.1 行政复议的申请

复议申请是指，行政相对人不服行政主体的具体行政行为而向复议机关提出要求撤销或变更该具体行政行为的请求。行政复议申请主要包括申请复议的条件、期限、内容与方式。

申请人书面申请行政复议的，可以采取当面递交、邮寄或者传真等方式提出行政复议申请。有条件的行政复议机构可以接受以电子邮件形式提出的行政复议申请。申请人口头申请行政复议的，行政复议机构应当依照《行政复议法实施条例》第19条规定的事项，当场制作行政复议申请笔录交申请人核对或者向申请人宣读，并由申请人签字确认。

★申请复议的条件包括：[1]

(1)申请人合格。申请人必须是认为具体行政行为侵犯其合法权益的行政相对人。

(2)有明确的被申请人。行政相对人申请行政复议必须指明被申请人，即作出具体行政行为侵犯其合法权益的行政主体。

(3)有具体的复议请求和事实根据。复议请求是申请人申请复议所要达到的目的。

(4)属于受理复议机关管辖。复议机关对不属于自己管辖的复议案件，应当告知被申请人向有管辖权的复议机关申请。

(5)法律、法规规定的其他条件。

★申请复议的期限。根据我国《行政复议法》的规定，行政相对人应当在知道相应具体行政行为之日起60日内提出复议申请，法律另有规定的除外。

复议申请书的内容与方式。申请人提出复议申请一般应采用书面形式，即向复议机关递交复议申请书，申请书应当载明如下内容：

---

〔1〕 姜明安主编：《行政法与行政诉讼法》，北京大学出版社、高等教育出版社2015年第6版，第391页。

(1)申请人的基本情况;

(2)被申请人的名称;

(3)行政复议请求、申请行政复议的主要事实和理由;

(4)申请人的签名或者盖章;

(5)申请行政复议的日期。

★复议机关的确定。

(1)选定复议机关。在多数情况下,法律允许申请人选定复议机关申请复议。对县级以上地方各级政府工作部门的具体行政行为不服的,申请人可以选择该部门的本级政府,也可选择上一级主管部门作为复议机关。对经国务院批准实行省以下垂直领导的部门作出的具体行政行为不服的,除省、自治区、直辖市另有规定外,也按前述规定办理。对国务院部门或者省、自治区、直辖市政府的具体行政行为不服的,既可以选择作出该具体行政行为的行政主体作为复议机关,也可以选择国务院作为裁决机关。

(2)法定复议机关。在下列情况下,申请人只能以规定的行政主体为复议机关申请复议,不具有可选择性:对海关、金融、国税、外汇管理等实行垂直领导的行政机关和国家安全机关的具体行政行为不服的,向上一级主管部门申请行政复议。对地方各级人民政府的具体行政行为不服的,向上一级地方人民政府申请行政复议。对省、自治区人民政府依法设立的派出机关所属的县级地方人民政府的具体行政行为不服的,向该派出机关申请行政复议。对国务院部门或者省、自治区、直辖市人民政府的具体行政行为不服的,向作出该具体行政行为的国务院部门或者省、自治区、直辖市人民政府申请行政复议。

对行政复议决定不服的,可以向人民法院提起行政诉讼;也可以向国务院申请裁决,国务院依照《行政复议法》的规定作出最终裁决。

5.4.2　行政复议的受理

复议机关在收到复议申请后,依法应当在收到之日起5日内,对申请书进行审查并作出如下处理:

(1)对于符合申请复议条件,且没有向人民法院提起诉讼的,依法应当决定受理。

(2)对于不符合申请复议条件,且没有向人民法院提起诉讼的,依法应当决定受理。

(3)对于复议申请材料不齐全或者表述不清楚的,复议机构可以自收到该复议申请之日起5日内书面通知申请人补正。

(4)对于复议申请符合《行政复议法》规定,但不属于该机关管辖的,应当告知申请人向有管辖权的复议机关提出或者转送有关复议机关。

行政复议申请符合下列规定的,应当予以受理:

(1)有明确的申请人和符合规定的被申请人;

(2)申请人与具体行政行为有利害关系;

(3)有具体的行政复议请求和理由;

(4)在法定申请期限内提出;

(5)属于行政复议法规定的行政复议范围;

(6)属于收到行政复议申请的行政复议机构的职责范围;

(7)其他行政复议机关尚未受理同一行政复议申请,人民法院尚未受理同一主体就同一事实提起的行政诉讼。

行政复议申请材料不齐全或者表述不清楚的,行政复议机构可以自收到该行政复议申请之日起5日内书面通知申请人补正。

法律与规范链接

▲ 必读法条

《行政复议法》第9条,第16~18条

典型案例

不服限期拆除建筑物决定申请行政复议案[1]

申请人:罗某

被申请人:某县城乡规划局

申请人因对被申请人作出的限期拆除杂房、厂棚的行政决定不服,向行政复议机关申请行政复议。

---

[1] 资料来源:桂阳县人民政府法制办公室网站,http://www.hngy.gov.cn/web/guiyang/zwgk/ztbd/gyfz/xzfy/content_32447.html,最后访问时间:2017年5月25日。

申请人认为，一、被申请人在作出《限期拆除通知书》时，没有依照《行政处罚法》第32条之规定满足其了解权、陈述权和申辩权，属于程序违法。二、适用法律不当。杂房、厂棚搭建于1988年，申请人将之用于生活和经营至今已20多年，曾办理过城镇建房许可证、营业执照、卫生许可证等证照、手续，非现在抢建，非临时建设工程。且当初未办建设工程规划许可证，事出有因，非本人怠于履行此义务。现本人愿补办手续，配合相关部门采取改正措施消除影响，但被申请人以其违反自2008年1月1日起施行的《城乡规划法》和自2010年1月1日起施行的《湖南省实施〈中华人民共和国城乡规划法〉办法》等有关规定为由，直接作出限期拆除的决定，且无任何补偿，于情于理难以接受。

行政复议机关认为，任何单位和个人在国有或者集体土地上进行建设活动，都有遵守土地、规划管理法律法规的义务，都应依法办理有关许可手续。城乡规划确定的公路、道路用地以及其他需要依法保护的用地，禁止任何单位和个人擅自侵占和改变用途。经依法批准的交通等基础设施建设项目用地涉及征地和拆迁补偿的，政府及其有关部门应当严格依法办事，遵守法定程序，对非法建筑物责令当事人限期拆除，对合法建筑物依法给予补偿，以切实维护法律权威，保障当事人合法权益。本案中，被申请人作出的限期拆除杂房、厂棚行政决定，虽然不属于行政处罚，不须依照《行政处罚法》规定的程序作出；但没有查明应当拆除的杂房、厂棚，哪些是合法的应当依法补偿，哪些是违法建设的，由当事人自行拆除不予补偿等基本事实；且在本机关审理期间，没有按照《行政复议法》的有关规定提出书面答复，提交当初作出具体行政行为的证据、依据和其他有关材料。故决定，撤销被申请人作出的有关限期拆除申请人杂房、厂棚的行政决定，对该杂房、厂棚区别具体情况依法处理。

延伸阅读

1. 管君、余凌云：《第三部门作为被申请人的行政复议受理标准问题研究》，载《行政法学研究》2012年第1期。

2. 崔雪松：《税务行政复议受理问题分析——新税务行政复议规则相关问题解读》，载《黑龙江省政法管理干部学院学报》2010年第5期。

3. 金诚轩：《准确界定政府信息理性框定复议诉讼范围——孙长荣诉吉林省人民政府行政复议不予受理决定再审案》，载《中国法律评论》2016年第2期。

5.5 行政复议的决定与执行

知识要点

5.5.1 行政复议的决定

行政复议决定是指，行政复议机关对案件进行审查后，就复议行为是否合法、适当，是否应按申请人的请求责令被申请人作出某种具体行政行为等问题所作出的决定。复议决定的种类包括：(1)维持决定；(2)履行决定；(3)撤销和责令重作决定；(4)变更决定；(5)确认和责令重作决定；(6)赔偿决定；(7)驳回决定。[1]

复议机关作出复议决定，应当制作复议决定书。复议决定书应当载明下列事项：

(1)申请人的姓名、性别、年龄、职业、住址；

(2)被申请人的名称、地址，法定代表人的姓名、职务；

(3)申请复议的主要请求和理由；

(4)复议机关认定的事实、理由，适用的法律、法规、规章和行政规范性文件；

(5)复议结论；

(6)不服复议决定向法院起诉的期限，或者终局的复议决定，当事人履行的期限；

(7)作出复议决定的年、月、日。

行政复议机关作出行政复议决定，应当制作行政复议决定书，并加盖印章。行政复议决定书一经送达，即发生法律效力。

5.5.2 行政复议的执行

在行政复议期间不停止系争具体行政行为的执行。它具有三层含义：第一，申请复议前依法已经予以强制执行的，原则上并不因申请、受理复议而停止执行；第二，申请人即相对人自愿履行有争议具体行政行为所确定的义务，不受限制；第三，除非法律明文规定，在行政复议期间，对尚未强制执行的有争议具体行政行为不得强制

[1] 《行政法与行政诉讼法学》编写组：《行政法与行政诉讼法学》，高等教育出版社 2017 年版，第 374 ~ 377 页。

执行。

但是,具有下列情形之一的,对正在强制执行的系争具体行政行为可以停止执行。

(1)被申请人认为需要停止强制执行的。被申请人认为需要停止强制执行的情形,往往是被申请人已经认识到具体行政行为存在瑕疵,确应补救的情形。被申请人作为该瑕疵具体行政行为的实施者,有权决定停止行政强制执行。

(2)行政复议机关认为需要停止强制执行的。复议机关已发现具体行政行为存在瑕疵,一旦执行难以回转的,可以决定停止强制执行。

(3)申请人申请停止执行,行政复议机关认为其要求合理,决定停止执行的。

(4)法律规定停止强制执行的。

5.5.3　行政复议中止

具有下列情形之一的,行政复议中止:

(1)作为申请人的自然人死亡,其近亲属尚未确定是否参加行政复议的。

(2)作为申请人的自然人丧失参加行政复议的能力,尚未确定法定代理人参加行政复议的。

(3)作为申请人的法人或者其他组织终止,尚未确定权利义务承受人的。

(4)作为申请人的自然人下落不明或者被宣告失踪的。

(5)申请人、被申请人因不可抗力,不能参加行政复议的。

(6)案件涉及法律适用问题,需要有权机关作出解释或者确认的。

(7)案件审理需要以其他案件的审理结果为依据,而其他案件尚未审结的。

(8)其他需要中止行政复议的情形。

行政复议中止的原因消除后,应当及时恢复行政复议案件的审理。行政复议机构中止、恢复行政复议案件的审理,应当告知有关当事人。

5.5.4　行政复议终止

具有下列情形之一的,行政复议终止:

(1)申请人要求撤回行政复议申请,行政复议机构准予撤回的。

(2)作为申请人的自然人死亡,没有近亲属或者其近亲属放弃行政复议权利的。

(3)作为申请人的法人或者其他组织终止,其权利义务的承受人放弃行政复议权利的。

(4)申请人与被申请人依照《行政复议法实施条例》第40条的规定,经行政复议机构准许达成和解的。

(5)申请人对行政拘留或者限制人身自由的行政强制措施不服申请行政复议后,因申请人同一违法行为涉嫌犯罪,该行政拘留或者限制人身自由的行政强制措施变更为刑事拘留的。

法律与规范链接

▲ 必读法条

《行政复议法》第28~30条

典型案例

不服不予受理行政复议申请决定提起的行政诉讼案[1]

原告(行政复议申请人):白某、哈某

被告(行政复议机关):自治区人民政府政府

原告不服Y市人民政府2012年5月28日作出的《关于白某等人信访事项的复核意见》(以下称"复核意见"),于2012年9月27日向被告申请行政复议,请求被告撤销复核意见,并责令Y市Z旗人民政府重新作出处理。

被告受理该案后,经依法审查,于2012年11月1日,根据《信访条例》第35条第3款"信访人对复核意见不服,仍然以同一事实和理由提出投诉请求的,各级人民政府信访工作机构和其他行政机关不再受理"的规定,作出了不予受理决定。

原告不服,向X市中级人民法院提起行政诉讼,请求撤销被告作出的不予受理行政复议申请决定。

2013年1月6日,X市中级人民法院就原告的诉求予以立案并向被告送达了(2012)行初字第34号《X市中级人民法院应诉通知书》。

2013年1月10日,X市中级人民法院下达《X市中级人民法院行政裁定书》。

---

〔1〕 资料来源:内蒙古自治区人民政府法制办公室网站,http://www.nmfzb.gov.cn/information/fzb36/msg10569180183.html,最后访问时间:2017年5月25日。

案情评析

本案是一起因不服信访机关作出的信访复核意见而引起的行政复议案件，其焦点是行政复议机关依据该案案情并根据《信访条例》作出的不予受理决定，X市中级人民法院能否受理的问题。笔者认为：

一、原告的行政复议请求是：撤销Y市人民政府作出的《关于白某等人信访事项的复核意见》，指令Z旗人民政府重新作出处理。根据《信访条例》第35条第3款“信访人对复核意见不服，仍然以同一事实和理由提出投诉请求的，各级人民政府信访工作机构和其他行政机关不再受理”的规定，被告作出的不予受理决定是符合法律规定的。

二、《行政复议法》第19条规定：“法律、法规规定应当先向行政复议机关申请行政复议、对行政复议决定不服再向人民法院提起行政诉讼的，行政复议机关决定不予受理或者受理后超过行政复议期限不作答复的，公民、法人或者其他组织可以自收到不予受理决定书之日起或者行政复议期满之日起十五日内，依法向人民法院提起行政诉讼。”第20条规定：“公民、法人或者其他组织依法提出行政复议申请，行政复议机关无正当理由不予受理的，上级行政机关应当责令其审理；必要时，上级行政机关也可以直接受理。”也就是说，公民、法人或者其他组织对行政复议机关作出的不予受理决定不服，除行政复议前置案件外，无权向人民法院提起行政诉讼，即便行政复议机关无正当理由不予受理的，也只能是其上级行政机关责令其受理，或者由其上级行政机关直接受理。

三、《最高人民法院关于不服县以上人民政府信访行政管理部门、负责受理信访事项的行政管理机关以及镇(乡)人民政府作出的处理意见或者不再受理决定而提起的行政诉讼人民法院是否受理的批复》(〔2005〕行立他字第4号)第2条规定：“对信访事项有权处理的行政机关根据《信访条例》作出的处理意见、复查意见、复核意见和不再受理决定，信访人不服提起行政诉讼的，人民法院不予受理。”也就是说，三级信访部门中的任何一级信访部门作出的信访意见，信访人不服提起行政诉讼的，人民法院均不予受理。

X市中级人民法院立案审理后，于2013年1月10日作出《行政裁定书》。该裁定书称：本院认为，原告因不服Y市政府作出的信访事项的复核意见向被告提出申诉，被告对原告的申诉经审查后作出不予受理决定。被告所作不予受理决定实质上是对原告申诉事项作出的回复，该决定不实际影响和设定原告的权利和义务，它不是具体行政行为，不属于《行政诉讼法》规定的受案范围。依据《最高人民法院关于执行〈中华人民共和国行政诉讼法〉若干问题的解释》第1条第5项、第44条第1项之规定：驳回原告白某和哈某的起诉。

延伸阅读

1. 曹鎏：《我国行政复议决定的法律效力研究》，载《国家行政学院学报》2008年第3期。
2. 魏志平：《论行政复议决定的法律效力》，载《理论月刊》2009年第3期。
3. 沙金：《论行政复议决定中的不履行法定职责——基于〈行政复议法〉第28条第2项规定之展开》，载《求索》2016年第2期。

第 6 章　行政诉讼法概论

教学目标

了解和识记行政诉讼相关基本概念；
识记和理解行政诉讼法律关系；
了解行政诉讼的发展与完善。

推荐参考资料

1.《行政法与行政诉讼法》编写组:《行政法与行政诉讼法学》,高等教育出版社 2017 年版,第十六章。
2. 方世荣、石佑启主编:《行政法与行政诉讼法》,北京大学出版社 2015 年第 3 版,第十九章。
3. 章剑生:《现代行政法总论》,法律出版社 2014 年版,第十二章、第十三章。

6.1　行政诉讼的概念与特征

知识要点

6.1.1　行政诉讼的概念

行政诉讼,是行政主体与行政相对人发生行政争议后,行政相对人认为行政主体的行政行为侵犯其合法权益,依法向人民法院提起诉讼,由人民法院依照法定程序审理行政争议,审查被诉行政行为的合法性,并作出裁判的诉讼制度。

6.1.2 行政诉讼的特征

(1)行政诉讼是解决行政争议的一种诉讼活动。

(2)行政诉讼的主管机关是人民法院。

(3)行政诉讼的原告与被告关系恒定。

(4)行政诉讼的目的是解决行政争议,提供权利救济,监督行政行为。

法律与规范链接

▲ **必读法条**

《行政诉讼法》第1~11条

典型案例

诉某市国土局不履行法定职责案:行政诉讼原告的资格问题[1]

原告曹某系某市南湖区余新镇镇金星村村民。被告系南湖区国土局。2015年9月27日,原告曹某以EMS方式向被告南湖区国土局提交《查处土地违法行为申请书》一份,内容主要为:南湖区汇源净水厂于2006年在未经有关部门审批情况下,在南湖区余新镇金星村8组的集体土地上搭建工厂,据了解得知,该工厂至今未办理任何用地手续。要求南湖区国土局根据相关法律法规规定,对该土地违法行为依法予以查处。2015年9月28日,被告南湖区国土局收到原告的《查处土地违法行为申请书》。2015年10月8日,南湖区国土局向南湖区综合行政执法局送达了《关于移送南湖区汇源净水器厂以租代征非法占用余新镇土地的函》一份,将该案件移送南湖区综合行政执法局予以查处。同日,南湖区国土局以书面形式即《关于对曹某要求查处违法行为申请书的回复》告知曹某,该局已将曹某举报违法用地立案查处线索移送至嘉兴市南湖区综合行政执法局。原告认为被告作为国土执法部门具有法定的土地违法查处职责,构成行政不作为,侵害了原告的合法权益,故起诉至法院,请求法院依法确认被告不依法履行法定职责的行政不作为行为违法;依

---

〔1〕 参见浙江省嘉兴市南湖区人民法院(2016)浙0402行初10号行政裁定书。

法判令被告依法履行法定职责。

法院认为，本案争议焦点之一为原告的行政诉讼主体是否适格。根据《行政诉讼法》第25条第1款“行政行为的相对人以及其他与行政行为有利害关系的公民、法人或者其他组织，有权提起诉讼。”和第49条“提起诉讼应当符合下列条件：（一）原告是符合本法第二十五条规定的公民、法人或者其他组织……”的规定，原告主体是否适格应当审查其是否是该行政行为的相对人，或其与行政行为是否有利害关系。本案中，原告曹某所举报的南湖区汇源净水厂违法用地并不涉及原告所有相关权证的用地范围，而是余新镇金星村的集体土地。根据《最高人民法院关于审理涉及农村集体土地行政案件若干问题的规定》第3条规定，村民委员会或者农村集体经济组织对涉及农村集体土地的行政行为不起诉的，过半数的村民可以以集体经济组织名义提起诉讼。故原告与其要求查处违法用地的行政行为并无法律上的利害关系，其不能单独作为原告对涉及农村集体土地的行政行为提起诉讼。原告曹某不是本案的适格诉讼主体，对其起诉应予驳回。

原告在起诉时援引了最高人民法院行政不作为十大案件之一，即张凤竹诉濮阳市国土资源局行政不作为案，原告认为本案与该案案情相符，其应为本案适格主体。对此，本院认为，该案中，张凤竹于2013年10月16日向濮阳市国土资源局举报违法占地行为。由于《土地违法案件查处办法》（国家土地管理局令〔1995〕第3号，于1995年12月18日发布）第13条规定“土地管理部门对上级交办、其他部门移送和群众举报的土地违法案件，应当受理。”故法院依据该规定判决未予受理行为违法，限濮阳市国土资源局按《土地违法案件查处办法》的规定履行法定职责。但《土地违法案件查处办法》已于2014年7月1日废止，被《国土资源行政处罚办法》所取代，《国土资源行政处罚办法》第11条规定“国土资源主管部门发现自然人、法人或者其他组织行为涉嫌违法的，应当及时核查。”并无有类似本案原告举报应当受理或立案查处的规定。故原告援引该案例因其依据已失效，对于本案而言已不具指导意义。综上，依据《最高人民法院关于适用〈中华人民共和国行政诉讼法〉若干问题的解释》第3条之规定，裁定驳回原告曹某的起诉。

案件评议

本案的焦点之一在于原告资格确认问题。

在行政诉讼的特点之一是原、被告恒定，而原告只能是行政相对人，或与行政行为有利害关系的人。根据《行政诉讼法》第25条第1款“行政行为的相对人以及其他与行政行为有利害关系的公民、法人或者其他组织，有权提起诉讼。”和第49

条“提起诉讼应当符合下列条件:(一)原告是符合本法第二十五条规定的公民、法人或者其他组织……”的规定,原告主体是否适格应当审查其是否是该行政行为的相对人,或其与行政行为是否有利害关系。而《行政诉讼法》第2条里提到的“公民、法人或者其他组织认为行政机关和行政机关工作人员的行政行为侵犯其合法权益,有权依照本法向人民法院提起诉讼。”这里的“认为”只是一个主观上的判断,原告只要“认为”自己的权利受到侵犯,就可以向法院提起诉讼。但是,是否真正侵犯了相对人的权益,还需要法院进行审理才能确定,行政相对人不能单方面的否定行政行为的效力。因此,原告虽然认为国土局南湖区分局的不作为侵犯其合法权益,但是在法院审查后,发现原告既不是行政相对人,也不是利害关系人,故驳回其起诉。

延伸阅读

1. 章剑生:《〈行政诉讼法〉修改的基本方向——以〈行政诉讼法〉第1条为中心》,载《苏州大学学报》(哲学社会科学版)2012年第1期。
2. 章志远:《亮点与遗憾:行政诉讼法修改评述》,载《法治研究》2015年第1期。
3. 马怀德:《保护公民、法人和其他组织的权益应成为行政诉讼的根本目的》,载《行政法学研究》2012年第2期。
4. 蒋惠岭:《司法学视角下的新行政诉讼法述评》,载《法律适用》2015年第2期。

6.2 行政诉讼法律关系

知识要点

6.2.1 行政诉讼法律关系的概念

行政诉讼法律关系是指,由行政诉讼法所调整的,以人民法院和诉讼参与人之间的诉讼权利义务为内容的社会关系。行政诉讼法律关系具有以下特征:

(1)行政诉讼法律关系在整体上是一种以法院为主导的三方关系。

(2)在行政诉讼法律关系中,原告和被告的当事人地位平等。

6.2.2 行政诉讼法律关系的主体

法院是行政诉讼法律关系的主体之一。行政诉讼当事人也是行政诉讼法律关系主体。值得注意的是，作为被告的行政机关在法律关系中并不具有行政实体法上的“优越地位”，它与行政相对人一样，享有的是行政诉讼权利和行政诉讼义务，只有这样，原、被告之间的平等的行政诉讼地位才可能得以形成，保护公民、法人或其他组织合法权益的行政诉讼目的才能得以实现。行政诉讼中的其他参加人、参与人同样是行政法律关系的主体。

6.2.3　行政诉讼法律关系的内容

行政诉讼法律关系的内容是指，行政诉讼法律关系主体在行政诉讼过程中的权利和义务。行政诉讼法律关系主体的诉讼权利和诉讼义务是行政诉讼法律关系的核心要素。

人民法院在行政诉讼过程中享有受理权、审理权、裁判权以及执行权。法院应当承担对行政案件依法受理、公正审理和公正作出裁判的诉讼义务。行政诉讼当事人双方在行政诉讼中同样享有着诉讼权利和诉讼义务，而其他诉讼参与人的行政诉讼权利和诉讼义务与民事诉讼相比无实质区别。

典型案例

王安祥等诉偃师市文物旅游局文物所有权纠纷上诉案[1]

上诉人王安祥、王安平、王安庭系兄弟，上诉人王全军、王玉民系王应西子女（王应西已亡故），上诉人的共同委托代理人王德军是王应西远房侄子。2000年4月20日，偃师市文物管理委员会办公室作出偃文物办字（2000）14号《关于将庞村镇彭店寨王氏故宅和家庙定位文物保护对象的通知》，将庞村镇彭店寨村王家宅院和家庙公布为文物保护对象。2003年2月24日，王应西将祖传文物圣旨一道、圣旨楼一座、清朝嘉庆二年挽幛11幅交给偃师市文物旅游局，王安祥将红色挽幛11幅交给偃师市文物旅游局。当天偃师市文物旅游局出具收条一份，上书：“今收到庞村镇彭店寨王安祥、王安平、王安廷红色挽幛十一幅，其中王安祥、王安平各四幅，王安廷三幅”。偃师市文物旅游局接收这些文物后制作了文物入库登记卡。2003年2月24日，偃师市商城博物馆为王应西、王安祥出具藏品收藏证各一份。2003

---

〔1〕 参见河南省洛阳市中级人民法院（2014）洛行终字第140号行政判决书。

年6月10日，偃师市文物管理局将“捐献文物奖金”2000元交给王德军，收据上加盖有偃师市庞村镇彭店寨村民委员会公章。2003年8月8日，偃师市文物旅游局将“文物奖金”1000元交给王德军，收据上同样加盖有偃师市庞村镇彭店寨村民委员会公章。2010年10月，王应西的侄子王德军到偃师市商城博物馆索要2003年2月24日王应西、王安祥交给偃师市文物旅游局的文物，理由是当时把物品交给偃师市文物旅游局属于暂存，不是捐赠，现要求取回。王德军认为拿到的3000元钱是文物部门拨付修缮偃文物办字(2000)14号确定的文物的资金，是用于修缮该祠堂的费用，这笔资金和王应西、王安祥交给被上诉人的文物之间没有关系，之所以写成文物奖金是因为当时文管会的领导说不写成文物奖金无法下账。偃师市文物旅游局认为该3000元钱是王应西、王安祥捐献文物的奖金，纠纷由此发生。上诉人向信访部门反映，2010年12月24日，偃师市文物旅游局作出偃文旅字(2010)8号《关于庞村镇彭店寨村村民王德军等人索要所捐献的清朝文物一案的调查处理报告》报市信访局。2013年王安祥、王安平、王安庭向偃师市人民法院提起民事诉讼，要求判令偃师市文物旅游局返还家传文物红色挽幛11幅，偃师市人民法院作出(2013)偃民三初字第47号民事裁定，以该纠纷不属于民事法律调整范畴为由裁定不予受理。王安祥、王安平、王安庭不服，上诉至洛阳市中级人民法院，洛阳市中级人民法院2014年2月14日作出(2014)洛民立终字第22号民事裁定，驳回了王安祥、王安平、王安庭的上诉，维持原裁定。

2014年3月26日，王安祥、王安平、王安庭、王全军、王玉民向偃师市人民法院提起行政诉讼，请求撤销2010年12月24日偃师市文物旅游局作出的偃文旅字(2010)8号《关于庞村镇彭店寨村村民王德军等人索要所捐献的清朝文物一案的调查处理报告》中关于王应西、王安祥捐献文物的认定，依法判令偃师市文物旅游局返还文物：红色挽幛二十二幅，清朝圣旨一道，圣旨楼一座。偃师市人民法院受理后报请洛阳市中级人民法院指定管辖，洛阳市中级人民法院指定孟津县人民法院审理该案。一审法院认为，原告族人将祖传文物捐赠给国家，符合法律规定，且当时文物部门为其办理了捐献手续，发放了奖金。现原告无证据证明系暂存，被告所作报告并无不当。被告所作报告虽然是信访报告，但影响到原告的利益，应属行政诉讼范围。被告所作(2010)第8号《偃师市文物旅游局关于庞村镇彭店寨村村民王德军等人索要所捐献的清朝文物一案的调查处理报告》事实清楚，程序合法，适用法律适当。故判决驳回原告王安祥、王安平、王安庭、王全军、王玉民的诉讼请求。

王安祥等5人不服，提起上诉。二审法院认为，依据《文物保护法》的相关规定，偃师市文物旅游局是本辖区内对文物保护实施监督管理的机关，其作出的偃文旅字(2010)8号文件虽然是针对是市信访局作出的，但上诉人认为对其合法权益造成了影响，向人民法院提起诉讼，依据《行政诉讼法》第2条、第8条的规定，依法属于行政诉讼的受案范围。

本案的焦点问题在于王应西、王安祥交给偃师市文物旅游局的文物究竟是捐赠还是代为保管。在文物交给偃师市文物旅游局至王德军接到3000元钱，是否用于修建祠堂等等环节上，中间有多人参与。从偃师市文物旅游局提交的证据看，在纠纷发生后，其既没有对王应西、王安祥交文物时的陪同人员进行询问，也没有对接受文物的人员进行询问，没有对交给王德军3000元钱的偃师市文物旅游局的工作人员询问，更没有去调查王德军接到3000元钱后是否修建了祠堂，仅仅以文物入库登记卡及奖金收据来认定该行为是捐赠行为，但捐赠奖金的接收人是王德军，而王德军不是捐赠人，也不是王应西、王安祥委托接受奖金的人。另该两笔奖金不是王应西、王安祥将文物交给被上诉人当时颁发的，而是在之后的4个月和6个月，捐赠文物奖金收据也没有写明是捐赠何种文物的奖金。综上，偃师市文物旅游局作出的偃文旅字(2010)8号文件认定事实不清，证据不足，依法应予撤销。针对上诉人提出的返还文物的诉讼请求，由于被上诉人针对文物是捐赠还是暂时代为保管没有调查核实清楚，在此情况下，人民法院无法判决支持上诉人的该项诉讼请求。原审判决错误，依法应予撤销。综上，依据《行政诉讼法》第61条第3项、第54条第2款第1项、《最高人民法院关于审理行政赔偿案件若干问题的规定》第33条之规定，判决如下：撤销孟津县人民法院作出的(2014)孟行初字第11号行政判决；撤销偃师市文物旅游局2010年12月24日作出的偃文旅字(2010)8号《关于庞村镇彭店寨村村民王德军等人索要所捐献的清朝文物一案的调查处理报告》；驳回王安祥、王安平、王安庭、王全军、王玉民的第二项诉讼请求；限偃师市文物旅游局在本判决生效后90日内针对王应西、王安祥的行为是捐赠行为还是代为保管行为重新作出认定。

案件评议

行政诉讼法律关系是指由行政诉讼法所调整的，以人民法院和诉讼参与人之间的诉讼权利义务为内容的社会关系，而民事诉讼法律关系是指由民事诉讼法所调整的，以人民法院和诉讼参与人之间的诉讼权利义务为内容的社会关系。行政诉讼法所欲解决的是行政争议问题，也就是行政主体在行使行政权时与行政相对人之间发生的争议，与此相对，民事诉讼所欲解决的是平等民事主体之间发生的争议，所以是否属于行政诉讼受案范围，首先要看调整的是否为行政法律关系。

本案中，王安祥、王安平、王安庭首先是向偃师市人民法院提起民事诉讼，偃师市人民法院作出(2013)偃民三初字第47号民事裁定，以该纠纷不属于民事法律调整范畴为由裁定不予受理。王安祥、王安平、王安庭不服，上诉至洛阳市中级人民法院，洛阳市中级人民法院2014年2月14日作出(2014)洛民立终字第22号民事裁定，驳回了王安祥、王安平、王安庭的上诉，维持原裁定。王安祥等人遂向偃师市人民法院提起行政诉讼。由于依据《文物保护法》的相关规定，偃师市文物旅游局是本辖区内对文物保护实施监督管理的机关，其作出的偃文旅字(2010)8号文件虽然是针对是市信访局作出的，但王安祥等人认为对其合法权益造成了影响，所以依据《行政诉讼法》第2条、第8条的规定，该案属于行政诉讼的受案范围。

延伸阅读

1. 向忠诚：《行政诉讼法律关系若干问题之研究》，载《广西民族学院学报》(哲学社会科学版)2006年第1期。
2. 沈福俊：《行政诉讼视角下法院与行政机关关系的法律规制——以行政诉讼管辖制度的变革为分析起点》，载《法学》2010年第4期。
3. 郑钟炎：《论行政诉讼法律关系》，载《政治与法律》1988年第3期。

6.3 行政诉讼法的发展与完善

知识要点

6.3.1 行政诉讼法的历史发展

新中国成立后，我国行政诉讼法的发展大致可以分为以下几个阶段：

☆ 萌芽阶段：1949～1979年

☆ 建立阶段：1979～1989年

☆ 发展阶段：1989年至今

从1989年《行政诉讼法》生效实施后，到2014年11月《行政诉讼法》修正案颁布以来，在长达20多年的时间里，我国行政诉讼制度也在不断地发展。

6.3.2　行政诉讼法的完善

(1)受案范围的扩大比较谨慎

2014年《行政诉讼法》除将具体行政行为扩展为行政行为之外,受案范围的规定仍然沿袭原先的列举模式,而法院不予受理的条款并未改变,规范性文件也仅能对规章以下文件进行附带性审查,行政机关的奖惩、任免等决定以及行政机关相互之间的职权争议都未纳入诉讼范围。新《行政诉讼法》的受案范围与旧法一样缺乏周延,第2条以总括式的方式概括了行政诉讼法的受案范围,第12条以肯定式的列举方式列举了行政诉讼受案范围,第13条以否定式的列举方式排除受案范围,这样规定的方式无疑使受案范围存在一个灰色地带,如行政机关工作人员利用职务身份而为的个人行为,这些是否可以起诉并不清楚,导致实务中缩小了诉讼受案范围。因此,行政诉讼的受案范围有待进一步改善和扩大。

(2)行政公益诉讼缺失

行政公益诉讼本来可以成为行政诉讼功能的延伸,让行政诉讼更好地承担起监督行政机关、维护公共秩序的责任,学界对行政公益诉讼的呼声一直都很高,然而,遗憾的是行政公益诉讼并未在这次修正案中确立下来。[1]

(3)没有设立专门行政法法院

世界通行的行政案件审理主要有两种模式:一是普通法院审理制,二是专门行政法院审理制。我国在选择建立行政诉讼模式的问题上发生过分歧,学界观点不一致,各持己见,法院内部系统也是意见摇摆不定,导致行政诉讼法修正案沿袭以往的在人民法院下设行政审判庭,而非确立专门行政法院制度。我国最早系统研究并提出行政法院设置的是陈有西教授,他提出中国建立自己的专门行政法院具有非常大的紧迫性和必要性,他认为没有法院的独立地位,就不可能有实质意义上的行政诉讼,因此应当设立与中级法院同级的行政法院审理初审案件。[2]

---

〔1〕 2017年6月27日,《行政诉讼法》第二次修正时,第25条增加了第4款,内容为"人民检察院在履行职责中发现生态环境和资源保护、食品药品安全、国有财产保护、国有土地使用权出让等领域负有监督管理职责的行政机关违法行使职权或者不作为,致使国家利益或者社会公共利益受到侵害的,应当向行政机关提出检察建议,督促其依法履行职责。行政机关不依法履行职责的,人民检察院依法向人民法院提起诉讼。"——编辑注

〔2〕 陈有西:《我国行政法院设置及相关问题探讨》,载《中国法学》1995年第1期。

延伸阅读

1. 陈有西:《我国行政法院设置及其相关问题探讨》,载《中国法学》1995 年第 1 期。
2. 孙光妍、于逸生:《苏联法影响中国法制发展进程之回顾》,载《法学研究》2003 年第 1 期。
3. 江必新:《是恢复,不是扩大——谈〈若干解释〉对行政诉讼受案范围的规定》,载《法律适用》2000 年第 7 期。
4. 姜明安:《论新〈行政诉讼法〉的若干制度创新》,载《行政法学研究》2015 年第 4 期。
5. 方世荣:《对行政诉讼受案范围中设定排除事项的反思》,载《法商研究》2014 年第 6 期。

第7章　行政诉讼的受案范围

教学目标

了解和识记行政诉讼受案范围的概念及特征;

了解和识记行政诉讼受案范围的确立模式;

识记和理解我国的行政诉讼受案范围。

推荐参考资料

1. 应松年主编:《〈中华人民共和国行政诉讼法〉修改条文释义与点评》,人民法院出版社2015年版。
2. 《行政法与行政诉讼法学》编写组:《行政法与行政诉讼法学》,高等教育出版社2017年版,第十七章。
3. 叶必丰主编:《行政法与行政诉讼法》,高等教育出版社2015年第3版,第十三章。
4. 姜明安主编:《行政法与行政诉讼法》,北京大学出版社2015年第6版,第二十四章。
5. 江必新、邵长茂:《新行政诉讼法修改条文理解与适用》,中国法制出版社2015年版,第二章。
6. 莫于川主编:《行政法与行政诉讼法》,中国人民大学出版社2015年第2版,第十五章第二节。
7. 何海波主编:《行政诉讼法》,法律出版社2016年第2版,第四章。
8. 方世荣、石佑启主编:《行政法与行政诉讼法》,北京大学出版社2015年第3版,第二十八章。
9. 张正钊、胡锦光主编:《行政法与行政诉讼法》,中国人民大学出版社2015年第6版,第十章第一节。

7.1 行政诉讼受案范围概述

知识要点

7.1.1 行政诉讼受案范围的概念

行政诉讼受案范围是行政诉讼制度的核心内容，它是指**人民法院受理行政诉讼案件的范围；也是受到行政主体侵害的公民法人或其他组织诉权的范围**。

7.1.2 行政诉讼受案范围的特征

(1)行政诉讼受案范围涉及公民受保护的权利，也涉及司法权与行政权。

(2)行政诉讼受案范围体现社会进步需求与法治发展程度。

(3)行政诉讼受案范围兼顾必要性与可行性。就必要性而言，考虑到保护行政相对人的权益和监督行政机关依法行使职权的客观需求，应尽量扩大行政诉讼受案范围。但是从可行性的角度考虑，行政诉讼的受案范围因受制于各种因素，其范围的扩大只能是较有限的和渐进的。

7.1.3 行政诉讼受案范围的确立模式

行政诉讼受案范围基本模式是立法确定的关于行政诉讼受案范围的基本制度形式，即以何种方式来确定行政诉讼的受案范围。行政诉讼受案范围的模式有三种具体的情形。

(1)概括式。概括式是由统一的行政诉讼法典对行政诉讼受案范围作出原则性、概括性规定，一般表述为行政相对人认为行政机关的行政行为侵犯其合法权益的，可以依法提起诉讼。

(2)列举式。列举式一般有肯定列举和否定列举两种方法。肯定列举是由行政诉讼法和其他单行法律规范对属于行政诉讼的受案范围的行政案件逐条加以列举，但凡列举了的就属于行政诉讼的受案范围，没有列举的则不属于受案范围。否定列举是对不属于行政诉讼受案范围的事项进行列举，但凡被列举了的，就不属于受案范围，没有被列举的则属于受案范围。列举式的优点在于具体细致、可操作性强；缺点在于不可能穷尽所有情形，难免产生遗漏和不周全。

(3)混合式。兼具概括式和列举式的优点，是世界上大多数制定法国家采用的方式。[1]

★ 我国行政诉讼受案范围模式

我国行政诉讼受案范围的确定模式是混合式的。[2] 首先,2014年《行政诉讼法》第2条以概括的方式确立了人民法院可以受理的行政案件的基本范围;其次,《行政诉讼法》第12条以肯定列举的方式列出了属于受案范围的12种情形;再次,《行政诉讼法》第13条以否定列举的方式列出了不属于受案范围的4种情形;最后,《行政诉讼法》第12条第2款以概括的方式作了兜底规定。[3]

法律与规范链接

▲ 必读法条

《宪法》第41第1款

《行政诉讼法》第2条第1款,第12~13条

延伸阅读

1. 朱芒:《概括主义的行政诉讼"受案范围"——一种法解释路径的备忘录》,载《华东政法大学学报》2015年第6期。
2. 谭炜杰:《行政诉讼受案范围否定性列举之反思》,载《行政法学研究》2015年第1期。
3. 姜明安:《扩大受案范围是行政诉讼法修改的重头戏》,载《广东社会科学》2013年第1期。
4. 叶必丰:《行政行为的分类:概念重构抑或正本清源》,载《政法论坛》2005年第5期。
5. 韦炜、周游:《新行政诉讼法适用的六大问题》,载《人民司法》2015年第3期。
6. 杨小军:《行政诉讼受案范围之反思》,载《法商研究》2009年第4期。
7. 余凌云:《论行政诉讼法的修改》,载《清华法学》2014年第3期。
8. 王丽英:《新〈行政诉讼法〉与行政案件受案范围》,载《上海政法学院学报》2015年第2期。

---

〔1〕 参见《行政法与行政诉讼法》编写组:《行政法与行政诉讼法学》,高等教育出版社2017年版,第425页。

〔2〕 同上注,第426页。

〔3〕 同上注。

典型案例

陈某诉江苏省高级人民法院赔偿委员会不予受理决定案[1]

上诉人陈某因诉江苏省高级人民法院赔偿委员会不予受理决定一案，不服江苏省高级人民法院行政裁定，向最高人民法院提出上诉。

一审查明，2016 年 3 月 15 日，陈某以江苏省高级人民法院赔偿委员会为被告，向江苏省高级人民法院提起行政诉讼，请求确认江苏省高级人民法院赔偿委员会作出的不予受理案件决定书的行政行为无效，并重新作出行政行为。

一审认为，《行政诉讼法》第 2 条规定：公民、法人或者其他组织认为行政机关和行政机关工作人员的行政行为侵犯其合法权益，有权依照本法向人民法院提起诉讼。本案中，江苏省高级人民法院是司法机关，不是行政机关。陈某以本院赔偿委员会为被告，提起行政诉讼，属于错列被告。《最高人民法院关于执行〈中华人民共和国行政诉讼法〉若干问题的解释》第 44 条第 1 款第 3 项规定：起诉人错列被告且拒绝变更的，应当裁定不予受理；已经受理的，裁定驳回起诉。故本案不属于人民法院行政案件受案范围。依照《行政诉讼法》第 49 条、第 51 条第 2 款之规定，裁定对陈某的起诉不予立案。

陈某上诉称，人民法院是国家机关，履行赔偿义务就是行政行为，据不赔偿是违法行政行为，陈某的起诉属于《行政诉讼法》第 12 条第 2 款规定的'其他行政案件'，法院应当受理本案，并依法作出判决。

最高人民法院认为，《行政诉讼法》第 2 条规定，公民、法人或者其他组织认为行政机关和行政机关工作人员的行政行为侵犯其合法权益，有权依照本法向人民法院提起诉讼。本案中，陈某所诉的'江苏省高级人民法院不予受理案件决定'，是人民法院依据司法程序作出的司法行为，并非行政机关的行政行为，不属于行政诉讼受案范围。陈某提起本案诉讼不符合上述法律规定。原审法院依据《行政诉讼法》第 49 条规定，裁定不予立案并无不当。陈某的上诉理由缺乏法律依据，不能成立，上诉请求本院不予支持。综上，依照《行政诉讼法》第 89 条第 1 款第 1 项之规定，裁定驳回上诉，维持原裁定。

---

〔1〕 资料来源：中国裁判文书网，http://wenshu. court. gov. cn/content/content? DocID = 1a389f07 - b23d - 4fca - a4b4 - 64a818a9226b&KeyWord = 陈兆星，最后访问时间：2017 年 5 月 25 日。

7.2　可诉行政行为与不可诉行政行为

知识要点

7.2.1　可诉行政行为与不可诉行政行为概述

★ 可诉行政行为的概念及特征

可诉行政行为，也称为可审查的行政行为，是指行政主体作出的行政行为在一定条件下可诉诸法院行政诉讼或司法审查程序。[1]

可诉行政行为具有如下特征：

(1)可诉行政行为是具有国家行政职权的机关和组织及其工作人员所实施的行为。因此，如果某一个组织依法不具有国家行政职权，它所实施的行为就不是行政行为，当然，就不具有行政诉讼的可诉性。[2]

(2)可诉性行政行为是与行使国家行政职权有关的行为。根据这个特征，可以排除以下两种不可诉的行为：一是民事行为；二是公职人员个人行为。

(3)可诉行政行为是对相对人的权利义务发生实际影响的行为。“实际影响”是从正常的法律关系来判断的。如果某个行为作出后不履行就能进入强制执行程序，一般就认为会对权利义务产生影响。根据这一特征，可诉性范围可以排除以下几种行为：一是起诉时机尚未成熟的行政行为；二是不具有强制力的行政指导行为；三是重复处置行为，即接受申诉的行政机关经审查对申诉人给予维持原决定的答复行为；四是其他行为。[3]

(4)可诉性行政行为是在现实情况下有司法审查可能性的行为。司法审查可能性包括法律上的可能性和事实上的可能性。法律上的可能性，是指被诉行政行为在法律上未被明确排除或者禁止司法审查。事实上的可能性，是指法律上未提供实质上与行政诉讼互斥的救济途径。[4]

---

[1] 参见郝明金：《论可诉性是行政行为的本质属性》，载《法学论坛》2006 年第 3 期。

[2] 参见姜明安主编：《行政法与行政诉讼法》，北京大学出版社、高等教育出版社 2015 年第 6 版，第 417 ~ 420 页。

[3] 参见最高人民法院《政府信息公开案件审理司法解释》第 2 条。

[4] 参见姜明安主编：《行政法与行政诉讼法》，北京大学出版社、高等教育出版社 2015 年第 6 版，第 417 ~ 420 页。

(5)可诉性行政行为是具有司法审查必要性的行为。典型的例子是行政机关根据人民法院的协助执行通知书实施的行为。[1]

★ 不可诉行政行为的概念及特征

不可诉行政行为,也称为不可审查的行政行为,是指行政主体作出的行政行为在一定条件下不可诉诸法院行政诉讼或司法审查程序。[2] 不可诉行政行为具有如下特征:

(1)相对人不可提起行政诉讼。相对人作为行政法律关系的一方主体,享有一系列的行政法上的公法权利,可以向国家有权机关包括司法机关提出作出一定行为的要求。然而,对于不可诉行政行为,这种可能性的实现就不具备一定的条件,并且相对人对是否提起行政诉讼没有决定权。

(2)法院对行政行为不可审查。行政诉讼或司法审查涉及到司法权与行政权之间的关系,使行政诉讼有别于民事诉讼。对法院而言,对可不可诉行政行为不可以行使司法审查的监督权力。

(3)行政权不接受司法审查。依照行政法治原则,行政机关所有的行政行为都必须依法作出,并在违法时接受法院的司法审查。反之,不可诉行政行为,即使违法也不接受司法审查。

7.2.2 可诉行政行为与不可诉行政行为鉴别

(1)侵权性标准。我国《行政诉讼法》明确规定公民、法人或其他组织认为行政机关的具体行政行为侵犯其合法权益,可以向法院提起行政诉讼。

(2)行政职权标准。区别于行政机关内部行为、民事行为等。

(3)法律无明示排除标准。根据新行政诉讼法的规定必须在法律排除之外的行为。

法律与规范链接

▲ 必读法条

《行政诉讼法》第13条、第41条

---

〔1〕 参见姜明安主编:《行政法与行政诉讼法》,北京大学出版社、高等教育出版社2015年第6版,第417~420页。

〔2〕 参见郝明金:《论可诉性是行政行为的本质属性》,载《法学论坛》2006年第3期。

△ **延伸法条**

《最高人民法院关于执行《中华人民共和国行政诉讼法》若干问题的解释》第 1 ~ 2 条

延伸阅读

1. 郝明金:《行政行为的可诉性研究》,中国人民公安大学出版社 2005 年版。
2. 茅铭:《行政行为可诉性研究:理论重构与制度重构的对接》,北京大学出版社 2014 年版。
3. 殷志文:《行政行为的可诉性标准》,载《法律适用》2003 年第 1 期。
4. 李文发:《行政行为的可诉性标准探析》,载《行政与法》2005 年第 1 期。
5. 程静、李继辉:《我国若干特殊行政行为可诉性再探讨》,载《河南师范大学学报》(哲学社会科学版)2014 年第 4 期。

7.3　我国的行政诉讼受案范围

7.3.1　概括的范围

《行政诉讼法》第 2 条规定:"公民、法人或者其他组织认为行政机关和行政机关工作人员的行政行为侵犯其合法权益,有权依照本法向人民法院提前诉讼。"这是《行政诉讼法》肯定概括的规定。

行政行为属于行政诉讼的受案范围。这里的行政行为范围甚广,包括单方行为与双方行为,包括授益行为与负担行为,包括刚性行为与柔性行为,包括作为行为与不作为行为。但针对我国部分学者提出的行政行为包括事实行为的主张,我们持保留态度。因为该主张是以行政赔偿诉讼为依据的,[1] 即人民法院能够按照行政赔偿程序来审查事实行为。但问题在于行政赔偿诉讼程序不是行政诉讼程序,如果仅以事实行为可以适用于赔偿诉讼程序,而认为可将其归于行政行为,尚缺乏相应的理论支持。

---

〔1〕 参见胡建森:《行政诉讼法学》,高等教育出版社 2003 年版,第 27 页。

7.3.2 肯定列举的范围

根据新《行政诉讼法》第12条第1款的规定，属于行政诉讼受案范围的行政行为有12项：

(1)对行政处罚不服的；(2)对行政强制措施和行政强制执行不服的；(3)对行政许可不服的；(4)对行政机关确认自然资源所有权和使用权的决定不服的；(5)对征收、征用以及补偿决定不服的；(6)对不履行法定职责不服的；(7)认为侵犯经营自主权或者农村土地承包经营权、农村土地经营权的；(8)认为侵犯公平竞争权的；(9)认为违法要求履行义务的；(10)认为行政没有依法支付抚恤金、最低生活保障待遇或社会保险待遇的；(11)认为行政机关不依法履行、未按照约定履行或者违法履行变更解除政府特许经营协议、土地房屋征收补偿协议等协议的；(12)认为行政机关侵犯人身权和财产权等其他合法权益的。

7.3.3 否定列举的范围

(1)国防、外交等国家行为。国防、外交等国家行为具有下列特征：一是主体的特定性，即仅限于国务院、中央军事委员会、国防部、外交部以及经宪法和法律授权的国家机关。二是国家行为的政治性。国家行为不是一般意义上的行政行为，它的作出是以政治利益的需求为出发点的。三是国家行为不受一般法律规则的制约。国家行为有两种表现形式，即国家与国家之间的行为和国家内部实施的重大行为。当国家行为表现为内部的重大行为时，往往受紧急状态等特殊法律的调整。

(2)抽象行政行为。

(3)奖惩、任免等内部行政行为。

(4)行政最终裁决行为。

(5)刑事司法行为。

(6)行政调解和行政仲裁行为。

(7)不具有强制力的行政指导行为。

(8)驳回当事人对行政行为提起申诉的重复处理行为。

(9)对行政相对人权利义务不产生实际影响的行为。

7.3.4 兜底肯定的范围

《行政诉讼法》第12条第1款对属于人民受案范围的各种情形作了明确列举，并且《行政诉讼法》第12条第2款进一步规定，“除前款规定外，人民法院受理法律、法规规定可以提起诉讼的其他行政案件”。这个肯定性的兜底条款表明，对于超出《行政诉讼法》规定之外的行政案件，只要其他法律、法规规定可以起诉的，也属于人民法院受案范围。

法律与规范链接

▲ 必读法条

《行政诉讼法》第49条、第53条、第64条

△ 延伸法条

《行政处罚法》第23条

《行政强制法》第8～9条，第12条

《土地管理法》第11条

《森林法》第3条

《草原法》第11条

《行政复议法》第30条

延伸阅读

1. 江必新、邵长茂：《新行政诉讼法修改条文理解与适用》，中国法制出版社2014年版。
2. 郭爱萍：《中外行政诉讼受案范围比较研究》，载《江苏警官学院学报》2007年第5期。
3. 闫尔宝：《行政诉讼受案范围的发展与问题》，载《国家检察官学院学报》2015年第4期。
4. 孙洪涛、鲍俊红：《法经济学考证下我国行政诉权改革发展的路径选择——兼论行政诉讼受案范围的扩大》，载《河北法学》2015年第2期。
5. 王春业：《行政诉讼受案范围引入负面清单模式的思考》，载《重庆大学学报》（社会科学版）2016年第3期。
6. 孙光宁：《指导性案例：扩大行政诉讼受案范围的司法探索》，载《行政论坛》2015年第4期。

典型案例

郭某诉四平市人民政府行政纠纷上诉案[1]

上诉人郭某诉四平市人民政府行政纠纷一案,不服四平市中级人民法院(2015)四行立初字第12号行政裁定,向吉林省高价人民法院提起上诉。

郭某提起上诉称,上诉人申请公开:四平市政府需要给铁东区增加多少警力,才能避免政府被人敲诈?因为四平市人民政府超过法定期限未答复,为此上诉人提起行政诉讼。一审法院以"起诉人的申请事项不属于主动公开和申请公开的事项,属于与刑事案件有关的情况,受刑事法律调整,不属于政府信息,也不在政府信息公开范围之内"为由,裁定不予立案。上诉人提起政府信息公开案件,符合《最高人民法院关于审理政府信息公开行政案件若干问题的规定》第1条法院受案范围。不属于《行政诉讼法》第13条法院不予受案的范围,也不属于《最高人民法院关于审理政府信息公开行政案件若干问题的规定》第2条法院不予受案范围。本案必须进入审理程序后,才能决定是否属于信息公开范围。政府不予答复已经违法了,法院不能代替政府答复不属于政府信息公开范围。法院经审理后只能判决政府未予答复违法,不能以不予受理的形式限制我的诉权。请求撤销原裁定,发回重审。

吉林省高价人民法院认为,《政府信息公开条例》第2条规定:"本条例所称政府信息,是指行政机关在履行职责过程中制作或者获取的,以一定形式记录、保存的信息。"本案中,上诉人郭某申请公开的信息为"四平市政府需要给铁东区增加多少警力,才能避免政府被人敲诈",并非该条例规定的政府应主动公开或依申请公开的事项,不属于人民法院行政诉讼受案范围,一审法院裁定不予立案并无不妥。

综上,郭某的上诉理由不成立,依照《行政诉讼法》第89条第1款第1项之规定,裁定驳回上诉,维持原裁定。

---

〔1〕 资料来源:中国裁判文书网,http://wenshu. court. gov. cn/content/content? DocID = 69cb6bb1 - 5d4b - 4520 - b6a0 - 79d89ddcd1c2&KeyWord = 郭宏英,最后访问时间:2017年5月25日。

第8章　行政诉讼的管辖

教学目标

识记行政诉讼管辖的概念和原则，了解与政诉讼管辖相关概念的区分；

识记和理解行政诉讼管辖的种类；

理解行政诉讼管辖权异议。

推荐参考资料

1.《行政法与行政诉讼法学》编写组:《行政法与行政诉讼法学》,高等教育出版社 2017 年版,第十七章第二节。

2. 马怀德主编:《行政法与行政诉讼法》,中国法制出版社 2015 年第 5 版,第十六章第三节。

3. 叶必丰主编:《行政法与行政诉讼法》,高等教育出版社 2015 年第 4 版,第二十章第二节。

4. 姜明安主编:《行政法与行政诉讼法》,北京大学出版社 2015 年第 6 版,第五编第二十五章。

5. 莫于川主编:《行政法与行政诉讼法》,中国人民大学出版社 2015 年第 2 版,第十五章第三节。

6. 方世荣、石佑启主编:《行政法与行政诉讼法》,北京大学出版社 2015 年第 3 版,第二十一章。

7. 张正钊、胡锦光主编:《行政法与行政诉讼法》,中国人民大学出版社 2015 年第 6 版,第十章第二节。

8. 石佑启主编:《行政法与行政诉讼法》,中国人民大学出版社 2015 年第 3 版,第十五章。

9. 何海波:《行政诉讼法》,法律出版社 2016 年第 2 版,第五章第三节。

10. 马怀德主编:《行政诉讼法学》,北京大学出版社 2015 年第 4 版,第三章。

8.1　行政诉讼管辖概述

知识要点

8.1.1　行政诉讼管辖的概念

行政诉讼的管辖规定了不同审级人民法院、不同地域的人民法院受理第一审行政案件的分工和权限。行政诉讼管辖的功能在于明确第一审行政案件的审判权归属哪一具体法院，即解决第一审行政案件具体应当由何地、何级的人民法院受理的问题。[1]

8.1.2　行政诉讼管辖与相关概念的区分

★ 行政诉讼管辖与行政诉讼范围

行政诉讼的受案范围，其所明确的是人民法院对哪些行政案件拥有审判权，它主要解决的是人民法院与其他国家机关之间处理行政争议的分工和权限问题，即人民法院可以受理哪些行政争议，其他国家机关处理哪些行政纠纷。而行政诉讼的管辖则明确的是何级、何地人民法院行使审判权，它是在确定人民法院拥有主管权后，具体解决法院内部的权限分工。因此，只有确定了行政诉讼的受案范围，才能进一步明确行政诉讼管辖权限。

★ 行政诉讼管辖与行政诉讼主审

行政诉讼管辖面对的是何级、何地人民法院受理第一审行政案件的问题，解决的是上下级人民法院、同一级法院之间受理第一审行政案件的权限分工。而行政诉讼的主审，是指在拥有管辖权的法院内部应由哪一个审判机构具体负责行政案件的审理。

8.1.3　行政诉讼管辖的原则

★ 便于当事人诉讼原则

便于当事人诉讼原则是指，行政诉讼管辖的确定要方便原告起诉、被告应诉，

---

〔1〕参见《行政法与行政诉讼法学》编写组：《行政法与行政诉讼法学》，高等教育出版社 2017 年版，第 440 页。

方便当事人参加诉讼活动，以利于当事人进行诉讼。

★ 便于人民法院独立、公正行使审判权原则

行政诉讼作为权利救济制度，以保护当事人的合法权益为出发点和归宿，而人民法院独立、公正行使审判权是保护当事人合法权益的重要保障。尤其是在行政诉讼中，其被告是行使国家公权力的行政机关及其工作人员，且在以往的管理体制中，行政机关在很大程度上控制着人民法院的人、财、物，因此，强调人民法院独立、公正行使审判权在行政诉讼中更具有重要意义，而管辖便是其中重要内容。[1]

★ 原则性与灵活性相结合原则

行政诉讼法在规定严格法定管辖的同时，还规定机动灵活的裁定管辖，赋予人民法院一定的司法自由裁量权，将原则性与灵活性相结合。

法律与规范链接

▲ 必读法条

《行政诉讼法》第4条、第14条、第18条、第19条

△ 延伸法条

《最高人民法院关于执行〈中华人民共和国行政诉讼法〉若干问题的解释》第6条

延伸阅读

1. 黄学贤、杨红：《论行政诉讼管辖困境之形成及其突破》，载《法学评论》2013年第6期。
2. 郝昭、甘桂芬：《论司法公正与行政诉讼管辖改革的方向》，载《河南师范大学学报》（哲学社会科学版）2006年第6期。
3. 贡世康：《行政诉讼管辖论》，载《理论探索》2005年第5期。

---

〔1〕 参见《行政法与行政诉讼法学》编写组：《行政法与行政诉讼法学》，高等教育出版社2017年版，第441页。

8.2 行政诉讼管辖的种类

知识要点

8.2.1 级别管辖

级别管辖是指,各级人民法院之间受理第一审行政案件的分工和权限,其实质是依据人民法院组织系统来确定上下级人民法院对第一审行政案件的管辖权。

★★ 基层人民法院的管辖

基层人民法院管辖第一审行政案件是级别管辖的一般原则。除了有法律特别规定外,一般的行政案件均由基层人民法院管辖。[1] 即除上级人民法院管辖的第一审行政案件外,一般行政案件均由基层人民法院作为一审人民法院。

★★ 中级人民法院的管辖

1. **对国务院部门或者县级以上地方人民政府所作的行政行为提起诉讼的案件。**

2. **海关处理的案件。**

3. 本辖区内重大、复杂的案件。

4. 其他法律规定由中级人民法院管辖的案件。

★★ 高级人民法院的管辖

只有在遇到本辖区内具有重大影响的案件,以及案件复杂、难度较大的情况下,认为中级人民法院作为第一审不利于审判不利于判决或执行的,才由高级人民法院行使管辖权,即高级人民法院应当以发生在本辖区内重大、复杂案件为管辖范围,不宜过宽。

★★ 最高人民法院的管辖

只限于全国范围内重大、复杂的第一审行政案件才由最高人民法院管辖,且何为“重大、复杂”是由最高人民法院进行判断。迄今为止,最高人民法院目前还没有受理过一起第一审行政案件。

---

〔1〕 参见《行政法与行政诉讼法学》编写组:《行政法与行政诉讼法学》,高等教育出版社 2017 年版,第 442 页。

8.2.2　地域管辖

地域管辖是同级人民法院之间受理第一审行政案件的分工和权限。[1] 具体而言，**地域管辖是以级别管辖为基础而确立的人民法院受理第一审行政案件分工和权限的法律制度**。级别管辖是从**纵向**确定各级人民法院对案件的管辖权限，地域管辖则是从**横向**上确定同级人民法院之间受理第一审行政案件的权限分工。行政诉讼的地域管辖可以分一般地域管辖、特殊地域管辖和共同地域管辖。

★★ 一般地域管辖

一般地域管辖是指，按照最初作出行政行为的行政主体所在地来确定管辖法院的制度。一般地域管辖是"原告就被告"原则在行政诉讼管辖制度中的体现，是行政诉讼管辖制度中最基本、最常用的一种管辖方式。[2] 一般地域管辖可以分为三种情形：

(1)行政案件由最初作出行政行为的行政机关所在地人民法院管辖，这是一般地域管辖的原则规定。

(2)经复议的案件，也可以由复议机关所在地人民法院管辖，这是一般地域管辖的补充规定。这就意味无论复议机关是否对原行政行为进行了改变，均可以由最初作出行政行为的行政机关所在地有管辖权的人民法院管辖，也可以由复议机关所在地人民法院管辖。

(3)《行政诉讼法》第 18 条第 2 款还规定，经最高人民法院批准，高级人民法院可以根据审判工作的实际情况，确定若干人民法院跨行政区域管辖行政案件。

★★ 特殊地域管辖

特殊地域管辖是相对于一般地域管辖而言的，其是指适用于特殊案件，按照特殊标准来确定的管辖。具体而言，行政诉讼的特殊地域管辖是指以诉讼当事人或诉讼标的与法院管辖区的关系来确定行政案件的管辖区法院。根据我国《行政诉讼法》第 19 条、第 20 条的规定，存在以下两种特殊地域管辖：

1. 限制人身自由强制措施的案件

《行政诉讼法》第 19 条规定："对限制人身自由的行政强制措施不服提起的诉讼，由被告所在地或原告所在地人民法院管辖。"在此，需要注意几个要点。

---

〔1〕 参见方世荣、石佑启主编：《行政法与行政诉讼法》，北京大学出版社 2015 年第 3 版，第 341 页。

〔2〕 参见《行政法与行政诉讼法学》编写组：《行政法与行政诉讼法学》，高等教育出版社 2017 年版，第 445 页。

(1)“限制人身自由的强制措施”,以前曾有收容审查、收容遣送、劳动教养等,目前主要是强制扣留、强制戒毒、强制治疗、强制隔离、收容教育等。依照行政强制措施的一般定义,它不包括行政拘留等行政处罚行为。

(2)所谓的“原告所在地”包括原告户籍地、经常居住地和被限制人身自由地。

(3)行政机关基于同一事实既对人身又对财产实施行政处罚或者采取行政强制措施的,被限制人身自由的公民、被扣押或者没收财产的公民、法人或者其他组织对上述行为均不服的,既可以向被告所在地人民法院提起诉讼,也可以向原告所在地人民法院提起诉讼,受诉人民法院可一并管辖,将两个诉讼请求合并审理。[1]

2. 涉及不动产的案件

目前此类案件主要有:

(1)因不动产所有权、使用权归属提起的行政诉讼。

(2)因建筑物的拆除、翻修、改建、扩建等而提起的行政诉讼。

(3)因土地征收、征用及与此有关的行政处罚或行政强制措施所致的行政诉讼。

(4)因污染不动产提起的行政诉讼。[2] 这类案件由不动产所在地人民法院管辖,既有利于对案件的调查取证,又有利于判决的执行,因而为各国法律采用。不动产行政案件管辖是专属管辖,具有排他性,当事人没有选择管辖的余地,人民法院之间也不得协议管辖,其他法院无权管辖此类案件。涉及不动产的案件由不动产所在地法院进行管辖是各国的通例,主要是为便于法院就近调查、勘验、测量、取证,以及就地执行判决。

★★ 共同地域管辖

行政诉讼中的共同地域管辖,是指两个以上的人民法院对同一个行政案件都有管辖权,原告可以选择其中一个人民法院起诉。共同地域管辖是在一般地域管辖和特殊地域管辖基础上派生出来的一种特殊管辖方式,是对上述两种管辖的有效补充。[3] 在行政诉讼中出现共同地域管辖的情形有:

(1)经过复议的案件,由最初作出行政行为的行政机关所在地的人民法院或者复议机关所在地的人民法院管辖。

---

〔1〕 参见《最高人民法院关于执行〈中华人民共和国行政诉讼法〉若干问题的解释》第9条第2款。

〔2〕 参见江必新主编:《中华人民共和国行政诉讼法理解适用与实务指南》,中国法制出版社2015年版,第109页。

〔3〕 参见方世荣、石佑启主编:《行政法与行政诉讼法》,北京大学出版社2015年第3版,第342页。

(2)对限制人身自由的行政强制措施不服而提起的行政诉讼案件,由原告所在地或者被告所在地的人民法院管辖。

(3)因不动产而提起的行政案件,如该不动产涉及两个以上的人民法院的管辖区的,由该两个以上的人民法院管辖。

(4)分属不同区域的两个以上行政机关共同对原告作出行政处理决定,造成两个以上行政机关所在地的人民法院都有管辖权。

同时,在理解共同地域管辖时要把握几点:

(1)两个以上人民法院都有管辖权的诉讼,**先立案的人民法院不得将案件移送给另一个有管辖权的人民法院**。

(2)人民法院在立案前发现其他有管辖权的人民法院已先立案的,**不得重复立案**;立案后发现其他有管辖权的人民法院已先立案的,裁定将案件移送给先立案的人民法院。

(3)**当事人没有选择的法院,不能取得案件的管辖权**。尽管依照法律规定某一法院对案件具有管辖权,但由于当事人没有选择,法院不能依职权主动要求管辖。

8.2.3　裁定管辖

行政诉讼的裁定管辖是指,根据人民法院作出的裁定或决定而不是法律的直接规定来确定行政案件的管辖。裁定管辖主要包括三种形式,即移送管辖、指定管辖和管辖权的转移。

★★ 移送管辖

移送管辖是指,人民法院已经受理了行政案件,发现所受理的案件确实不属于自己管辖而应由其他人民法院管辖,从而依法将该行政案件移送给有管辖权的人民法院审理的一种管辖形式。[1] 移送管辖的程序主要是:由受理案件的人民法院合议庭提出意见,经过院长批准后,以该人民法院的名义致函移送给有管辖权的人民法院。

★★ 指定管辖

行政诉讼的指定管辖是指,由于某些特殊原因致使有管辖权的人民法院不能行使管辖权,或者人民法院之间因管辖权发生争议,而由上级人民法院以指定的方式将案件交由某一人民法院管辖的制度。指定管辖的实质是《行政诉讼法》赋予上

---

〔1〕 参见方世荣、石佑启主编:《行政法与行政诉讼法》,北京大学出版社2015年第3版,第343页。

级人民法院在特定情况下,对行政案件的管辖法院予以变更或确认的权力,通过这种指定,或使原本没有管辖权的法院因指定而获得管辖权,或使争议的管辖权得以清晰。[1] 指定管辖适用于以下两种情况。

1. 有管辖权的人民法院因特殊原因不能行使管辖权。特殊原因主要有两个方面:(1)事实原因,这是指有管辖权的人民法院遇到不可抗力的原因,客观上使有管辖权的人民法院无法对行政案件行使管辖权,如发生使有管辖权的人民法院无法对行政案件行使管辖权等自然灾害或事故。(2)法律原因,这是指法律明确规定,有管辖权的法院的行政审判人员因当事人申请回避或自行回避而导致无法组成合议庭进行审理,不能行使管辖权。当出现由于特殊原因不能行使管辖权的,则由上级人民法院指定管辖。[2]

2. 人民法院对管辖权有争议,协商不成。管辖权发生争议,主要指管辖区域不明的案件、有共同管辖的案件、多种地域管辖并存的案件,或者对管辖的规定产生了不同理解,导致两个以上人民法院都有管辖权,或者都可以不管辖。大致而言,管辖权的争议主要有两种情况:其一,两个以上的人民法院对同一案件都主张有管辖权;其二,两个以上的人民法院对同一案件都主张无管辖权。在这种情况下,应当由争议双方法院协商解决,协商不成的,再报请其共同的上级人民法院指定管辖。所谓"共同的上级人民法院",是指对发生管辖权争议的各个人民法院都有指导、监督关系的上级人民法院,而不是各自的上级人民法院。如双方为同属一个地、市辖区的基层人民法院,由该地、市的中级人民法院及时指定管辖;同属一个省、自治区、直辖市的两个人民法院,由该省、自治区、直辖市的高级人民法院及时指定管辖;如双方为跨省、自治区、直辖市的人民法院,高级人民法院协商不成的,由最高人民法院及时指定管辖。报请上级人民法院指定管辖时,应当逐级进行。上级人民法院指定管辖,应书面通知报送的人民法院和被指定的人民法院,报送的人民法院接到通知后,应及时告知当事人。

★★ 管辖权的转移

管辖权转移,又称移转管辖,它是指经上级人民法院决定或同意,把下级人民

---

[1] 参见《行政法与行政诉讼法学》编写组:《行政法与行政诉讼法学》,高等教育出版社 2017 年版,第 447 页。

[2] 参见方世荣、石佑启主编:《行政法与行政诉讼法》,北京大学出版社 2015 年第 3 版,第 344 页。

法院有管辖权的案件交由上级人民法院管辖的制度。[1]

同时,还需要注意区分管辖权的转移与移送管辖。管辖权的转移,转移的是管辖权,是将行政案件由有管辖权的法院转移给无管辖权的法院,通常发生于上下级人民法院之间;而移送管辖转移的是案件,是将行政案件由无管辖权的人民法院移送给有管辖权的人民法院,而且一般在同级人民法院之间进行。

法律与规范链接

▲ 必读法条

《行政诉讼法》第14~24条

《最高人民法院关于适用〈中华人民共和国行政诉讼法〉若干问题的解释》第8条

《最高人民法院关于行政案件管辖若干问题的规定》第2~5条,第14条

《最高人民法院关于北京、上海、广州知识产权法院案件管辖的规定》第1条、第8条

《最高人民法院关于执行〈中华人民共和国行政诉讼法〉若干问题的解释》第9条、第10条

△ 延伸法条

《宪法》第124条

《人民法院组织法》第2条

延伸阅读

1. 李红枫:《行政诉讼管辖制度现状及对策分析》,载《行政法学研究》2003年第1期。
2. 包祥水:《行政案件管辖问题研究——以浙江省行政案件异地管辖为典型展开》,载《法治研究》2007年第2期。
3. 叶赞平、刘家库:《行政诉讼集中管辖制度的实证研究》,载《浙江大学学报》(人文社会科学版)2011年第2期。

---

〔1〕 参见《行政法与行政诉讼法学》编写组:《行政法与行政诉讼法学》,高等教育出版社2017年版,第448页。

8.3 管辖权异议

知识要点

管辖异议是指,行政诉讼当事人对已经受理案件的人民法院提出管辖异议的行为。对于行政诉讼当事人提出的管辖异议,人民法院应该进行审议,不能置之不理。

根据2000年《最高人民法院关于执行〈中华人民共和国行政诉讼法〉若干问题的解释》第10条第1款的规定,管辖异议的提出应符合以下要件:(1)管辖异议的主体必须是行政诉讼的当事人,包括原告、被告和第三人;(2)管辖异议必须符合法定形式,即必须是书面形式,而不能以口头形式;(3)管辖异议必须在法定期限内提出,即接到人民法院应诉通知之日起10日内提出,对管辖权提出异议是当事人的一项诉讼权利,人民法院应当在接到异议申请后作出相应处理。

同时,依据《最高人民法院关于执行〈中华人民共和国行政诉讼法〉若干问题的解释》第10条第2款规定,对当事人提出的管辖异议,人民法院经审查认为异议成立的,应当裁定将案件移送给有管辖权的法院;异议不成立的,裁定驳回。当事人对裁定不服的,可以在10日内向上级人民法院上诉,上诉法院应当在法定期限内作出最终裁定。逾期不提出上诉和二审人民法院裁定驳回上诉、维持原裁的,原审人民法院应当继续本案的审理。当事人就原审人民法院有无管辖权问题提出再审的,不影响原审人民法院对案件的继续审理。需要强调说明的是,对于指定管辖裁定有异议的,不适用管辖异议的规定。

法律与规范链接

▲ 必读法条

《最高人民法院关于执行〈中华人民共和国行政诉讼法〉若干问题的解释》第10条

延伸阅读

1. 沈福俊:《行政诉讼视角下法院与行政机关关系的法律规制——以行政诉讼管辖制度的变

革为分析起点》,载《法学》2010 年第 4 期。
2. 沈福俊:《基层法院行政诉讼管辖制度改革论析——〈行政诉讼法修正案(草案)〉相关内容分析》,载《东方法学》2014 年第 2 期。
3. 张显伟:《行政诉讼级别管辖制度之完善——基于行政诉讼目的的角度》,载《河北法学》2009 年第 6 期。

典型案例

某公司与水利部等信息公开管辖异议裁定书案[1]

原告某公司,住所地江苏省徐州市邳州市运河镇亚都花园。

被告水利部淮河水利委员会,住所地安徽省蚌埠市东海大道 3055 号。

被告中华人民共和国水利部,住所地北京市西城区白广路二条 2 号。

原告某公司不服水利部淮河水利委员会作出的《不予水行政许可决定书》、《关于邳州市滩上京杭运河特大桥两侧设立广告牌工程水行政许可申请补正通知书》及水利部作出的水复议决字《行政复议决定书》一案向北京市第一中级人民法院提起行政诉讼,北京市第一中级人民法院于 2016 年 8 月 16 日已立案。

经审查,北京市第一中级人民法院认为:根据《行政诉讼法》第 14 条“基层人民法院管辖第一审行政案件”,以及《最高人民法院关于适用〈中华人民共和国行政诉讼法〉若干问题的解释》第 8 条“作出原行政行为的行政机关和复议机关为共同被告的,以作出原行政行为的行政机关确定案件的级别管辖”之规定,本案应以作出《不予水行政许可决定书》及《关于邳州市滩上京杭运河特大桥两侧设立广告牌工程水行政许可申请补正通知书》的水利部淮河水利委员会确定级别管辖。又根据《行政诉讼法》第 18 条第 1 款,“行政案件由最初作出行政行为的行政机关所在地人民法院管辖。经复议的案件,也可以由复议机关所在地人民法院管辖”之规定,鉴于原告表示选择安徽法院审理本案,故应由水利部淮河水利委员会所在地基层法院管辖,不属于本院管辖。综上,依照《行政诉讼法》第 21 条、第 22 条之规定,裁定:本案移送安徽省蚌埠市蚌山区人民法院审理。

---

[1] 北京市第一中级人民法院行政裁定书(2016)京 01 行初 878 号。

第 9 章　行政诉讼参加人

教学目标

了解与识记行政诉讼参加人的概念、特征与种类；
了解与识记行政诉讼原告的概念、范围和认定标准；
了解与识记行政诉讼被告的概念、特征和确认情形；
识记与理解行政诉讼第三人的概念、类型与具体类别。

推荐参考资料

1.《行政法与行政诉讼法学》编写组:《行政法与行政诉讼法学》,高等教育出版社 2017 年版,第十八章。
2. 姜明安主编:《行政法与行政诉讼法》,北京大学出版社 2015 年第 6 版,第五编。
3. 方世荣主编:《行政法与行政诉讼法》,中国政法大学出版社 2010 年第 4 版,第二十章。
4. 方世荣、石佑启主编:《行政法与行政诉讼法》,北京大学出版社 2015 年第 3 版,第二十二章。
5. 张正钊、胡锦光主编:《行政法与行政诉讼法》,中国人民大学出版社 2015 年第 6 版,第十一章。
6. 马怀德主编:《行政法与行政诉讼法》,中国法制出版社 2015 年第 5 版,第十六章第四节。
7. 马怀德:《行政诉讼原理》,法律出版社 2009 年版,第一、五、七章。
8. 莫于川主编:《行政法与行政诉讼法》,中国人民大学出版社 2015 年第 2 版,第十五章第四节。
9. 林鸿潮:《行政法与行政诉讼法》,北京大学出版社 2015 年版,第十四章。

9.1　行政诉讼参加人概述

知识要点

9.1.1　行政诉讼参加人的概念

行政诉讼参加人是指,**全部或部分参加行政诉讼过程,享有诉讼权利并承担诉讼义务的人,包括原告、被告、第三人、共同诉讼人和诉讼代理人。**

行政诉讼参加人不同于行政诉讼参与人,后者比前者的范围要宽。行政诉讼参与人不仅包括行政诉讼参加人,而且也包括证人、鉴定人、勘验人、翻译人员等,他们在诉讼中依法享有特殊的诉讼地位,协助人民法院查明案件事实。由于《行政诉讼法》并未明确规定证人、鉴定人、勘验人、翻译人员等内容,因此实践中适用《民事诉讼法》的相关规定。

9.1.2　行政诉讼当事人

行政诉讼当事人是诉讼参加人的下位概念,与诉讼代理人共同构成诉讼参加人的概念。诉讼当事人,是指因发生行政争议,以自己的名义进行诉讼,并受人民法院裁判拘束的主体。诉讼当事人包括原告、被告、第三人、共同诉讼人。由于行政诉讼实行二审终审制,因而诉讼当事人在不同的诉讼阶段中的称谓也有所不同。在一审中,诉讼当事人各方被称为原告、被告和第三人。在上诉审中,上诉一方被称为“上诉人”,被上诉一方被称为“被上诉人”,其他未提出上诉也未被上诉的人,依原审地位列明身份,如原审原告、原审被告等。行政诉讼送当事人是行政诉讼参加人制度中的核心主体,也是支撑整个行政诉讼活动正常进行的核心主体。

行政诉讼当事人具有以下特征:[1]

(1)行政诉讼的当事人是从行政程序的当事人演变而来的,行政诉讼当事人之间往往存在行政法律关系。在行政纠纷中,纠纷当事人因某种行政法律关系而产生争议,在进入诉讼程序时,纠纷当事人便转化为诉讼当事人。

(2)当事人以自己的名义进行诉讼。当事人参加诉讼是为了维护自己的利益,为此,在诉讼中均以自己的名义进行诉讼。这也是将诉讼当事人与诉讼代理人区

---

〔1〕《行政法与行政诉讼法学》编写组:《行政法与行政诉讼法学》,高等教育出版社2017年版,第451页。

分开来的重要特点，诉讼代理人参加到诉讼中是为了维护被代理人的利益，而且是以被代理人的名义进行诉讼。因此，凡是不以自己名义参加诉讼的，均不是当事人。

(3)当事人受人民法院裁判拘束。当事人为了维护自身利益而进行诉讼，与案件存在利害关系，正是基于这种利害关系，法院对案件的裁判直接影响当事人的利益，同时对当事人产生拘束力。而其他诉讼参与人，由于与案件本身不具有利害关系，因此他们的利益也不受本案法院的裁判。

(4)行政诉讼当事人具有一定的稳定性。行政诉讼的原告是公民、法人或其他组织，而被告是行政机关或者法律、法规、规章授权的组织。这是行政诉讼"民告官"的特征所决定的，两者不可颠倒。

9.1.3　行政诉讼代表人

《最高人民法院关于执行〈中华人民共和国行政诉讼法〉若干问题的解释》第14条第3款规定："同案原告为5人以上，应当推选1至5名诉讼代表人参加诉讼；在指定期限内未选定的，人民法院可以依职权指定。"修改后的《行政诉讼法》第28条明确规定了诉讼代表人制度。虽然《行政诉讼法》第28条并未明确提出类似上述解释中原告为5人以上的要求，但是一般而言，当事人一方人数众多的情况也应是5人以上。同时，虽然实践中被告一方人数众多的情况并不多见，但是该条文在文意上并未排除当被告一方人数众多时推选诉讼代表人的可能。

诉讼代表人与诉讼代理人不同。诉讼代理人本身与案件没有利害关系，他们是为了被代理人的利益而参与诉讼的，诉讼代理人自身也不得再委托代理人。诉讼代表人则不同，他们是行政诉讼案件的当事人，仅因受众多当事人之托，代表其他当事人参与诉讼。诉讼代表人在诉讼过程中，可以代表被代表的当事人为一般的诉讼行为，其诉讼行为的效力也及于其所代表的当事人。但是如果进行实体处分，如放弃、变更诉讼请求或者承认对方当事人的诉讼请求，则应当征得被代表当事人的同意，否则该处分行为只能及于代表人自身，而不能对被代表人生效。

9.1.4　共同诉讼人

共同诉讼，是指当事人一方或双方为2人以上的诉讼。其中，原告为2人以上的，称为共同原告；被告为2人以上的，称为共同被告。共同原告与共同被告，总称为共同诉讼人。通常在两类行政案件中形成共同诉讼，[1]一是因同一行政行为发

---

〔1〕《行政法与行政诉讼法学》编写组：《行政法与行政诉讼法学》，高等教育出版社2017年版，第453页。

生的行政案件，二是因同类行政行为发生的行政案件，人民法院认为可以合并审理并经当事人同意的。前者称为必要共同诉讼，后者称为普通共同诉讼。同时，构成共同诉讼还应当符合案件属于同一人民法院管辖这一条件，如果案件由不同法院审理，不会存在共同诉讼的问题。共同诉讼有利于简化诉讼程序，节约诉讼费用和实践，并有利于保护案件当事人的诉讼权利。同时，也可避免人民法院对同一案件或同类案件作出相反的判决。

必要的共同诉讼，是指当事人一方或双方为2人以上，参加诉讼的同一方当事人之间的诉讼标的是共同的，人民法院必须合并审理的诉讼。必要的共同诉讼诉讼标的必需是同一法律关系，各诉之间具有不可分割的联系。人民法院不能分案审理，必须合并审理，对于没有起诉的其他利害关系人人民法院应当告知其作为第三人参加诉讼。必要的共同诉讼人都是独立的法律主体，有独立的诉讼法律地位，一个人的行为对其他共同诉讼人没有法律上拘束力。他们各自以自己的名义参加诉讼，对自己的行为负责，提出自己的诉讼请求。

普通的共同诉讼，又称非必要的共同诉讼，是指当事人一方或者双方为2人以上，参加诉讼的同一方当事人之间的诉讼标的为同一种类的，人民法院认为可以合并审理的诉讼。普通共同诉讼，可以由共同诉讼的当事人向人民法院提出申请，要求并案审理，然后由法院审查，认为可以合并的才能实行合并；也可以由法院主动审查，认为可以合并审理的，进过当事人同意，方能合并审理。

法律与规范链接

▲ 必读法条

《行政诉讼法》第四章

《最高人民法院关于执行〈中华人民共和国行政诉讼法〉若干问题的解释》第11条、第25条

《最高人民法院关于适用〈中华人民共和国行政诉讼法〉若干问题的解释》第4条

△ 延伸法条

《民事诉讼法》第48条、第49条、第52条、第53条、第57～59条

《最高人民法院关于适用〈中华人民共和国民事诉讼法〉的解释》第76条、第77条

典型案例

安吉县环保局申请强制执行案[1]

申请执行人安吉县环境保护局于2016年6月12日作出安环罚字〔2016〕49号行政处罚决定书。该处罚决定书认定:2016年4月29日,申请执行人环境监察执法人员对被申请执行人华某经营的生猪养殖场进行现场检查,发现养殖场于2008年12月15日取得环境影响报告表的审查意见(安环建〔2008〕391号),养殖场北侧水沟有养殖废水通过地面渗流进入化粪池沉淀。执法人员对水沟废水现场采样1份,经安吉县环境保护监测站检测(安环监〔2016〕检字第167号),该水样CODcr浓度为4790mg/L,氨氮浓度为1220mg/L,均已超过了《农田灌溉水质标准》(GB5084-2005)"旱作"相关排放标准。申请执行人认为被申请执行人的上述行为违反了《水污染防治法》第22条第2款"禁止私设暗管或者采取其他规避监管的方式排放水污染物"的规定,已构成违法。

申请执行人根据《水污染防治法》第75条第2款"违反法律、行政法规和国务院环境保护主管部门的规定设置排污口或者私设暗管的,由县级以上地方人民政府环境保护主管部门责令限期拆除,处二万元以上十万元以下的罚款;逾期不拆除的,强制拆除,所需费用由违法者承担,处十万元以上五十万元以下的罚款;私设暗管或者有其他严重情节的,县级以上地方人民政府环境保护主管部门可以提请县级以上地方人民政府责令停产整顿"的规定,对被申请执行人责令如下:责令限期拆除。根据被申请执行人违法行为的危害程度,作出如下行政处罚:罚款人民币28000元。决定书送达后,被申请执行人在规定期限内未申请复议或者提起行政诉讼,已履行责令限期拆除的义务,未履行缴纳罚款28000元的义务。申请执行人于2016年12月25日向被申请执行人邮寄送达了安环罚催〔2016〕99号《行政处罚催告通知书》后,被申请执行人仍未履行缴纳罚款的义务,申请执行人遂向法院申请强制执行。

法院认为,申请执行人于2016年6月12日作出的安环罚字〔2016〕49号行政处罚决定书的被处罚当事人华中校,与李某签订了养殖场租赁合同,租赁养殖场。个体工商户营业执照登记的字号为安吉××畜牧养殖场,经营者姓名为李某。根据《最高人民法院关于适用〈中华人民共和国民事诉讼法〉的解释》第59条"在诉讼

---

〔1〕 浙江省安吉县人民法院行政裁定书(2017)浙0523行审6号。

中，个体工商户以营业执照上登记的经营者为当事人。有字号的，以营业执照上登记的字号为当事人，但应同时注明该字号经营者的基本信息。营业执照上登记的经营者与实际经营者不一致的，以登记的经营者和实际经营者为共同诉讼人"的规定，本案被处罚当事人的主体错误，不符合申请强制执行的相关规定。依照《行政强制法》第58条的规定，裁定如下：

不准予强制执行申请执行人安吉县环境保护局于2016年6月12日作出的安环罚字〔2016〕49号行政处罚决定书的内容。

申请执行人如对本裁定有异议，可以在收到裁定书之日起15日内向湖州市中级人民法院申请复议。

延伸阅读

1. 李广宇：《新行政诉讼法逐条注释》（上），法律出版社2015年版。
2. 应松年：《行政诉讼法和行政复议的修改和完善》，中国政法大学出版社2014年版。
3. 马怀德：《新编中华人民共和国行政诉讼法释义》，中国法制出版社2015年版。
4. 殷清利：《新〈行政诉讼法〉实务解析与裁判指引》，法律出版社2015年版。
5. 马怀德：《行政诉讼法学》（第四版），北京大学出版社2015年版。
6. 杨济浪：《行政诉讼案例与实务》，清华大学出版社2015年版。
7. ［日］小早川光郎：《行政诉讼的构造分析》，王天华译，中国政法大学出版社2014年版。
8. 王丹红：《日本行政诉讼类型法定化制度研究》，法律出版社2012年版。
9. 梁凤云：《行政诉讼法逐条注释》，中国法制出版社2015年版。

9.2　行政诉讼原告

知识要点

9.2.1　行政诉讼原告的概念与范围

行政诉讼的原告是指，**认为自己的合法权益受到行政主体的行政行为侵犯或者实质影响而向人民法院提起诉讼的人，包括公民、法人或者其他组织**。原告具有以下特征：

（1）原告应当是以自己的名义向人民法院提起行政诉讼，否则就不能成为行政诉讼的当事人,更不能是原告。

(2)诉讼标的与行政机关行使职权有关,即被诉行为应当是行政行为。

(3)原告范围包括公民、法人和其他组织。

★ 原告是公民、法人或者其他组织

公民、法人和其他组织依法享有诉讼权利,有资格作为行政诉讼的原告,而行政机关以行政主体身份成为管理一方时,不享有原告资格。

1. 公民。公民是指具有一国国籍并享有该国法律所规定的权利、履行该国法律所规定的义务的自然人。此处公民应作广义理解,包括我国公民、外国公民、无国籍人和国籍不明的人。

2. 法人。法人是指具有民事权利能力和民事行为能力,依法独立享有民事权利和承担民事义务的组织。法人的民事权利能力和民事行为能力,从法人成立时产生,到法人终止时消灭。同时,法人必须具备的条件是:依法成立;有必要的财产或者经费;有自己的名称、组织机构和场所;能够独立承担民事责任。缺少其中任何一个条件,有关组织都不构成法人。法人一般分为四类:企业法人、机关法人、事业单位法人和社会团体法人。

3. 其他组织。《最高人民法院关于适用〈中华人民共和国民事诉讼法〉的解释》第52条规定:民事诉讼法第四十八条规定的其他组织是指合法成立、有一定的组织机构和财产,但又不具备法人资格的组织,包括:(1)依法登记领取营业执照的个人独资企业;(2)依法登记领取营业执照的合伙企业;(3)依法登记领取我国营业执照的中外合作经营企业、外资企业;(4)依法成立的社会团体的分支机构、代表机构;(5)依法设立并领取营业执照的法人的分支机构;(6)依法设立并领取营业执照的商业银行、政策性银行和非银行金融机构的分支机构;(7)经依法登记领取营业执照的乡镇企业、街道企业;(8)其他符合本条规定条件的组织。

9.2.2　行政诉讼原告的确认

为了更好地明确原告资格、完善《行政诉讼法》的原告资格制度,《最高人民法院关于执行〈中华人民共和国行政诉讼法〉若干问题的解释》在第13～18条对几种特殊的行政诉讼原告类型作了具体规定。主要包括:受害人、相邻权人和公平竞争人、合伙组织、投资人、农村土地使用权人、非国有企业、股份制企业内部机构等等。

9.2.3 行政诉讼原告资格的转移

《行政诉讼法》仅对两种发生资格转移的情形予以规定：一是有权提起行政诉讼的公民死亡，其近亲属可以提起诉讼；二是有权提起行政诉讼的法人或者其他组织终止，承受其权利的法人或者其他组织可以提起诉讼。

★ 原告资格转移的条件

原告资格转移的条件包括：

(1)有原告资格的主体在法律上不复存在，即公民死亡以及法人或者其他组织的终止。

(2)有原告资格的人死亡或终止时，仍然处在法定诉讼期限之内。

(3)原告资格转移发生于与原告有特定关系的主体之间，例如对公民来说，这种关系存在于近亲属之间。一旦发生原告资格的转移，由于原告自身已经不再具有权利能力，因此由原告资格转移而获得原告资格的人并非作为代理人提起诉讼，而是以本人的名义提起诉讼。[1]

承受原告资格的公民、法人或者其他组织应当向人民法院提供其属于法定近亲属范围的争鸣或者作为被终止组织的权利承受者的证明文件。

法律与规范链接

▲ 必读法条

《行政诉讼法》第25条

《最高人民法院关于执行〈中华人民共和国行政诉讼法〉若干问题的解释》第13～18条

△ 延伸法条

《最高人民法院关于适用〈中华人民共和国民事诉讼法〉的解释》第52条

---

〔1〕《行政法与行政诉讼法学》编写组：《行政法与行政诉讼法学》，高等教育出版社2017年版，第459页。

典型案例

夏某诉苏州太湖国家旅游度假区住房和城乡建设局不履行法定职责行政裁定书案[1]

原告夏某以其与案外人吴某名义，就第三人百×公司在苏州市吴中区光福镇人民政府光福镇拆迁安置小区一期B区工程项目建设中的非法转包、截留工程款、故意拖欠工程款及案外人袁某挪用工程款等问题先后向被告苏州市住房和城乡建设局、苏州市吴中区光福镇人民政府举报。苏州市住房和城乡建设局作出行政处罚决定，认为第三人百×公司将工程转包给无资质个人袁某，擅自施工，针对转包行为，对第三人百×公司处以罚款80 000元。2016年1月25日，原告夏某又以其与案外人吴某名义向被告提交申请，要求被告查办第三人百×公司截留工程款及案外人袁某挪用工程款等问题，被告于次日作出回复称："一、针对你们反映百×公司的行为，已由上级主管部门给予行政处罚，一事不再罚；二、鉴于你们与袁某之间的经济纠纷不属于民工工资范畴，建议你们走司法途径。"原告夏某不服，诉讼至法院。

庭审中，原告称其与朋友参与了涉案工程投资，但是权利没有得到确认，故行使公民举报权。

以上事实，由原告提供的举报信；被告的回复、苏州市住房和城乡建设局行政处罚决定书及庭审笔录等证据予以证实。

法院认为，《行政诉讼法》第49条规定，提起诉讼应当符合下列条件：(一)原告是符合本法第二十五条规定的公民、法人或者其他组织；(二)有明确的被告；(三)有具体的诉讼请求和事实根据；(四)属于人民法院受案范围和受诉人民法院管辖。《最高人民法院关于行政诉讼证据若干问题的规定》第4条第1款规定，公民、法人或者其他组织向人民法院起诉时，应当提供其符合起诉条件的相应证据材料。本案中，原告向本院提起行政诉讼，但在诉讼中，原告提供的证据不能证明其与所要求被告作出的行政行为具有利害关系，换句话讲被告是否作出查办行政行为对原告权利义务不产生实际影响。

综上，原告的起诉不符合起诉条件，因本案已立案，依照《最高人民法院关于适

---

[1] 苏州市吴中区人民法院行政裁定书(2016)苏0506行初11号。

用〈中华人民共和国行政诉讼法〉若干问题的解释》第3条第1款第1项的规定，裁定如下：驳回原告夏某的起诉。

延伸阅读

1. 章剑生：《论行政诉讼中原告资格的认定及其相关问题》，载《人民法院报》2012年6月20日第3版。
2. 黄金荣：《行政诉讼中原告资格及其认定问题研究》，载樊崇义主编：《诉讼法学研究》，中国检察出版社2012年版。
3. 张广振：《论行政诉讼原告资格发展之历程与理念转换》，载《政治与法律》2015年第8期。
4. 钱蓓蓓：《日本行政法中的公众参与制度研究》，载《行政法学研究》2015年第2期。
5. 江利红：《日本行政诉讼原告资格新论》，载《行政法学研究》2007年第4期。
6. 刘肖委：《论行政诉讼原告与被告资格制度的完善——兼谈我国〈行政诉讼法〉的修改》，载《成都理工大学学报》2014年第11期。
7. 章志远：《认定行政诉讼原告资格的标准探讨》，载《云南财经大学学报》（社会科学版）2010年第1期。
8. 李晨清：《行政诉讼原告资格的利害关系要件分析》，载《行政法学研究》2004年第1期。
9. 汤军：《论行政诉讼原告资格认定的“权益保护”路径》，载《政治与法律》2013年第9期。

9.3　行政诉讼被告

知识要点

9.3.1　行政诉讼被告的概念与特征

行政诉讼被告是指，原告指控其行政行为违法，侵犯原告合法权益，并经人民法院通知应诉的**具有国家行政职权的机关和组织**。我国行政诉讼实行“机关被告”模式，由实施行政行为的行政机关和法律、法规、规章授权的组织在行政诉讼中担当被告。

★ 行政诉讼被告的特征：

（1）行政诉讼的被告是具有国家行政职权的机关或者组织。行政机关，是指依法独立享有行政职权的国家机关。行政机关能够以自己的名义独立行政行政职权,有独立的机构、经费。法律、法规、规章授权的组织虽然不是行政机关,但因依法取得了行政职权,而具备行政诉讼被告的资格。

(2)行政诉讼被告应当是作出被诉行政行为,对被诉行政行为承担法律责任的组织。实施行政行为的组织,是指能够独立承担行政行为的法律责任的组织,即享有行政主体资格。此处所提到的"作出被诉行政行为",不仅包括作为,也包括应当作为而没有作为的行政不作为。

(3)被告由人民法院通知应诉。被原告指控且被法院通知应诉,是被告的程序特点。原告的指控与法院通知应诉这两个方面缺一不可。没有原告的指控,法院不能确定被告;没有法院的立案审查,也不能认定被告。

9.3.2 行政诉讼被告的确认

★ 委托行政的被告确认

法律、法规、规章授权的组织以自己的名义作为行政行为的,行政诉讼的被告是该组织;非经法律、法规、规章直接授权行使行政职权的其他组织,包括内部机构、派出机构、临时机构、实业单位和其他组织等,而是由行政机关以规范性文件的方式予以"授权"的,均不属于行政诉讼法意义上的"授权",职能属于委托,这些组织行使相应职权而产生行政争议的,行政诉讼的被告就是作出委托的行政机关。[1]

★ 经过行政复议案件的被告确认

复议机关决定维持原行政行为的,作出原行政行为的行政机关和复议机关是共同被告;复议机关改变原行政行为的,复议机关是被告;复议机关在法定期限内未作出复议决定,公民、法人或者其他组织起诉原行政行为的,作出原行政行为的行政机关是被告;起诉复议机关不作为的,复议机关是被告。

★ 经上级机关批准而作出的行政行为的被告确认

无论批准机关和被批准机关在行政行为作出过程中所起的作用和关系如何,均以生效法律文书上署名的机关为被告。这种被告确定方式比较明确、便于操作。然而,需要注意的是,这一规定与《行政复议法实施条例》的规定略有区别。[2]

★ 内部机构或排除机构的被告确认

行政机关组建并赋予行政管理职能但不具有独立承担法律责任能力的机构,

---

〔1〕《行政法与行政诉讼法》编写组:《行政法与行政诉讼法学》,高等教育出版社 2017 年版,第 462 页。
〔2〕参见《行政复议法实施条例》第 13 条。

以自己的名义作出具体行政行为,当事人不服提起诉讼的,应当以组建该机构的行政机关为被告。行政机关的内设机构或者派出机构在没有法律、法规或者规章授权的情况下,以自己的名义作出具体行政行为,当事人不服提起诉讼的,应当以该行政机关为被告。法律、法规或者规章授权行使行政职权的行政机关内设机构、派出机构或者其他组织,超出法定授权范围实施行政行为,当事人不服提起诉讼的,应当以实施该行为的机构或者组织为被告。[1] 因此,在确定被告之时,关键在于该组织的职责履行行为是否有法律、法规或规章的授权,若有,则可为被告。

9.3.3 行政诉讼被告资格的转移

行政机关被撤销或者职能变更属于行政机关的内部组织变化,不能因此影响当事人的权利救济。在行政机关被撤销或职能变更后,会发生被告资格的承继或转移。在行政机关被撤销或者职能变更时,由继续行使其职能的行政机关担任被告。[2]

法律与规范链接

▲ **必读法条**

《行政诉讼法》第26条

《最高人民法院关于适用〈中华人民共和国行政诉讼法〉若干问题的解释》第5~7条,第12条,第19~22条

典型案例

新型农村合作医疗支付纠纷诉讼的适格被告[3]

【案情】

自2008年1月1日起,原告石某参加江苏省泗洪县新型农村合作医疗,并按时缴纳费用。2011年5月29日,石某受案外人胡某雇佣从事安装电线杆打孔工作,

---

[1] 参见2000年《最高人民法院关于执行〈中华人民共和国行政诉讼法〉若干问题的解释》第20条第1、2款。

[2] 参见《行政诉讼法》第26条第6款。

[3] (2013)洪行初字第24号;(2013)宿中行终字第33号。

当其在作业过程中，驾驶手扶拖拉机行驶至汴河村附近时，车辆的前轮胎突然爆裂，手扶机撞到路边树上，原告石某被摔伤。其住院治疗，支付医疗费71 047元，其中60 800元由胡某支付。2012年2月27日，经泗洪县人民调解委员会调解，胡某除去已付医疗费60 800元外，又赔偿原告石某医疗费等损失70 000元。

2012年3月4日，石某向泗洪县石集乡合管办申请报销其摔伤支付的医疗费54 635元。次日，石集乡合管办对原告石某外伤拟补偿进行公示。公示期间，因有人举报石某医疗费已由他人赔偿，石集乡合管办即进行了核查。4月16日，石集乡合管办作出关于对石某外伤的调查，认为石某是为胡某打工，同时存在赔偿事实，该医药费不在合作医疗报销范围内，遂未对原告的申请给予补偿。

原告石某诉称：原告驾驶手扶机因前轮爆胎而撞到路边树上，致全身多处骨折，支付医疗费70 000余元。根据《江苏省新型农村合作医疗条例》（以下简称《条例》）第29条规定，其因门诊和住院发生的医疗费用，由新型农村合作医疗基金按照补偿方案给予补偿。但在其向石集乡合管办申请支付应获得补偿54 635元时，被拒绝。两被告[泗洪县卫生局、泗洪县农村新型合作医疗管理委员会办公室（合）管办]不予补偿的行为严重侵犯了原告的合法权益，请求判决确认两被告不予补偿医疗费行为违法，并依法补偿其医疗费。

被告合管办为事业单位法人，负责新型农村合作医疗的日常运行服务、业务管理和基金会计核算等具体业务工作。《关于建立新型农村合作医疗制度的意见》为卫生部、财政部、农业部联合制定，由国务院办公厅于2003年1月16日以国办发〔2003〕3号文转发。《江苏省新型农村合作医疗基金管理办法》由省财政厅、卫生厅联合制定，于2003年9月1日起实行。《江苏省新型农村合作医疗条例》由江苏省人大常委会制定，于2011年6月1日起施行。

被告泗洪县卫生局辩称：泗洪县卫生局不负责新型农村合作医疗的日常运行服务等具体业务工作，所以不具有医疗费补偿行政职责，不是本案的适格主体。请求驳回原告的诉讼请求。

被告合管办辩称：(1)凡参合人员因外伤要求农村合作医疗补偿的，都要先在当地公示，公示期间无异议的按照规定办理补偿。在公示期间，接到举报原告的外伤已经得到赔偿，不符合新农合医疗补偿条件。因此被告并未拒绝补偿原告医疗费，而是其申请不符合补偿规定。(2)原告是受雇于他人，在提供劳务过程中受到伤害，已经获得雇主胡玉军的赔偿。无论是依据事故发生时的《江苏省新型农村合作医疗基金管理办法》，还是依据事故发生后实施的《条例》，都不在补偿范围内，不应再享有新农合医疗的补偿。

审判结果

江苏省泗洪县人民法院一审认为:原告石某参加江苏省新型农村合作医疗并缴纳费用,在出现补偿情形时,其有权申请补偿。其受伤发生于2011年5月29日,治疗费用形成及申请合作医疗补偿发生于2011年6月1日之后,本案应适用《条例》这一地方性法规进行合法性审查。该《条例》第5条规定,县级以上地方人民政府卫生行政部门主管本行政区域内的新型农村合作医疗工作;第7条规定,统筹地区设立的新型农村合作医疗经办机构,负责新型农村合作医疗的日常运行服务、业务管理和基金会计核算等具体业务工作。从上述规定可以看出,被告泗洪县卫生局是新型农村合作医疗工作的行政主管部门,其主要职责是行政管理,对参合人员、定点医疗机构、经办机构等违反条例的行为进行调查并给予处罚,并不包括新型农村合作医疗补偿费的审核和支付,故被告泗洪县卫生局不是本案的适格被告。而被告合管办虽是事业单位法人,但其作为经办机构负责新型农村合作医疗的日常运行服务、业务管理和基金会计核算等具体业务工作,是地方法规明确授权的组织,负有审核、支付新型农村合作医疗补偿费的职责,故泗洪县合管办是本案适格被告。

新型农村合作医疗是由政府组织引导,农民自愿参加,按照个人缴费、集体扶持、政府补助的方式筹集资金的医疗保障制度,并非单纯商业保险性质。因此《条例》第29条第2款第3项规定,应当由第三人负担医药费用的,该医药费用不纳入新型农村合作医疗基金补偿范围。原告在发生交通事故时受雇于胡某,系从事雇佣活动过程中发生的损害,并且已取得了胡某的赔偿,故属于应当由第三人负担医药费用的情形,不属于新型农村合作医疗补偿范围。原告主张应当由第三人负担医药费用的责任认定应该经过司法机关的裁判,被告无权迳行认定。因被告合管办作为经办机构,根据调查核实的情况进行审核判断原告医疗费用是否属于补偿范围,符合行政权的行使规定,如相对人不服,可以通过诉讼方式寻求救济,故被告迳行作出判断并无不当。

江苏省泗洪县人民法院依据《行政诉讼法》第25条第4款、第52条,最高人民法院《关于执行行政诉讼法若干问题的解释》第56条第1项之规定,判决:驳回原告石某的诉讼请求。

原告石某不服一审判决,提起上诉要求依法改判。

江苏省宿迁市中级人民法院经审理认为,处理本案应当以《条例》这一地方性法规为主要依据。根据《条例》第2条第2款的规定,在江苏省范围对新型农村合作医疗基金采取的是市、县统筹方式。《江苏省新型农村合作医疗基金管理办法》第4条、第24条规定，合管办负责审查、核算和支付参加者的医疗费用补助。根据上述规定，泗洪合管办是泗洪县新型农村合作医疗经办机构，具体负责审查、核算和支付参合者的医疗费用补助等工作。上诉人要求支付医药补偿费用属于泗洪合管办的职责范围，故泗洪合管办是本案适格被告。根据《条例》第5条、第43条等规定，被上诉人泗洪县卫生局是新型农村合作医疗工作的行政主管部门，主要职责是行政管理、对参合人员、定点医疗机构、经办机构等违反条例的行为进行调查处理，并不包括支付医疗补偿费用，故泗洪县卫生局不是本案适格被告，一审驳回上诉人对泗洪县卫生局的起诉并无不当。上诉人在从事雇佣活动中受伤，其已从雇主胡玉军处获得了医疗赔偿，故其要求支付的医药补偿费属于《条例》第29条第2款第3项规定的“应当由第三人负担医药费用的”的情形。上诉人关于是否符合应当由第三人负担医药费用的情形应当由司法机关生效法律文书认定的主张缺乏法律依据，该主张不能成立。上诉人所诉的是不予补偿医药费用行为，而该行为与案外人胡玉军并不存在法律上的利害关系，故一审法院没有通知胡玉军作为第三人参加诉讼，审判程序并不违法。综上，一审判决认定事实清楚，适用法律正确，程序合法。上诉人石某的上诉理由不能成立，其上诉请求不予支持。

江苏省宿迁市中级人民法院依照《行政诉讼法》第61条第1项之规定，判决：驳回上诉，维持原判。

延伸阅读

1. 沈岿：《重构行政主体范式的尝试》，载《法律科学》2011年第6期。
2. 薛刚凌：《我国行政主体理论之检讨》，载《政法论坛》2008年第8期。
3. 杨小君：《我国行政诉讼被告资格认定标准之检讨》，载《法商研究》2007年第1期。
4. 李洪雷：《德国行政法学中行政主体概念的探讨》，载《行政法学研究》2010年第6期。
5. 黄启辉：《论行政诉讼被告资格确定》，载《行政与法》2003年第7期。
6. 章剑生：《关于行政复议维持决定情形下共同被告的几个问题》，载《中国法律评论》2014年第4期。
7. 张淑芳：《行政主体适用法律法规错误研究》，载《行政法学研究》2013年第6期。
8. 赵大光、李广宇、龙非：《复议机关作共同被告案件中的审查对象问题研究》，载《法律适用》2015年第8期。
9. 朱新力、魏小雨：《行政复议机关被告资格刍议》，载《河南社会科学》2014年第10期。

9.4　行政诉讼第三人

知识要点

9.4.1　行政诉讼第三人的条件

行政诉讼第三人应当符合以下条件：

(1)应当与被诉行政行为有利害关系，或者与案件处理结果存在利害关系。

(2)没有作为原告起诉或被告应诉。

(3)拥有独立的诉讼地位。第三人参加诉讼是为了保护自己的利益。[1] 第三人独立于原告、被告，为了维护自己的合法权益，既不依附原告也不依附被告，可以提出自己的请求，对第一审判决不服有权提起上诉。

9.4.2　行政诉讼第三人的确认

★★ 行政诉讼第三人的类型

(1)与被诉行政行为有利害关系但没有提起诉讼的第三人。这一类第三人在行政诉讼案件中比较常见，属于适格的原告或适格的被告，只是因为其自身没有起诉或没有被诉才作为第三人参加行政诉讼。

(2)与案件处理结果有利害关系的第三人。与案件处理结果有利害关系的第三人，是指虽然该第三人与被诉行政行为不具备直接的利害关系，但是案件处理结果会间接影响到该第三人的合法权益。

★★ 行政诉讼第三人的具体类别[2]

(1)行政处罚案件中的受害人或加害人。在行政处罚案件中，加害人不服处罚作为原告起诉，未起诉的受害人则可以作为第三人参加诉讼。如果受害人对处罚不服而起诉，未起诉的加害人可以作为第三人参加诉讼。

(2)行政处罚案件中的共同被处罚人。在一个行政处罚案件中，行政机关处罚了两个以上的违法行为人，其中一部分被处罚人向人民法院起诉，而另一部分被处

---

〔1〕 参见《行政诉讼法》第29条。

〔2〕 《行政法与行政诉讼法学》编写组：《行政法与行政诉讼法学》，高等教育出版社2017年版，第467～468页。

罚人没有起诉的,可以作为第三人参加诉讼。

(3)行政裁决、行政确权案件的相对人。公民、法人或者其他组织之间发生民事权益纠纷,由行政机关确权、裁决的,一部分当事人不服向人民法院起诉,而另一部分则可以第三人的名义参加诉讼。

(4)两个以上行政机关作出相互矛盾的行政行为,非被告的行政机关可为第三人。

(5)与行政机关共同署名作出处理决定的不具备被告资格的个人或组织。这种个人或组织因不具备行政诉讼被告资格,因此无法以被告的身份参加诉讼。但是一旦该行为被判决违法,其责任不能被免除,因此可以第三人的身份参加诉讼,以维护自身权益,承担相应法律责任。

(6)在行政许可案件中,与行政许可有利害关系但没有提起诉讼的其他公民、法人或其他组织可以作为第三人参加诉讼。

(7)应当追加为被告而原告不同意追加的,法院应当通知其作为第三人参加诉讼。如果只有一个适格被告而原告指控不正确的,法院应要求原告将指控对象变更为适格的被告。原告不同意变更的,则驳回起诉。但是,如果应当有两个或两个以上的适格被告,而原告只起诉了其中部分被告,不同意追加其他具有被告资格的行政机关的,这些行政机关应当作为第三人参加诉讼。

9.4.3 第三人参加诉讼的程序

第三人参加诉讼的方式有两种,分别是申请参加诉讼和由法院通知参加诉讼。当与被诉行政行为或案件有利害关系的第三人知悉诉讼正在进行时,第三人可以以申请的形式要求参加本案诉讼。对于当事人的申请,法院应当进行审查,确认其与本案有利害关系并符合其他参诉条件的,应当准许其参加本案诉讼。

法律与规范链接

▲ 必读法条

《行政诉讼法》第 29 条

《最高人民法院关于执行〈中华人民共和国行政诉讼法〉若干问题的解释》第 23 条、第 24 条

△ 延伸法条

《民事诉讼法》第 56 条

典型案例

何小云与××县人力资源和社会保障局行政确认案[1]

2014年12月26日,第三人杨田军向被告××县人力资源和社会保障局提出工伤认定申请,同日,被告向第三人送达了工伤认定申请材料补正通知书。12月29日,第三人作为申请人,原告作为被申请人,双方在××县民商事纠纷人民调解委员会的调解下达成调解协议书,该协议书载明:"案由:雇员人身损害赔偿纠纷。纠纷概况:2014年5月12日,被申请人何小云雇佣申请人杨田军为安装水管,当日上午时30分许,申请人杨田军不慎跌致颅脑受伤……经调解,双方自愿达成如下协议:一、被申请人何小云自愿一次性赔偿申请人杨田军医疗费、误工费、护理费、营养费、交通费及后续治疗费等共计人民币128 000元,已垫付医疗费11万元予以扣除,实际再支付18 000元,予协议书生效后当即付清。二、申请人杨田军自愿放弃伤残等级评定。三、申请人杨田军自愿放弃其他请求。四、本协议书第一项履行后,申请人杨田军不再就该事故再行告诉或信访……"后第三人向被告补充提供了上述调解协议书和工作出勤记录本,被告对第三人的工伤认定申请予以受理,并于2015年2月13日向原告送达了《工伤认定协助调查核实及举证通知书》。此后原告未向被告提供任何证据材料。被告于2015年3月5日对第三人进行了调查并制作调查笔录一份。4月15日,被告作出永人社工认(2015)210号《工伤认定结论通知书》,该通知书载明:"何小云没有在举证期限内提供任何证据材料证明杨田军受伤不属于工伤。根据《工伤保险条例》第十九条规定,职工或者其近亲属认为是工伤,用人单位不认为是工伤的,由用人单位承担举证责任。由于何小云没有在举证期限内提供任何证据材料证明杨田军受伤不属于工伤,应承担举证不能的后果。本机关依法对该案件进行了调查核实。经核实:何小云于1年前雇佣杨田军为安装水管工作,2014年5月12日8时左右,杨田军在何小云的客户处(黄田后垟路12号)安装水管时,不慎从安装竹梯上摔下受伤,伤后在温州医科大学附属第二医院治疗,医院诊断:左颞顶急性硬膜外血肿、左颞顶急性硬膜下血肿、脑疝、左颞颅骨缺损。依据上述事实,据《工伤保险条例》第十四条第(一)项规定,认定杨田军属因工受伤。"该通知书于4月30日送达原告。原告不服,于6月15日向本院提起行政诉

[1] 浙江省永嘉县人民法院(2015)温永行初字第68号。

讼，要求撤销被告于2015年4月15日作出的永人社工认(2015)210号《工伤认定结论通知书》，并责令被告重新作出认定结论。

本院认为，《工伤保险条例》第十八条第一款第(二)项规定：提出工伤认定申请应当提交与用人单位存在劳动关系(包括事实劳动关系)的证明材料。第二十条第二款规定：社会保险行政部门对受理的事实清楚、权利义务明确的工伤认定申请，应当在15日内作出工伤认定的决定。可见，提供与用人单位存在劳动关系的证明材料是申请人申请工伤认定的必要条件，且该证明材料应当是合法、有效、充分的；社会保险行政部门作出工伤认定决定的前提是申请人与用人单位存在劳动关系、因工受伤的事实清楚、权利义务明确。而本案中，第三人作为申请人向被告提交的证明材料并不能充分、有效地证明其与原告之间存在劳动关系(包括事实劳动关系)。被告所谓的调查，也只是向原告送达工伤认定协助调查核实及举证通知书和对第三人本人进行了一次询问调查，并未进行其他必要的调查核实。故本院认为，被告作出的工伤认定决定，显然没有双方存在劳动关系这一事实依据和基础法律关系，违反了上述规定，属于事实不清、证据不足，依法应予撤销。关于被告依据《工伤保险条例》第十九条第二款规定，主张原告未提供证据证明第三人不属于因工受伤，应承担举证不能的后果。本院认为，申请人提供的证明材料能够证明双方存在劳动关系，是工伤认定程序中判定由用人单位承担举证不能后果的前提之一，而本案中显然不具备该前提条件，故本院对被告该主张不予采纳。据此，依照《中华人民共和国行政诉讼法》第七十条第(一)项之规定，判决如下：撤销被告××县人力资源和社会保障局于2015年4月15日作出永人社工认(2015)210号《工伤认定结论通知书》的行政行为。本案受理费50元，由被告××县人力资源和社会保障局负担。

延伸阅读

1. 马怀德、解志勇：《行政诉讼第三人研究》，载《法律科学》2000年第3期。
2. 杨海坤、马生安：《中外行政诉讼第三人制度比较研究》，载《比较法研究》2004年第3期。
3. 章武生：《我国无独立请求权第三人制度的改革与完善》，载《法学研究》2006年第3期。
4. 杨建文、龙翼飞：《无独立请求权第三人的诉讼地位》，载《法学家》2009年第4期。
5. 吴泽勇：《第三人撤销之诉的原告适格》，载《法学研究》2014年第3期。

第 10 章　行政诉讼程序

教学目标

了解和识记行政诉讼程序相关基本概念；
识记和理解起诉与受理、简易程序、一审程序、二审程序以及审判监督程序；
了解行政诉讼程序的一般问题，如撤诉、缺席判决、财产保全、先予执行、行政诉讼附带民事诉讼、诉讼中止、诉讼终结、期间、送达等。

推荐参考资料

1. 姜明安主编:《行政法与行政诉讼法》,北京大学出版社 2015 年第 6 版,第二十八章。
2. 章剑生:《现代行政法总论》,法律出版社 2014 年版,第十六章、第二十章。
3.《行政法与行政诉讼法》编写组:《行政法与行政诉讼法学》,高等教育出版社 2017 年版,第二十章。

10.1　起诉与受理

知识要点

10.1.1　起诉

行政诉讼里的起诉,是指公民、法人或其他组织认为行政机关的行政行为侵犯其合法权益,依法请求法院行使国家审判权给予司法救济,要求其审查该行政行为的合法性,以保护自己合法权益的诉讼行为。

☆ **复议前置与起诉**

我国在行政诉讼与行政复议程序衔接问题上采取的是当事人选择和复议前置结合的立法方式，当事人自行选择复议或诉讼作为救济手段是解决行政诉讼和行政复议关系的原则，而行政复议前置是行政诉讼和行政复议关系的例外。同时，司法最终解决是一般原则，而行政复议裁决终局是例外。

此外，关于行政复议和行政诉衔接的具体程序问题，最高人民法院2000年颁布的《最高人民法院关于执行〈中华人民共和国行政诉讼法〉若干问题的解释》（以下简称《若干解释》）第33～35条已有详细规定：第一，在当事人必须先向行政机关申请行政复议的情况下，即法律、法规规定了复议前置程序时，当事人不服行政行为向法院提起行政诉讼，法院不予受理，但是复议机关拒绝受理复议申请或者不在法定期限内作出复议决定或答复的除外。第二，在当事人可自由选择的情况下，即法律、法规未规定复议前置程序时，当事人若既提起诉讼，又申请复议，则由先收到有关材料的机关为当事人选择的机关；同时收到的，由当事人选择。但是当事人已经选择了行政复议，则不能再向法院提起行政诉讼，不过，当事人申请行政复议后又经复议机关同意撤回申请，在法定起诉期间内提起诉讼的，法院应当受理。

★ **起诉的条件**

1. 原告要件。

根据《行政诉讼法》第25条的规定，具有原告资格的是“行政行为的相对人以及其他与行政行为有利害关系的公民、法人或者其他组织”。在这一要件中同时有以下几点需要注意：

（1）提起诉讼的前提是存在一个行政机关和行政机关工作人员以及法律、法规、规章授权的组织作出的行政行为，并且该行政行为必须是对相对人已经产生或必然产生法律效果的行政决定或者行政复议决定，如果是尚未作出或者即使作出却被撤销的行政行为也不符合提起诉讼的条件要求。

（2）原《行政诉讼法》有两个条款规定行政诉讼原告资格，第24条第1款规定“依照本法提起诉讼的公民、法人或者其他组织是原告”，第41条规定“认为具体行政行为侵犯其合法权益的公民、法人或者其他组织”，原法以主观标准来规定原告资格，即“认为”自己的合法权益受到侵犯。这种主观“认为”不利于法院对起诉人是否具有原告资格作出客观判断。由于没有客观标准，有的法院不愿意受理行政案件，对原告资格作出过度限制，比如将原告理解为狭义的相对人，排除了与行政行为有利害关系的公民、法人和其他组织，从而影响了部分利害关系人的诉讼权利。为了解决这一问题,最高人民法院2000年颁布的《若干解释》第12条,规定原告是“与具体行政行为有法律上利害关系的公民、法人或者其他组织”,将原告资格的认定标准客观化了一些,但是对于什么是“法律上利害关系”,学理仍有不同的理解,实践中仍会产生分歧。此外,对原告资格的理解还可以参考《民事诉讼法》的规定,即认为原告是与本案有直接利害关系的公民、法人和其他组织,但是这一标准可能会被解释为原告仅指行政相对人,同样限制公民的诉权,不利于解决“立案难”的问题。因此,新《行政诉讼法》既没有采用“法律上的利害关系”,也没采用“直接利害关系”,而是确定了“利害关系”标准,否定实践中法院的不当做法,保障了相对人及利害关系人的诉权。当然,“利害关系”也并非没有边界。参照2000年《若干解释》第13条的规定,利害关系人至少包括被诉的行政行为涉及其相邻权或者公平竞争权的、与被诉的行政复议决定有利害关系或者在复议程序中被追加为第三人的、要求主管行政机关依法追究加害人法律责任的、与撤销或变更的行政行为有利害关系的,除上述情况外,还有哪些公民、法人或者组织可以作为原告的,可以根据实践需要,通过对利害关系的解释,进一步扩大。

(3)“公民、法人或者其他组织”是行政相对人或利害关系人。同时,外国人、无国籍人、公民的“近亲属”在法定条件下也可以作为原告提起行政诉讼。

2. 被告要件,即有明确的被告。

3. 有具体的诉讼请求和事实根据。

具体的诉讼请求指原告向法院提出的具体的实体权利请求,主要包括:请求判决撤销或变更行政行为;请求判决行政机关履行法定职责或者给付义务;请求判决确认行政行为违法;请求判决确认行政行为无效;请求判决行政机关予以赔偿或补偿;请求解决行政协议争议;请求一并审查规章以下规范性文件;请求一并解决相关民事争议;以及其他诉讼请求。若当事人未能正确表达诉讼请求,法院应当予以释明。事实根据即用以支持其诉讼请求的诉讼理由,主要包括案情事实和证据事实。

4. 属于法院受案范围和受诉法院管辖。

★ 起诉期限

1. 起诉的一般期限和特殊期限

(1)一般期限。起诉的一般期限,是指行政诉讼法规定的适用于一般行政案件的起诉期限,可以分为经复议的行政案件的起诉期限和直接提起行政诉讼的起诉期限。《行政诉讼法》第45条规定,“公民、法人或者其他组织不服复议决定的,可以在收到复议决定书之日起十五日内向人民法院提起诉讼。复议机关逾期不作决定的，申请人可以在复议期满之日起十五日内向人民法院提起诉讼。法律另有规定的除外。”该条适用于必须经复议的行政案件（复议前置），只要法律未作出特殊规定，对行政复议决定不服的申请人都必须在收到复议决定书之日起 15 日内起诉，否则会丧失诉权。若复议机关逾期不作决定的，申请人可在复议期满 15 日内向法院提起诉讼。另外，复议机关逾期不作决定的，申请人既可以选择诉原行政行为，也可以针对复议机关的复议不作为提起行政诉讼。无论选择哪个，当事人有权根据实际情况权衡利弊后作出。

《行政诉讼法》第 46 条规定，“公民、法人或者其他组织直接向人民法院提起诉讼的，应当自知道或者应当知道作出行政行为之日起六个月内提出。法律另有规定的除外。”即只要法律未做特别规定的，当事人直接向法院起诉时，都应遵守 6 个月的期限规定。

（2）特殊期限。起诉的特殊期限是指《行政诉讼法》认可的，由其他单行法律所规定的起诉期限。无论是《行政诉讼法》第 45 条还是第 46 条，最后都规定了兜底条款，即“法律另有规定的除外”。当然，这里的“法律”应当狭义地理解为由全国人民代表大会及其常务委员会依照立法程序制定的规范性文件，如果是法律以下的规范性文件规定的期限，不予适用。

2. 起诉期限的最长保护期

（1）行政机关未告知诉权或起诉期限。即行政机关作出行政行时仅告知行政相对人行为内容，未告知诉权或起诉期限的情况。由于告知当事人诉权和起诉期限是行政机关的一项法定义务，所以行政机关未告知所产生的不利后果应当由行政机关来承担。2000 年《若干解释》第 41 条对此作出了规定：“行政机关作出具体行政行为时，未告知公民、法人或者其他组织诉权或起诉期限的，起诉期限从公民、法人或者其他组织知道或者应当知道诉权或者起诉期限之日起计算，但从知道或者应当知道具体行政行为内容之日起最长不得超过 2 年。复议决定未告知公民、法人或者其他组织诉权或者法定起诉期限的，适用前款规定。”此处的 2 年是行政机关未履行告知当事人诉权或者起诉期限时当事人行使诉权最长保护期，即如果行政机关事后履行告知义务，则当事人行使诉权的期限从告知之日起计算；如果行政机关一直未履行告知义务，则当事人行使诉权的期限以从当事人知道或者应当知道之日起 2 年为期。

（2）当事人不知道行政行为内容。即行政机关作出行政行为之后，没有告知行政相对人行政行为的内容。《行政诉讼法》第46条第2款规定:“因不动产提起诉讼的案件自行政行为作出之日起超过二十年,其他案件自行政行为作出之日起超过五年提起诉讼的,人民法院不予受理。”此处的20年和5年是当事人不知道行政机关行政行为内容时行使诉权的最长保护期,逾期丧失诉权。

(3)行政机关不履行法定职责。即当事人申请行政机关履行保护人身权、财产权等合法权益的法定职责,行政机关拒绝履行或者不予答复。具体来说,可以分为三种情形:[1]第一,有履行期的情况。即法律、法规对行政机关履行职责的期限另有规定的,公民、法人或者其他组织可以在规定的履行期届满后6个月内向法院提起诉讼。第二,无履行期的情况。如果法律、法规对行政机关履行职责的期限未有规定的,公民、法人或者其他组织申请行政机关履行法定职责的,行政机关接到申请之日起2个月内不履行的,公民、法人或者其他组织可以在2个月届满后的6个月内向法院提起诉讼。第三,紧急情况。公民、法人或者其他组织在紧急情况下请求行政机关履行保护其人身权、财产权等合法权益的法定职责,行政机关不履行的,可以立即起诉。

3. 法定期限的耽误

起诉期限的耽误,是指起诉行为在法定期限内未能进行或未能完成,当事人又在期限届满后再为或续为的诉讼行为。法定期限的耽误主要包括起诉期限的扣除和延长。

(1)起诉期限的扣除。《行政诉讼法》第48条第1款规定:“公民、法人或者其他组织因不可抗力或者其他不属于其自身的原因耽误起诉期限的,被耽误的时间不计算在起诉期限内。”在这里,“不可抗力”即是当事人不能预见、不能避免并且不能克服的客观情况。“其他不属于自身的原因”,是指除不可抗力以外不能归责于起诉人的正当理由,如当事人身患重病无法行动等。

(2)起诉期限的延长。《行政诉讼法》第48条第2款规定:“公民、法人或者其他组织因前款规定以外的其他特殊情况耽误起诉期限的,在障碍消除后十日内,可以申请延长期限,是否准许由人民法院决定。”在此,2000年《若干解释》第43条对此进行了补充规定:“因人身自由受到限制而不能提起诉讼期限的,被限制人身自由的时间不计算在起诉期间内。”需要注意的是,这种延长是一种顺延,而不是重新计算。

---

[1] 参见《行政诉讼法》第47条。

☆ **起诉的形式**

关于行政诉讼起诉方式,《行政诉讼法》第50条规定:“起诉应当向人民法院递交起诉状,并按照被告人数提出副本。书写起诉状确有困难的,可以口头起诉,由人民法院记入笔录,出具注明日期的书面凭证,并告知对方当事人。”因此,行政诉讼的起诉方式是以书面方式为原则,以口头方式为补充。其中书写起诉状确有困难的,应当指提起诉讼的公民。如果是法人或者其他组织提起诉讼,只能以书面方式,而不能使用口头方式。

10.1.2 受理

受理是指,人民法院对公民、法人或者其他组织的起诉进行登记和审查,对符合法定条件的起诉决定立案审查的诉讼行为。

☆ **立案登记**

《行政诉讼法》第51条第1款规定:“人民法院在接到起诉状时对符合本法规定的起诉条件的,应当登记立案。”该条明确了行政诉讼立案方式是采取登记的方式。

关于立案登记的程序问题,《行政诉讼法》第51条、第52条以及2015年最高人民法院《若干解释》第1条作了详细规定。法院在接到起诉状时对符合法律规定的起诉条件的,应当登记立案。能够判断符合起诉条件的,应当当场登记立案;对当场不能判定是否符合本法规定的起诉条件的,应当接收起诉状,出具注明收到日期的书面凭证,并在7日内决定是否立案。7日内仍不能作出判断的,应当先予立案。不符合起诉条件的,作出不予立案的裁定。裁定书应当载明不予立案的理由。原告对裁定不服的,可以提起上诉。

起诉状内容欠缺或者有其他错误的,应当给予指导和释明,一次性全面告知当事人需要补正的内容、补充的材料及期限。在指定期限内补正并符合起诉条件的,应当登记立案。当事人拒绝补正或者经补正仍不符合起诉条件的,裁定不予立案,并载明不予立案的理由。不得未经指导和释明即以起诉不符合条件为由不接收起诉状。

对于不接收起诉状、接收起诉状后不出具书面凭证,以及不一次性告知当事人需要补正的起诉状内容的,当事人可以向上级人民法院投诉,上级人民法院应当责令改正,并对直接负责的主管人员和其他直接责任人员依法给予处分。人民法院既不立案,又不作出不予立案裁定的,当事人可以向上一级人民法院起诉。上一级人民法院认为符合起诉条件的,应当立案、审理,也可以指定其他下级人民法院立案、审理。

☆ **对起诉的审查**

1. 是否符合起诉的一般条件。即原告是否具有诉讼主体资格；被告是否明确；原告起诉是否具有具体的诉讼请求和事实根据；请求的事项是否属于法院行政诉讼的受案范围和受诉法院管辖。

2. 是否遵行了法律关于行政复议和行政诉讼的规定。若其他法律、法规规定了复议前置的，那么当事人必须经过复议才能提起行政诉讼。

3. 起诉是否超过法定期限。当事人应当在法律规定的期间内提起诉讼。

4. 审查是否重复起诉。法院应当遵循“一事不再理”的原则，对于法院已经处理过或正在审理的案件，当事人不能再就同一诉讼标的、同一理由提起诉讼。因为该法院已享有对该案件的审判权，并负有依法定程序按法定期限审结此案的义务。

5. 审查起诉状的内容是否明确，起诉手续是否完备，是否符合法律规定。等等。

☆ **审查的结果**

1. 对于符合起诉条件的，受诉法院应当在7日内立案，并及时通知原告。

2. 对不符合起诉条件的，受诉法院应当在7日内作出不予受理的裁定，裁定应当载明不予立案的理由，原告对不予立案的裁定不服的，有权提起上诉。

3. 7日内对是否符合起诉条件仍不能作出判断的，法院应当先予立案。经审查确实不符合起诉条件的，裁定驳回起诉。

法律与规范链接

▲ **必读法条**

《行政诉讼法》第44～53条

△ **延伸法条**

《最高人民法院关于适用〈中华人民共和国行政诉讼法〉若干问题的解释》第1～4条

《最高人民法院关于执行〈中华人民共和国行政诉讼法〉若干问题的解释》第12条、第13条，第33～35条，第41条、第43条

典型案例

胡某诉市人民政府案：应当在法定时限内提起行政诉讼[1]

2015年5月6日，河北省保定市中级人民法院收到胡某的起诉状，称其自1974年开始在安国市大五女兽医站做学徒工，1980年9月经安国县大五女兽医站畜评议，由安国县革命委员会畜牧水产局批准转正定为农技师16级，1985年2月1日，安国市畜牧水产局又批准从事畜牧兽医工作。从1975年至今，起诉人一直在安国市大五女兽医站工作，现已到退休年龄，无法办理养老保险。起诉人为办理养老保险，于2015年12月17日向安国市人力资源与社会保障局邮寄了《政府信息公开申请书》，申请对涉及起诉人办理养老保险的有关信息、相关文件及政策予以公开。安国市人力资源与社会保障局超过了法定期限没有答复，且没有依法延长。起诉人于2016年1月19日向安国市人民政府法制办公室通过特快专递提起复议申请，安国市人民政府一直置之不理。根据《行政诉讼法》第26条第3款的规定，依法对安国市人民政府提起行政诉讼，诉请依法责令安国市人民政府对起诉人提起的行政复议进行审理并作出答复，承担一切费用。

法院认为，起诉人胡某2016年1月21日向安国市人民政府申请行政复议，2016年5月6日向本院提起行政诉讼。根据《行政诉讼法》第45条规定“公民、法人或者其他组织不服复议决定的，可以在收到复议决定之日起十五日内向人民法院提起诉讼。复议机关逾期不作决定的，申请人可以在复议期满之日起十五日内向人民法院提起诉讼。法律另有规定的除外”的规定，胡某的起诉超过法定期限且无正当理由。依照《行政诉讼法》第45条、《最高人民法院关于执行〈中华人民共和国行政诉讼法〉若干问题的解释》第44条第1款第6项的规定，裁定如下：对胡某的起诉，本院不予立案。如不服本裁定，可在之日起10日内，向本院递交上诉状，上诉于河北省高级人民法院。

案件评议

本案主要涉及对起诉期限适用的问题。依照《行政诉讼法》的规定，起诉的一般期限可以分为两种——直接提起行政诉讼的起诉期限和经复议的行政案件的起诉期限。根据《行政诉讼法》，除法律另有规定外，当事人直接向人民法院提起诉讼

---

〔1〕 河北省保定市中级人民法院(2016)冀06行初8号行政裁定书。

的，应当自知道或者应当知道作出行政行为之日起 6 个月内提出，即起诉期限为 6 个月。在经复议的行政案件的起诉期限中，根据《行政复议法》，行政相对人对行政行为不服向复议机关提起行政复议的，复议机关应当自受理申请之日起 60 日内作出行政复议决定，但法律规定的行政复议期限收于 60 日的除外。又根据《行政诉讼法》，申请人不服复议决定，可以在收到复议决定书之日起 15 日内向人民法院提起诉讼。复议机关逾期不作决定的，申请人可以在复议期满之日起 15 日内向人民法院提起诉讼。

本案中，胡某于 2016 年 1 月 21 日向安国市人民政府申请复议，但是安国市人民政府逾期未作出复议，因此胡某可以在复议期届满之日起 15 日内向法院提起诉讼，即于 2016 年 3 月 21 日之后，2016 年 4 月 5 日之前向法院提起安国市人民政府复议不作为之诉。

延伸阅读

1. 周永坤：《诉权法理研究论纲》，载《中国法学》2004 年第 5 期。
2. 赵正群：《行政之诉与诉权》，载《法学研究》1995 年第 6 期。
3. 阮露鲁：《新〈行政诉讼法〉实施后的原告资格认定》，载《上海政法学院学报》（法治论丛）2015 年第 3 期。
4. 韦炜、周游：《新行政诉讼法适用中的六大问题》，载《人民司法》2015 年第 3 期。
5. 王春业：《论行政诉讼的登记立案制度——兼评新行政诉讼法相条款》，载《北京社会科学》2015 年第 11 期。

10.2　行政诉讼一审程序

知识要点

10.2.1　普通程序

行政诉讼一审程序是相对于二审程序、审判监督程序而言的，是法院审理行政案件通常适用的最基本、最重要的程序，完整地反映了行政诉讼的基本结构。

☆ 审理前的准备

1. 交换诉状

交换诉状是庭审的必经程序，通过交换诉状使双方了解各自的诉求和依据。

法院应当在立案之日起5日内，将起诉状副本发送被告，通知被告应诉。被告在收到起诉状副本之日起15日内向人民法院提交作出行政行为的证据和所依据的规范性文件，并提出答辩状。被告不提出答辩状的，应当认为该行政行为没有证据、依据，并且不影响人民法院审理。人民法院应当在收到答辩状之日起5日内，将答辩状副本发送原告。

2. 组成合议庭

合议庭可由三人以上单数审判员组成，或者由三人以上单数审判员、陪审员组成。合议庭在审判长的领导下进行活动，以少数服从多数的原则进行裁判。合议庭组成后，合议庭成员应当认真阅卷，做好庭审准备。

3. 证据交换和调查

法院在庭审前，可以为了固定诉讼请求，明确诉讼争点，而决定启动证据交换程序，但是是否启动，由法院依个案裁量决定。同时，在审查诉讼材料的过程中，法院可以根据需要决定是否进行调查和收集证据，既可以要求当事人提供或补充证据，也可以自行依职权取证。

4. 诉讼参加人的变动

法院在此阶段需要审查确认当事人的资格。若发现不具备当事人资格的，应当更换或追加新的当事人；如果有共同诉讼人或第三人需参加的，应当通知其参加。

5. 审查其他内容

法院还需要在庭审前根据案件的具体情况，决定是否需要回避，是否需要合并审理，决定开庭审理的时间、地点，决定是否采取诉讼保全措施，决定某项行政行为是否需要停止执行，审查是否有先行给付的情况存在。

★ 开庭审理

开庭审理，指人民法院在所有诉讼参与人的参加下，依照法定程序审理行政案件、处理行政争议的全部诉讼活动。

1. 庭审的形式

依《行政诉讼法》的要求，行政诉讼一审程序必须进行开庭审理。开庭审理必须采取言词审理的方式，且以公开审理为原则，但涉及到国家秘密、个人隐私的以及法律另有规定的，法院可以决定不公开审理；涉及商业秘密的案件，当事人申请不公开审理的，可以不公开审理。

2. 庭审的程序

《行政诉讼法》并没有对行政案件的审理程序作出明确规定，但是根据行政诉讼法的立法精神，可以参照适用民事诉讼法的开庭审理程序。因此，行政诉讼的庭审程序主要包括以下几项：

（1）开庭准备。法院应当在开庭3日前将开庭的时间、地点通知给当事人和其他诉讼参加人，告知其按时出庭参加诉讼。

（2）宣布开庭。开庭前，由书记员查明当事人或其他行政诉讼参与人是否到庭，并宣布法庭纪律。开庭审理时，由审判长核对当事人，宣布案由，宣布审判人员、书记员名单，告知当事人有关的诉讼权利义务，询问当事人是否提出回避申请。

（3）法庭调查。法庭调查是审判员在诉讼当事人和诉讼参与人的参与下，全面调查案件，核实和审查证据的诉讼活动。法庭调查的顺序是：询问当事人和当事人陈述→通知证人作证，告知证人的权利义务，宣读未到庭的证人证言→询问鉴定人，宣读鉴定意见→出示书证、物证、视听资料和电子数据→通知勘验人到庭，告知其权利义务，宣读勘验笔录、现场笔录。

（4）法庭辩论。法庭辩论，是指在审判人员的主持下，双方当事人及其代理人就法庭调查的事实、证据，阐述自己的主张和根据，并反驳对方提出的主张，开展相互辩论的诉讼活动。法庭辩论按照下列顺序进行：原告及其诉讼代理人发言→被告及其诉讼代理人答辩→第三人及其诉讼代理人发言或者答辩→互相辩论，在法庭辩论中，如果发现了新的情况需要进一步调查时，审判长可以宣布停止辩论，或者决定延期审理，待事实查清后，再继续法庭辩论→法庭辩论终结后，由审判长按照原告、被告、第三人的先后顺序征询各方最后意见。

（5）合议庭评议。在法庭辩论结束后，审判长宣布休庭，合议庭全体成员退庭进行评议。合议庭根据庭审认定的证据，确定案件性质，适用法律法规，参照规章，形成最终的判决。评议由审判长主持，坚持少数服从多数的原则，但少数人的意见应当记入合议笔录，合议庭成员均应当在笔录上签名。

（6）宣读判决、裁定。宣判是庭审的最后阶段，无论是公开审理的案件还是不公开审理的案件，法院一律公开宣判。宣判除了当庭宣判外，还可以定期宣判。当庭宣判的应当在10日内发送判决书；定期宣判的，宣判后立即发给判决书。在一审宣判时，必须告诉当事人上诉权利、上诉期限以及上诉法院。

3. 审理的期限

法院应当在立案之日起6个月内作出第一审判决，但是鉴定、处理管辖异议、送达、公告以及中止诉讼的时间不计算在期间内。有特殊情况需要延长的，由高级人民法院批准;高级人民法院审理第一审案件需要延长的,由最高人民法院批准。需要注意的是,基层人民法院需要申请延长审理期限的,应当直接报请高级人民法院批准,同时报中级人民法院备案。

10.2.2　简易程序

行政诉讼的简易程序是与普通程序相对的程序是指,特定的法院在审理事实清楚、权利义务关系明确、争议不大的行政案件时适用的一种简便易行的诉讼程序。[1]

★ 简易程序的案件范围

1. 法院有权直接决定适用的案件

根据《行政诉讼法》,法院在审理下列第一审案件,认为事实清楚、权利义务关系明确、争议不大的,可以适用简易程序:**(1)被诉行政行为是依法当场作出的;(2)案件涉及金额2000元以下的;(3)属于政府信息公开案件的。**政府信息公开案件一般属于事实清楚、权利义务关系明确、争议不大的案件。

2. 经当事人同意可适用的案件

除上述适用简易程序的法定案件范围外,若当事人各方同意适用简易程序的,也可以适用简易程序。

3. 不可适用简易程序的案件

对于发回重审、按照审判监督程序再审的案件不适用简易程序。在司法实践中,有的发回重审、再审案件也适用第一审程序,但是由于这类案件争议较大、权利义务关系不明确,因此不能适用简易程序。

(二)简易程序的适用方式

1. 审判组织。适用简易程序的案件,由审判员一人独任。需要注意的是,此处的“审判员”非陪审员或书记员。

2. 审理期限。适用简易程序的案件应当在立案之日起45日内审结。并且,该期限不得延长。

3. 审理程序。简易程序案件的庭审程序简化,可以省略普通案件的某些程序,以迅速结案。

4. 程序变更。法院在适用简易程序审理行政诉讼第一审案件中,如果发现不宜适用简易程序的,可以作出裁定,将案件转化为普通程序进行审理。

---

〔1〕　参见张艳、罗云:《我国行政诉讼简易程序的构建》,载《江西社会科学》2008年第10期。

法律与规范链接

▲ **必读法条**

《行政诉讼法》第 67 ~ 68 条,第 80 ~ 84 条

△ **延伸法条**

《最高人民法院关于执行〈中华人民共和国行政诉讼法〉若干问题的解释》第 23 条

延伸阅读

1. 葛先园:《我国行政诉讼简易程序检视——以新〈行政诉讼法〉第 82 条为中心》,载《法律科学》(西北政法大学学报)2016 年第 2 期。
2. 张艳、罗云:《我国行政诉讼简易程序的构建》,载《江西社会科学》2008 年第 10 期。
3. 陈天昊:《公正、效率与传统理念——21 世纪法国行政诉讼的改革之路》,载《清华法学》2013 年第 4 期。
4. 宁杰、马倩:《行政诉讼简易程序研究》,载《行政法学研究》2009 年第 3 期。

10.3 行政诉讼二审程序

知识要点

10.3.1 上诉的提起与受理

行政诉讼的第二审程序是指,上级人民法院就下级人民法院所作的第一审案件的判决、裁定,在其发生法律效力之前,基于当事人的上诉,依据事实和法律,对案件进行审理的程序。

★ **上诉的提起**

上诉是指,当事人对地方各级人民法院尚未发生法律效力的第一审判决、裁定,在法定期限内,要求上一级人民法院审理的诉讼行为。

1. 提起上诉的主体

上诉人是指不服人民法院第一审判决的当事人,因此,一审程序中的**原告、被**

告和第三人及其法定代理人、经授权的委托代理人,都有权提起上诉。

2. 允许提起上诉的类型

能够提起上诉的判决和裁定,包括地方各级法院**第一审尚未发生法律效力的判决和被驳回起诉、不予受理以及管辖权异议所作出的裁定**。

3. 上诉的期限

当事人针对第一审判决提起上诉的,应当在**判决书送达之日起 15 日**内向上一级法院提起上诉;针对裁定提起上诉的,应当在**裁定书送达之日起 10 日**内向上一级法院提起上诉。逾期不提起上诉的,法院的第一审判决或者裁定发生法律效力。但是,当事人因不可抗力或其他特殊情况耽误法定期限的,在障碍消除后 10 日内可以申请延长,是否准许由法院决定。

4. 上诉的形式和途径

上诉的形式**以书面形式为原则**,当事人到法院以口头形式提出的,由法院记入笔录,交由当事人签名或盖章后,具有与书面上诉状相同的法律效力。当事人提起上诉,**既可以通过原审法院提出,也可以直接向第二审法院提出**。当事人直接向第二审法院上诉的,第二审法院应当在 5 日内将上诉状移交原审法院。

★ 上诉的受理

上诉的受理是指,第二审人民法院收到上诉状后对于符合法定上诉条件的上诉予以立案的诉讼活动。原审法院收到上诉状,应当在 5 日内将上诉状副本送达其他当事人。对方当事人收到上诉状副本,应当在 15 日内提出答辩状。原审法院收到上诉状、答辩状,应当在 5 日内将连同全部案卷和证据,报送第二审人民法院。已经预收诉讼费用的,一并报送。

需要注意的是,当事人直接向二审法院提起上诉的,由二审法院行使上诉的审查权。二审法院认为不符合上诉条件的,应当裁定驳回;认为符合条件的,应立案受理。

10.3.2 上诉的审理和裁判

★ 上诉的审理

1. 审理方式

经过阅卷、调查和询问当事人,对没有提出新的事实、证据或者理由,合议庭认为不需要开庭审理的,可以进行书面审理。书面审理的前提是事实清楚,即只对一审裁判中适用的法律进行审查。如果认为事实不清,或者当事人对原审裁判仍有争议的,应当开庭审理。

2. 审理对象

第二审法院审理上诉案件,实行全面审理原则,既要对原审法院的判决、裁定是否合法进行审查,又要对被诉行政行为合法性进行全面审查,不受上诉范围的限制。

3. 审理期限

第二审法院审理上诉案件,应当自收到上诉状之日起3个月内作出终审判决,有特殊情况需要延长的,由高级法院批准。高级法院审理上诉案件需要延长的,由最高人民法院批准。

4. 撤回上诉

上诉人基于诉权自由处分原则,可以在二审法院作出裁判之前撤回上诉。实践中,对于撤回上诉的处理可以参照一审程序中撤回起诉的规定。需要注意的是提起撤回上诉的主体仅限于法定上诉人的范围,提出撤回上诉的时间应当在二审程序开始之后、裁判作出之前,提出撤回上诉的请求能否成立由法院审查后予以裁定。

★ 二审裁判

二审裁判是指,二审法院对争议案件作出的终局性裁判,二审裁判一经作出即发生效力。

经审理,二审法院应当在法定期限内作出如下裁判:

(1)原判决、裁定认定事实清楚,适用法律、法规正确的,判决或者裁定驳回上诉,维持原判决、裁定。

(2)原判决、裁定认定事实错误或者适用法律、法规错误的,依法改判、撤销或者变更。

(3)原判决认定基本事实不清、证据不足的,发回原审人民法院重审,或者查清事实后改判。

(4)原判决遗漏当事人或者违法缺席判决等严重违反法定程序的,裁定撤销原判决,发回原审人民法院重审。

同时,二审法院在作出裁判时应当遵守禁止不利变更原则,即二审法院不得对当事人作出比原审更不利的结果,除非当事人都为上诉人或出现了新的证据,足以引起原审裁判所认定的主要事实发生变化。

法律与规范链接

▲ **必读法条**

《行政诉讼法》第85～89条

典型案例

红星石料公司诉浙江首舟山群岛新区金塘管理委员会补偿上诉案[1]

原告系红星石料公司，从事石料开采、加工、销售，其宕口位于舟山市定海区金塘镇鱼龙山。被告系中共舟山市委、舟山市人民政府于2008年4月21日通过《中共舟山市委舟山市人民政府关于加快金塘、六横两岛开发建设的决定》设立的原金塘开发建设管理委员会，为市政府派出机构，由市人民政府授权，在所辖区域内行使相关的市级经济管理权限和县级社会行政管理职能。2013年12月5日，浙江舟山群岛新区党工委管委会办公室发布《浙江舟山群岛新区金塘管理委员会主要职责内设机构和人员编制规定》，设立金塘管委会为浙江舟山群岛新区管理委员会的直属机构，委托定海区管理，全面负责辖区内的经济社会发展事务，行使市级经济管理权限和县级社会行政管理职能。2008年2月26日，舟山市定海区人民政府召开专题会议，并于2008年4月2日形成专题会议纪要，决定对包括原告红星石料公司在内的四家宕口于2008年底前关闭。2009年1月21日，舟山市定海区人民政府召开专题会议，并于2009年2月9日形成专题会议纪要，决定对原告红星石料公司等两家宕口开采期限延长1年，即将2008年专题会议纪要原定的关闭期限2008年底调整为2009年底前关闭。2009年2月8日，舟山市国土资源局定海分局向原告核发《采矿许可证》，有效期限自2009年2月8日至2009年12月31日。同年2月23日，舟山市国土资源局定海分局与原告签订《浙江省采矿权有偿出让合同》，该合同第4条载明，出让人舟山市国土资源局定海分局同意在2009年2月8日至2009年12月31日将该合同第3条所列范围内的25万吨矿产资源采矿权出让给原告。至2009年底，原告停止采石生产。2010年7月7日，经舟山市工商行政管理局核准，

---

[1] 浙江省高级人民法院(2015)浙行终字第545号行政裁定书。

原告变更其经营范围为石材加工、销售，后停产。自2013年起，原告要求被告就征用金塘鱼龙山宕口进行补偿，并进行多次磋商，双方未就补偿事项达成一致意见。2013年11月5日，舟山市定海区人民法院作出(2013)舟定金商初字第102号民事调解书，案外人汤康安与红星石料公司就其位于涉案鱼龙山宕口的矿产开采设备买卖合同纠纷达成调解协议。2014年10月16日，原告委托律师向被告发出《律师函》，要求尽快就征用鱼龙山宕口给予公平合理的补偿。同年10月22日，被告作出《回复》，认为鱼龙山宕口并非属于征用项目，而是红星石料公司在2009年12月31日采矿许可证到期后无权进行采矿而停业，不能按照征用补偿的标准予以补偿。

原告遂起诉至法院，请求法院撤销被告作出的《回复》，并判决补偿原告机械设备迁移费和房屋、水池、设备基础、码头、场地建设、土建项目、电缆等损失974.97万元，补偿石子、石屑款50万元，补偿原告机械设备折旧损失864.1115万元，补偿原告石料加工经营损失2200万元，合计4089.0815万元。一审法院认为被告作出的《回复》系不具有行政法律意义的事实行为，故非行政行为；且被告并无对原告所有的财产进行征用的意思表示，也未对原告的财产权利进行剥夺或者限制，亦未实际实施征用的行为。故原告据此要求被告进行征用补偿无事实根据。鉴于本案已经立案，应当裁定驳回原告起诉。

红星石料公司不服一审裁判，提起上诉，认为原审认定事实错误，虽然被上诉人没有作出书面的征用决定，但大量的事实证明，上诉人的金塘鱼龙山宕口系因金塘北部围垦开发而被上诉人征用，双方已构成事实上的征用关系，请求二审法院撤销原审裁定，指令原审法院继续审理。

裁定结果

经审理，二审法院认为，上诉人红星石料公司委托律师于2014年10月16日向被上诉人发出《律师函》，要求尽快就征用鱼龙山宕口给予公平合理的补偿，上述《律师函》实质是向被上诉人金塘管委会提出要求其履行"征用鱼龙山宕口给予补偿"法定职责的申请。同年10月22日，被上诉人作出《回复》认为鱼龙山宕口并非属于征用项目，而是上诉人在2009年12月31日采矿许可证到期后无权进行采矿而停业，不能按照征用补偿的标准予以补偿。从被上诉人《回复》的内容看，实际上是对上诉人的履责申请予以了明确拒绝，故被诉的《回复》对上诉人的权利义务产生实际影响，上诉人对此提起诉讼属于行政诉讼的受案范围。原审裁定认为上述《回复》对上诉人的实体权益并未产生实际影响，显属不当。上诉人提起诉讼时的第二项请求要求被上诉人补偿相关损失，实际上是其要求被上诉人履行补偿法定职责的具体事项，该请求是否成立，属实体审查范围。原审法院在认定《回复》不属行政诉讼受案范围的情形下，又对本属实体审查的内容进行认定，亦属不当。上诉人虽未在上诉状中对一审裁定认定的"《回复》不属行政诉讼受案范围"提出异议，但依照《行政诉讼法》第87条的规定，二审法院仍应当对原审法院的判决、裁定和被诉行政行为进行全面审查，故被上诉人对此提出的抗辩意见不能成立。原审裁定认定事实不清，适用法律错误，依法应予纠正。上诉人提出"撤销一审裁定，指令原审法院继续审理"的上诉请求成立。依照《行政诉讼法》第89条第1款第2项、《最高人民法院关于执行〈中华人民共和国行政诉讼法〉若干问题的解释》第68条之规定，撤销舟山市中级人民法院作出的一审行政裁定；本案由舟山市中级人民法院继续审理。

延伸阅读

1. 张鹏：《明显不当的行政行为应予撤销》，载《山东审判》2015年第3期。
2. 朱世宽：《行政案件庭审程序中的问题与对策》，载《人民司法》2008年第21期。

10.4 行政诉讼审判监督程序

知识要点

行政诉讼审判监督程序又称再审程序，指法院根据当事人的申请、检察机关的抗诉或法院对已经发生法律效力的判决、裁定发现违反法律、法规的规定，依法再次审理的程序。

☆ 行政诉讼审判监督程序的提起

1. 当事人

当事人对已经发生法律效力的裁判不服，在裁判发生法律效力6个月内，向上一级法院提出申诉。当事人申请启动再审的，原裁判不停止执行。当事人的申请符合下列情形之一的，人民法院应当再审：(1)不予立案或者驳回起诉确有错误的；(2)有新的证据，足以推翻原判决、裁定的；(3)原判决、裁定认定事实的主要证据不足、未经质证或者系伪造的；(4)原判决、裁定适用法律、法规确有错误的；(5)违反法律规定的诉讼程序，可能影响公正审判的；(6)原判决、裁定遗漏诉讼请求的；

(7)据以作出原判决、裁定的法律文书被撤销或者变更的;(8)审判人员在审理该案件时有贪污受贿、徇私舞弊、枉法裁判行为的。法院基于抗诉或者检察建议作出再审判决、裁定后,当事人申请再审的,法院不予立案。

2. 法院

各级法院院长对本院已经发生法律效力的判决、裁定,发现存在再审事由的,或者发现调解违反自愿原则或者调解书内容违法,认为需要再审的,应当提交审判委员会讨论决定。

最高人民法院对地方各级人民法院已经发生法律效力的判决、裁定,上级人民法院对下级人民法院已经发生法律效力的判决、裁定,发现存在再审事由的,或者发现调解违反自愿原则或者调解书内容违法的,有权提审或者指令下级人民法院再审。

3. 检察院

检察院作为国家法律的监督机关,依法对案件进行监督活动,不仅有利于审判机关依法行使审判权、行政机关依法行使行政权,更有利于保障行政相对人的合法权益。《行政诉讼法》规定的检查监督方式有两种:

(1)抗诉。检察院通过抗诉的方式提起再审程序主要有两种:一种是应当抗诉的情形,即最高人民检察院对各级人民法院已经发生法律效力的判决、裁定,上级人民检察院对下级人民法院已经发生法律效力的判决、裁定,发现存在再审事由的,或者发现调解书损害国家利益、社会公共利益的,应当提出抗诉;另一种是可以提请上级检察院提起抗诉的情形,即地方各级人民检察院对同级人民法院已经发生法律效力的判决、裁定,发现存在再审事由的,或者发现调解书损害国家利益、社会公共利益的,可以提请上级人民检察院向同级人民法院提出抗诉。需要注意的是,在可以提请上级检察院提起抗诉的情形中,出现的两个"同级法院"的级别并不相同,前一个指与下级检察院同级的法院,后一个指与上级检察院同级的法院。同时,法院开庭审理抗诉案件时,应当通知检察院派员出庭。

(2)检察建议。检察建议主要包括三种情形:其一是地方各级人民检察院对同级人民法院已经发生法律效力的判决、裁定,发现存在再审事由的,或者发现调解书损害国家利益、社会公共利益的,可以向同级人民法院提出检察建议,并报上级人民检察院备案;其二是各级人民检察院对审判监督程序以外的其他审判程序中审判人员的违法行为,有权向同级人民法院提出检察建议;其三是当事人向人民检察院申请抗诉或者检察建议,主要包括人民法院驳回再审申请的,人民法院逾期未对再审申请作出裁定的,再审判决、裁定有明显错误的。

☆ **再审案件的审理**

1. 依照一审程序审理

法院按照审判监督程序进行再审的行政案件,发生法律效力的裁判是一审法院作出的,按照一审程序审理,所作出的再审裁判可以上诉,再审的期限是6个月。

2. 依照二审程序审理

法院按照审判监督程序进行再审的行政案件,发生法律效力的裁判是二审法院作出的,依照二审程序审理,所作出的再审裁判是发生效力的裁判。上级法院按照审判监督程序提审的,按照二审程序审理,所作出的再审裁判是发生效力的裁判,当事人不得上诉。

法律与规范链接

▲ **必读法条**

《行政诉讼法》第90~93条

△ **延伸法条**

《最高人民法院关于适用〈中华人民共和国行政诉讼法〉若干问题的解释》第24~25条

典型案例

李某诉威海市国土局等不履行法定职责复查与审判监督案[1]

案情介绍

再审申请人李宗君因诉被申请人威海市国土资源局、威海市国土资源局高技术产业开发区分局不履行土地行政登记法定职责一案,不服威海市中级人民法院作出的(2015)威行终字第75号行政裁定,向山东省高级人民法院申请再审。

李宗君称其申请再审符合:(一)不予立案或驳回起诉确有错误。申请人根据

〔1〕 山东省高级人民法院(2016)鲁行申字第69号判决。

2015年3月1日起施行的《不动产登记暂行条例》的规定于2015年7月12日起诉申请办理不动产登记，进行不动产登记，而非(2012)威行终字第2号判决书中的申请补办宅基地使用权，并非重复起诉。(二)有新的证据，足以推翻原判决、裁定。根据国务院国土资源部2015年3月1日起施行的《不动产登记暂行条例》的规定，不动产应按照自然状况进行登记，这就是申请人新的证据，该证据能推翻威海市中级人民法院分别于2012年3月2日、2015年11月10日作出的(2012)威行终字第2号行政判决书及(2015)威行终字第75号行政裁定书。(三)原判决、裁定认定事实的主要证据不足，未经质证或者系伪造。申请人认为，威海火炬高技术产业开发区人民法院、威海市中级人民法院在2012年审理申请人案件时，共同编造假法律、共同编造假法规，致使申请人的证据失效。(四)原判决、裁定适用法律、法规确有错误。申请人于2015年7月12日起诉，威海火炬高技术产业开发区人民法院、威海市中级人民法院应当根据2015年5月1日起施行《行政诉讼法》及国务院国土资源部2015年3月1日起施行《不动产登记暂行条例》进行裁定。(五)据以作出原判决、裁定的法律文书被撤销或者变更。威海火炬高技术产业开发区人民法院、威海市中级人民法院把申请人的证据——1985年3月4日人民法院生效的法律文书撤销而使其无效。根据国务院国土资源部2015年3月1日起施行的《不动产登记暂行条例》，该证据仍有效。(六)审判人员在审理该案件时有贪污受贿、徇私舞弊、枉法裁判行为。

综上，再审申请人请求：(一)请求撤销威海市中级人民法院2015年11月10日作出(2015)威行终字第75号行政裁定书；(二)请求山东省高级人民法院责令威海市国土资源局及高区分局，根据国务院国土资源部2015年3月1日起施行《不动产登记暂行条例》的规定，给申请人的房屋和宅基地办理不动产登记。

山东省高级人民法院认为，申请人李宗君2015年起诉要求威海市国土资源局高技术产业开发区分局对其房屋和宅基地进行不动产登记，但其实质请求是办理集体土地建设用地使用权登记，因此实际上与2011年要求补办集体土地建设用地使用权登记的性质一样，故属于同一诉讼理由。申请人已于2011年8月1日以相同事实和理由向威海火炬高技术产业开发区人民法院提起诉讼，该案经过二审及再审程序，已经发生法律效力。申请人提交的证据1951年《山东省土地房产所有证》，因土地私有制废除而丧失法律效力，《不动产暂行登记条例》的颁布实施并不能使其恢复效力，因此不能作为本案的新证据使用。现李宗君在无新证据的情况下又以相同的理由提起行政诉讼，根据一事不再理原则，李宗君的起诉属于重复起诉，并不符合《行政诉讼法》第 91 条的规定。一审裁定驳回起诉，二审予以维持的处理结果，并无不当。申请人申请再审的理由不成立。

综上，李宗君的再审申请不符合《行政诉讼法》第 91 条规定的情形。依照《最高人民法院关于执行〈中华人民共和国行政诉讼法〉若干问题的解释》第 74 条的规定，裁定驳回李宗君的再审申请。

案件评议

根据《行政诉讼法》当事人申请法院提起再审的条件包括以下几种：(1)不予立案或者驳回起诉确有错误的；(2)有新的证据，足以推翻原判决、裁定的；(3)原判决、裁定认定事实的主要证据不足、未经质证或者系伪造的；(4)原判决、裁定适用法律、法规确有错误的；(5)违反法律规定的诉讼程序，可能影响公正审判的；(6)原判决、裁定遗漏诉讼请求的；(7)据以作出原判决、裁定的法律文书被撤销或者变更的；(8)审判人员在审理该案件时有贪污受贿、徇私舞弊、枉法裁判行为的。而在本案中，申请人提出的原裁判不予立案或驳回起诉确有错误，实质是因为申请人于 2015 年起诉要求威海市国土资源局高技术产业开发区分局对其房屋和宅基地进行不动产登记与其 2011 年要求补办集体土地建设用地使用权登记的性质一样，属于同一诉讼理由。然而 2011 年向法院起诉要求补办集体土地建设用地的案件已经过一审、二审、再审程序，已发生了终局效力，故 2015 年申请人又以同一理由和诉讼请求向法院起诉，根据一事不再理的原则，法院应当驳回起诉。其次，当事人申请理由中提到根据国务院国土资源部 2015 年 3 月 1 日起施行的《不动产登记暂行条例》的规定，不动产应按照自然状况进行登记，所以根据这一条例申请人提交的证据 1951 年《山东省土地房产所有证》应当恢复效力，然而，根据法不溯及既往的原则，即使《不动产登记暂行条例》颁布，但是由于 1951 年《山东省土地房产所有证》已失效，故不能作为新证据。是故，法院驳回了申请人的再审申请。

延伸阅读

1. 应松年：《行政诉讼检查监督制度的改革与完善》，载《国家检察官学院学报》2015 年第 3 期。
2. 杨佳君、房佳时：《浅议检察机关对行政诉讼法的法律监督》，载《现代法学》1989 年第 4 期。
3. 章志远、汪秋慧：《行政公诉质疑》，载《行政法学研究》2002 年第 2 期。
4. 王晓滨：《日本行政诉讼若干问题与启示》，载《法律适用》2015 年第 1 期。

10.5　行政诉讼程序的一般问题

知识要点

10.5.1　撤诉

☆ 撤诉的概念

撤诉指行政诉讼中,原告或上诉人以一定的行为于法院对案件作出裁判前,以一定的行动主动向法院申请撤回全部或者部分诉讼请求的一种诉讼行为。一审、二审、再审都可能发生撤诉,一审中原告有权申请撤诉,二审中上诉人有权申请撤诉,再审中再审申请人有权申请撤诉。

☆ 撤诉的类别

1. 申请撤诉

申请撤诉是指原告或上诉人主动向法院提出撤诉申请。申请撤诉可以分为两种情形:被诉行政行为未改变的情况下原告主动申请撤诉以及因被诉行政行为改变的情况下的撤诉。无论是哪一种情况,撤诉的申请都应当满足以下条件:(1)申请撤诉是原告(或上诉人、再审申请人)以及他们特别授权的代理人的权利,被告或第三人均不得提起。(2)撤诉申请必须是自愿且明确提出的。(3)申请撤诉必须符合法律规定,申请人不得规避法律,也不能损害国家、社会公共利益和他人利益。(4)撤诉申请必须在裁判宣判前提出。(5)撤诉必须经法院准许,法院应当对撤诉申请进行审查。

2. 视为撤诉

视为撤诉是指原告或上诉人因作出某种诉讼行为或者拒绝履行法定诉讼义务,而被法院推定其申请撤回诉讼请求的意思表示。视为撤诉的情形主要有三种:其一为原告或上诉人经法院传票传唤,无正当理由拒不到庭;其二为原告或上诉人未经法庭许可中途退庭,但是第三人经传唤无正当理由拒不到庭的,或未经法庭许可中途退庭的,不影响案件的审理;其三为原告或上诉人未按规定的期限预交案件受理费,又不提出缓交、减交、免交申请,或者提出申请未获批准的。

☆ 撤诉的法律后果

行政诉讼中,经法院准许撤诉的,行政诉讼法律关系终结,根据"一事不再理”的原则,原告基于同样的事实和理由提起诉讼的,法院不予受理。若经原告申请撤诉,法院不予撤诉,但是经传票传唤,原告无正当理由拒不到庭,可以缺席判决。

如果准予撤诉的裁定确有错误,原告申请再审的,法院应当通过审判监督程序撤销原准予的裁定,重新对案件进行审理。

10.5.2 缺席判决

缺席判决是指法院在审理案件过程中一方当事人未到庭陈述、辩论的情况下,合议庭经过审理所作的判决。缺席判决的意义是为了维护法律的尊严和到庭一方当事人的合法权益,保证审判活动正常进行。

缺席判决主要包括以下几种情形:(1)原告或上诉人申请撤诉,法院裁定不予准许,原告或上诉人经传票传唤无正当理由拒不到庭,或者未经法庭许可中途退庭的,法院可以缺席判决;(2)被告无正当理由拒不到庭或未经法庭许可中途退庭的,法院可以缺席判决。

10.5.3 财产保全

在必要情况下,法院可以依申请或依职权进行财产保全。当事人申请财产保全的,法院可以要求其提供担保,如果申请错误,当事人要承担因保全错误所造成的损失;法院依职权保全错误,造成损失的,要承担国家赔偿责任。

10.5.4 先予执行

先予执行的条件主要有以下四个:(1)必须为行政给付案件,如起诉行政机关没有依法支付抚恤金、最低生活保障金和工伤、医疗社会保险金的;(2)案件必须权利义务关系明确;(3)不先予执行将严重影响原告的生活;(4)必须经过原告的申请,法院不能依职权裁定先予执行。

10.5.5 行政诉讼附带民事诉讼

☆ **概念与特点**

行政诉讼附带民事诉讼是法院在审理行政案件的同时,一并审理与之相关的民事纠纷的总称。行政诉讼附带民事诉讼具有以下几个特点:

(1)行政附带民事诉讼实质是两种不同性质的诉讼的合并,行政诉讼解决行政行为合法性问题,民事诉讼解决当事人之间的民事争议,将两种不同性质的诉讼合并是为了节省司法资源,但是在审理过程中,两个诉要分别适用不同的诉讼原则和诉讼制度。

(2)附带民事诉讼的原告可以是行政诉讼的原告,但附带民事诉讼的被告不能是行政诉讼中的被告,因为行政诉讼中的被告只能是行政主体。

(3)在行政附带民事诉讼中,行政诉讼是主诉,行政行为合法性的解决是民事争议解决的前提,且因为行政案件的专业性,以及行政审判庭对行政案件的专属管辖权,因此刑事附带民事诉讼案件应该在行政审判庭审理。

☆ 主要种类和适用条件

以行政裁决案件为例,行政附带民事诉讼适用的条件为:

(1)被告的行政行为是对平等主体之间民事争议所作的行政裁决,若原告并非以行政裁决行为为诉讼标的,那么即使案件涉及民事争议,法院也不能采用行政附带民事诉讼程序来审理。

(2)被诉的行政裁决行为违法,法院才能进行合并审理,因为若行政裁决合法,法院应当作出维持判决,民事纠纷可以依行政裁决而得以解决。

(3)民事争议当事人要求在行政诉讼中一并解决民事争议。若民事争议当事人没有要求法院一并审理的,法院不应该一并审理。

10.5.6　诉讼中止

诉讼中止是指在诉讼进行过程中,因特殊情况的发生,诉讼程序中途停止,待原因消除后恢复诉讼程序的诉讼制度。法定可以导致诉讼中止的事由包括:

(1)原告死亡,需要等待其近亲属表明是否参加诉讼的。

(2)原告丧失诉讼行为能力,尚未确定法定代理人的。

(3)作为一方当事人的行政机关、法人或者其他组织终止,尚未确定权利义务承受人的。

(4)一方当事人因不可抗力,不能参加诉讼的。

(5)案件涉及法律适用问题,需要送请有权机关作出解释或者确认的。

(6)案件的审判必须以相关民事、刑事或者其他行政案件的审理结果为依据,而相关案件尚未审结的。

(7)其他应当中止诉讼的情形。

10.5.7　诉讼终结

诉讼终结指在诉讼进行中因为特殊情况的发生导致诉讼无法进行或继续进行也毫无意义的情形下,法院决定结束对案件审理的制度。可以导致诉讼终结的法定事由主要包括：

(1)原告死亡,没有近亲属或近亲属放弃诉讼权利的。

(2)作为原告的法人或着其他组织终止后,其权利义务的承受人放弃诉讼权利的。

(3)因原告死亡,须等待其近亲属表明是否参加诉讼,或者原告丧失诉讼行为能力尚未确定法定代理人,或者作为一方当事人的行政机关、法人或者其他组织终止,尚未确定权利义务承受人而使诉讼中止满 90 日仍无人继续诉讼,又没特殊情况的。

10.5.8　期间

☆ 期间的概念

行政诉讼的期间是指法院、诉讼当事人及其他诉讼参与人进行诉讼行为的期限和日期,是法律或法院对进行或完成诉讼行为在时间上的要求。狭义的期间指期限,广义的期间包括期限和期日。

期限指法院、诉讼当事人或其他诉讼参与人完成诉讼行为的一段时间;期日指法院、诉讼当事人和其他诉讼参与人进行诉讼时间的具体日期,如案件的开庭期日、案件的宣判期日。一般而言,期限指一段时间,而期日指某一具体的时间点。

☆ 期间的种类

期间可以分为法定期间和指定期间。法定期间指法律明文规定的诉讼期间,如“公民、法人或者其他组织直接向人民法院提起诉讼的,应当自知道或者应当知道作出行政行为之日起六个月内提出”,这里的“六个月”即法定期间;指定期间指法院依职权指定完成某项诉讼行为的期间。如法院确认行政机关具有不作为的情形,判决其限期履行法定职责等。

☆ 期间的计算

期间以时、日、月、年计算单位。依相关法律规定,期限开始日从有关诉讼法律关系主体接收了有关法律文书或诉讼文书的次日起开始计算。法定期间或指定期间的最后一日是节假日的,以节假日期满后的第一个工作日为期间届满的日期。但是法定期间或制定期间的开始日以及期间中的一些日期是节假日的,应该计算在期间内而不应从期间中扣除。诉讼文书的在途期间不包括在期间内,应当注意在途期间仅指诉讼文书的在途期间,而不包括当事人为进行诉讼行为在旅行的在途期间。

☆ **期间的耽误和处理**

期间的耽误,指当事人在法定期间或指定期间内,没有进行或完成应进行或完成的行为。诉讼当事人因不可抗拒的事由或其他正当理由耽误期限的,应当在障碍消除后 1 日内申请法院顺眼期限,是否顺延由法院决定。

10.5.9　送达

☆ **送达的概念**

送达指法院依照法定程序和方式将诉讼文书或法律文书送交当事人和其他诉讼参加人的行为。送达事法院的职权行为,因此,当事人向法院递交诉讼文件不是送达。

☆ **送达方式**

根据相关法律规定,送达主要有以下几种方式:直接送达、留置送达、委托送达、邮寄送达以及由受送达人所在单位转交送达和公告送达。

☆ **送达回证**

送达回证是法院证明完成送达行为的凭证。送达文书必须有送达回证,其基本内容主要包括送达法院的名称、受送达人、送达的诉讼文书的名称、送达的处所和时间、送达的基本情况、受送人或有关见证人的签名或盖章。

法律与规范链接

▲ **必读法条**

《行政诉讼法》第 56 ~ 58 条,第 61 条、第 62 条、第 66 条、第 101 条

△ **延伸法条**

《最高人民法院关于执行〈中华人民共和国行政诉讼法〉若干问题的解释》第 37 条、第 48 条、第 49 条、第 51 条、第 52 条

《最高人民法院关于适用〈中华人民共和国行政诉讼法〉若干问题的解释》第 17 ~ 19 条

典型案例

王某诉某村民委员会不履行协助申报农村住宅用地法定职责案[1]

原告王凤香与案外人黄××原系夫妻，1995年，黄×和原告王凤香离婚，离婚时约定子女由原告抚养，家庭所有财产归原告和子女所有。2009年6月30日，原告王凤香将坐落在原稠城街道(现为福田街道)187.5平方米的土地使用权登记在其名下【土地证号义乌集用(2009)第×××号】。2013年1月30日，黄××(户主)、王凤香(本案原告)及黄××与王凤香的两个女儿经审批取得宅基地使用权144平方米。2015年8月23日，原告王凤香通过邮寄方式向被告义乌市福田街道楼西塘村民委员会提出宅基地申报申请，要求：(1)被告依法为原告187.5平方米宅基地办理申报手续；(2)依法将申报情况书面告知原告。被告于2015年8月24日收到原告申请后，至今未向原告作出答复。

原告王凤香遂于2016年1月5日起诉至义乌市人民法院。法院受理后，于2016年1月8日向被告送达了起诉状副本及应诉通知书。2016年4月14日法院公开开庭审理了该案。原告王凤香及其委托代理人邬宏威到庭参加了诉讼。被告义乌市福田街道楼西塘村民委员会经本院合法传唤，无正当理由拒不到庭参加诉讼。

法院认为，行政机关或法律法规授权的组织依法应当在法定或合理期限内履行其相应的职责。依照《浙江省实施办法》第36条的规定，村民委员会对村民建房用地申请有先行处置的职责。被告义乌市福田街道楼西塘村民委员会在收到原告2015年8月23日提出的要求申报187.5平方米宅基地申请后，至今没有给原告答复。被告的上述行为不符合法律规定，依法应当责令其履行答复职责。被告义乌市福田街道楼西塘村民委员会经本院传票传唤，无正当理由拒不到庭，法院依法可缺席判决。依照《行政诉讼法》第58条、第72条之规定，判决责令被告义乌市福田街道楼西塘村民委员会自本判决生效之日起60日内针对原告王凤香提出的涉案申请作出答复。

案件评议

根据《行政诉讼法》第58条规定，“经人民法院传票传唤，原告无正当理由拒不

---

〔1〕 浙江省义乌市人民法院(2016)浙0782行初3号判决。

到庭，或者未经法庭许可中途退庭的，可以按照撤诉处理；被告无正当理由拒不到庭，或者未经法庭许可中途退庭的，可以缺席判决。”据此，缺席判决主要包括以下几种情形：(1)原告或上诉人申请撤诉，法院裁定不予准许，原告或上诉人经传票传唤无正当理由拒不到庭，或者未经法庭许可中途退庭的，法院可以缺席判决；(2)被告无正当理由拒不到庭或未经法庭许可中途退庭的，法院可以缺席判决。在本案中，被告义乌市福田街道楼西塘村民委员会经法院传票传唤，无正当理由拒不到庭，法院可以缺席判决。

延伸阅读

1. 何海波：《行政诉讼撤诉考》，载《中外法学》2001 年第 2 期。
2. 杨登峰：《对未送达行政行为做出撤销判决还是确认为生效》，载《政治与法律》2016 年第 3 期。
3. 罗智敏：《论行政诉讼中的预防性保护：意大利经验及启示》，载《环球法律评论》2015 年第 6 期。

第 11 章　行政诉讼证据

教学目标

了解和识记行政诉讼证据的基本概念和类型；
了解我国行政诉讼举证责任的分配；
了解和识记行政诉讼证据的举证时限；
识记和理解我国行政诉讼证据规则。

推荐参考资料

1.《行政法与行政诉讼法》编写组:《行政法与行政诉讼法学》,高等教育出版社 2017 年版。
2. 姜明安主编:《行政法与行政诉讼法》,北京大学出版社、高等教育出版社 2015 年第 6 版。
3. 马怀德主编:《行政法与行政诉讼法》,中国法制出版社 2015 年第 5 版。
4. 方世荣、石佑启:《行政法与行政诉讼法》,北京大学出版社 2015 年第 3 版。
5. 张正钊、胡锦光:《行政法与行政诉讼法》,中国人民大学出版社 2015 年第 6 版。
6. 何海波:《行政诉讼法》,法律出版社 2016 年第 2 版。
7. 胡建淼等:《行政诉讼证据的实证与理论研究》,中国法制出版社 2010 年版。
8. 莫于川主编:《行政法与行政诉讼法》,中国人民大学出版社 2015 年第 2 版。

11.1　行政诉讼证据概述

知识要点

11.1.1　行政诉讼证据的概念

☆“证据”的含义

立法中关于“证据”的界定。目前,在国家立法层面,明确对“证据”的概念作界定的只有《刑事诉讼法》。该法第 48 条规定："可以用于证明案件事实的材料，都是证据。"

☆"行政诉讼证据"的含义

"行政诉讼证据"是指，经合法收集的，在行政诉讼中经人民法院审查认可的，用以证明案件事实并表现为一定证据形式的事实材料。[1] 行政诉讼证据应当具备合法性、真实性和关联性。

(1)对于行政诉讼证据的合法性，《最高人民法院关于行政诉讼证据若干问题的规定》(以下简称《证据规定》)作出了明确规定："法庭从证据是否符合法定形式，证据的取得是否符合法律、法规、司法解释和规章的要求和是否有影响证据效力的其他违法情形三个方面审查其合法性。"

(2)行政诉讼证据的真实性表现为两个方面：在内容上，真实性要求行政诉讼证据不能是主观臆测或捏造的，而应是客观事实；在形式上，真实性要求行政诉讼证据必须以人们可以感知的某种方式来表现。

(3)行政诉讼证据的关联性要求行政诉讼证据与被诉的行政行为的合法性存在某种联系。

11.1.2　行政诉讼证据的特征

(1)行政诉讼证据范围广泛、证据种类多样。行政诉讼证据范围的广泛性，是指既包括行政主体作为行政行为的事实根据，还包括行政主体作出行政行为的法律、法规、规章、规范性文件等法律依据；种类的多样性是指《行政诉讼法》第 33 条规定，行政诉讼证据形式包括书证、物证、视听资料、证人证言、当事人陈述、电子数据、鉴定意见、勘验笔录和**现场笔录**。

(2)行政诉讼证据来源具有特殊性。行政诉讼的证据主要来源于行政程序，行政主体在实施行政行为的过程中，要根据"先取证、后裁决"的程序规则，应当全面、客观地对证据进行收集和调查，此后方能依据相应法律、法规等作出行政行为。这就表明，行政诉讼过程中用来证明行政行为合法性的证据，必须是在行政程序中已经被使用过的证据。此外，法院也可以向有关行政主体调取证据，但是法院只是在认为必要时方调取。

(3)行政诉讼证据证明对象具有特定性。行政诉讼证据证明对象是行政主体的行政行为，且证明的侧重点在于被诉行政行为的合法性和事实基础，这在其他类

---

[1] 参见《行政法与行政诉讼法》编写组：《行政法与行政诉讼法学》，高等教育出版社 2017 年版，第 469 页。

型的诉讼中并不存在。

(4)行政诉讼证据规则具有特殊性。行政诉讼证据在提供、收集、质证等方面都有特殊要求,如行政诉讼被告及其诉讼代理人在诉讼过程中不得自行向原告、第三人和证人收集证据等。

(5)行政诉讼证据内容具有专业性。[1] 行政诉讼主要对行政主体作出的行政行为合法性进行审查,随着社会的进步与发展,行政事务呈现出较高的专业性、技术性,不同性质的行政行为具有不同的专业特点,因而对行政诉讼证据提出了较高的专业性要求。

11.1.3 行政诉讼证据的类型

☆ 理论上的分类

在理论上,可将证据作以下七种分类:(1)原始证据与传来证据;(2)言词证据与实物证据;(3)直接证据与间接证据;(4)法定证据与非法定证据;(5)本证与反证;(6)定案证据与非定案证据;(7)主要证据与次要证据。

★★《行政诉讼法》中的证据类型

(1)书证。它是指通过内容、文字、符号、图画等表达一定的思想并用以证明案件事实的材料。书证的特征在于通过其所要表达或反映的思想内容来证明案件的事实。在我国行政诉讼中,书证主要有行政处罚裁定书、处理决定书、罚款单据、罚没单据、通知书、公证书、证明书、账本、报表等。

(2)物证。物证是以外形、特征、规格、质量等证明案件事实的物品或痕迹。物证的显著特征是以其自然状态来证明案件事实,而不具有任何思想内容。这也是物证与书证最大的不同。但是,某一物品在特定情形下可能既是物证,也是书证,如行政处罚决定书等。

(3)视听资料。视听资料是指利用录音、录像、计算机存储等手段所反映出的音响、影像或其他信息证明案件事实的资料。它的独特之处在于其内容的显示通常需要借助于相应的科技设备,同时它所反映的内容更加直观和逼真。

(4)电子数据。它是指基于计算机应用、通信和现代管理技术等电子化技术手段形成的包括文字、图形符号、数字、字母等的客观资料。[2]

---

〔1〕 参见马怀德:《行政诉讼法学》,北京大学出版社 2012 年第 3 版,第 140 页。

〔2〕 参见《行政法与行政诉讼法》编写组:《行政法与行政诉讼法学》,高等教育出版社 2017 年版,第 473 页。

(5)证人证言。证人证言是指了解案件有关情况的人,在诉讼活动中向法院所作的与案件相关事实的陈述。证人须是非本案诉讼当事人,并且必须为自然人。

(6)当事人的陈述。当事人的陈述是指行政诉讼当事人就案件相关情况向法院作出的陈述。当事人陈述是一种应用广泛并且具有较强证明力的证据类型。

(7)鉴定意见。鉴定意见是指人民法院指定具有专门知识的人员运用专业技术对案件事实中需要解决的专门性问题进行鉴定后所作出的结论。[1]

(8)勘验笔录、现场笔录。勘验笔录是指对物品、现场等进行查看、检验、测量、勘察、绘图、拍照后作出的能够证明案件情况的记录。现场笔录是针对于行政机关工作人员而言,在其行使管理活动的过程中,对实施某一行政行为时的现场情况所做的书面记录。

法律与规范链接

▲ 必读法条

《行政诉讼法》第33条

《最高人民法院关于行政诉讼证据若干问题的规定》第55条

典型案例

樊某诉长沙市交通行政执法局案[2]

原告樊某不服被告长沙市交通行政执法局(以下简称市交通执法局)作出的公共客运行政强制措施决定行政行为,于2015年8月12日提起行政诉讼。

被告市交通执法局于2015年8月10日作出《公共客运管某行政强制措施决定书》(以下简称决定书)。决定书中称:市交通执法局执法人员于2015年8月10日10时00分在长沙市桔园立交桥南威泰石油附近实施公共客运执法检查,发现樊某驾驶的湘A牌照的桑塔纳轿车从事城市公共客运运营,因樊某不能当场提供《出租

---

[1] 参见《行政法与行政诉讼法》编写组:《行政法与行政诉讼法学》,高等教育出版社2017年版,第474页。

[2] 资料来源:北大法宝网,http://www.pkulaw.cn/Case/pfnl_1970324871178282.html? match=Exact,最后访问时间:2017年5月25日。

汽车经营许可证》《出租汽车车辆运营证》或其他有效证明，市交通执法局认为樊某的行为违反了《长沙市城市公共客运条例》第20条第2款和第43条第1款的规定，根据《行政强制法》第19条、《长沙市城市公共客运条例》第49条的规定，决定对樊某所驾驶的车辆实施暂扣的行政强制措施。

原告樊某诉称：2015年8月10日10时16分，樊某驾驶车辆送妻子和小孩去长沙市中心医院检查，后因车辆加油，经过长沙市桔园立交桥南威泰石油附近，被市交通执法认定为非法营运，并对樊某所驾驶车辆实施暂扣，请求撤销市交通执法局作出的决定书并返还车辆。

被告市交通执法局辩称：市交通执法局作为地方性行政法规授权的组织，具有对长沙市城市公共客运市场行政执法的权限。市交通执法局作出的行政强制决定事实清楚，证据确凿，适用法律正确，行政执法程序合法，应依法予以维持。

法院审理查明：2015年8月10日10时左右，市交通执法局工作人员在长沙市桔园立交桥南威泰石油附近实施有关公共客运执法检查时，发现樊某将车辆停靠在一名候车女士身前，双方交谈之后，该女士坐入樊某驾驶的湘A牌照的桑塔纳轿车。市交通执法局的工作人员上前调查，查明该女士欲搭乘樊某的车辆前往长沙市袁家岭友谊商店，乘客有到达目的地后支付运费的意思表示。因樊某不能当场提供《出租汽车经营许可证》《出租汽车车辆运营证》或其他有效证明，市交通执法局在告知樊某有陈述和申辩的权利后，根据《行政强制法》第19条、《长沙市城市公共客运条例》第49条的规定当场对樊某作出公共客运强制措施决定（2015）2000379号《公共客运管某行政强制措施决定书》，因樊某拒绝签收，执法人员予以留置送达。樊某认为市交通执法局作出的行政强制措施决定程序违法，其作出的决定书应予以撤销。

上述事实，有长沙市机构编制委员会长编委发〔2012〕19号《关于印发〈长沙市交通行政执法局主要职责内设机构和人员编制规定〉的通知》、市交通执法局组织机构代码证、《公共客运管某行政强制措施决定书》《收车凭证》《立案审批表》《关于湘A××号桑塔纳小汽车非法营运经过》《湖南省行政执法证》、现场视听资料及当事人陈述等证据证实，经庭审举证、质证，予以认定。

法院认为：根据《行政强制法》和《长沙市城市公共客运条例》的规定，市交通执法局具有对非法运营的车辆作出行政强制措施决定的行政执法职权。本案中，市交通执法局查明，2015年8月10日10时左右，樊某在长沙市桔园立交桥南威泰石油站附近与一名女乘客达成乘车口头协议，按乘车人的要求拟将该名乘客送往长沙市袁家岭友谊商店，乘客有到目的地后给付运费的意思表示。为证实上述事实市交通执法局向法院提交了视频资料、关于湘 A××桑塔纳轿车非法运营经过、《公共客运管某行政强制措施决定书》等证据。樊某认为其未从事非法运营，市交通执法局提交的视频资料仅系执法过程的记录，不属于证据。依据《行政诉讼法》第 33 条规定，证据包括书证、物证、视频资料等，故樊某上述诉称某由系法律认知错误。依据被告提交的证据，结合一般社会生活法则，市交通执法局查明樊某的上述行为构成非法运营，市交通执法局认定事实清楚，证据确凿充分。樊某认为市交通执法局在执法过程中存在程序违法。法院查明市交通执法局在执法过程当中，履行了告知执法人员身份、告知当事人享有陈述申辩权利、送达等行政程序，行政程序合法。2015 年 8 月 10 日，市交通执法局依据《行政强制法》第 19 条和《长沙市城市公共客运管某条例》第 49 条的规定，当场对樊某作出公共客运强制措施决定〔2015〕2000379 号《公共客运管某行政强制措施决定书》适用法律正确，樊某要求撤销市交通执法局作出的行政强制措施决定无事实和法律依据，法院不予支持，其诉讼请求应予以驳回。

延伸阅读

1. 姬亚平：《论行政证据与行政诉讼证据关系之重构》，载《行政法学研究》2008 年第 4 期。
2. 黄琳：《优势证据在行政诉讼中的构成及适用——以廖宗荣案为分析对象》，载《证据科学》2014 年第 6 期。
3. 袁启忠：《行政诉讼与民事诉讼证据制度的不同点》，载《政治与法律》1993 年第 5 期。
4. 裴兆斌、张弘：《行政诉讼中规范性文件的证据性质及其法治意义》，载《中国人民公安大学学报：社会科学版》2013 年第 4 期。
5. 洪冬英：《论书证复制件的证据效力》，载《政治与法律》2011 年第 6 期。

11.2　行政诉讼举证责任

知识要点

11.2.1　行政诉讼举证责任的概念

从本质上而言，行政诉讼举证责任是一种“后果责任”，它是指由法律预先设定，在行政诉讼中，案件真实情况难以确定的情况下，由一方当事人提供证据予以证明，其提供不出证明相应事实情况的证据则承担败诉风险及其不利后果的制度[1]。

11.2.2　行政诉讼举证责任的分配

根据《行政诉讼法》及相关司法解释的规定，行政诉讼举证责任的分配主要分为两种情形：一是被告的举证责任；二是原告的举证责任。

★ 被告的举证责任

(1)被告对其作出的行政行为的合法性承担举证责任，行政诉讼是以行政行为的合法性为核心，但诉讼过程中还涉及与行政行为相关的其他问题，如被侵害的程度、实际的损失等，并不完全属于被告的举证责任范围。

(2)被告应当提供作出该行政行为的证据和所依据的规范性文件。规范性依据文件包括作出行政行为时所依据的法律、法规、规章和其他规范性文件。[2]

★ 原告的举证责任

(1)原告向法院提起行政诉讼时应当提供其符合法定起诉条件的证据材料。《行政诉讼法》第49条规定："提起诉讼应当符合下列条件：(一)原告是符合本法第二十五条规定的公民、法人或者其他组织；(二)有明确的被告；(三)有具体的诉讼请求和事实根据；(四)属于人民法院受案范围和受诉人民法院管辖。"

(2)在起诉被告不作为的案件中，原告应当提供其在行政程序中曾经提出申请的证据材料。这一要求具备合理性和正当性，原因在于，原告起诉被告不作为，其就有责任证明已提出过申请，否则要求行政机关履行法定职责的请求便不能成立。当然，也存在两种例外情形：一是被告应当依职权主动履行法定职责的；二是原告因被告受理申请的登记制度不完备等正当事由不能提供相关证据材料并能作出合理说明的。在上述两种情形下，原告起诉被告不作为无须承担举证责任。

(3)在行政赔偿诉讼中，无论单独提起还是一并提起，原告都应当对被诉行政行为造成损害的事实提供证据，但因被告的原因导致原告无法举证的，由被告承担

---

[1] 参见姜明安：《行政法与行政诉讼法》，北京大学出版社、高等教育出版社2015年第6版，第460页。

[2] 参见《行政法与行政诉讼法》编写组：《行政法与行政诉讼法学》，高等教育出版社2017年版，第482页。

举证责任。

11.2.3　行政诉讼的举证时限

行政诉讼的举证时限是指，法律规定的行政诉讼当事人向法院提供证据的期限。举证时限制度有利于提高行政审判的效率，同时也有助于维护司法机关的权威。《行政诉讼法》以及相关司法解释中对行政诉讼当事人的举证期限作出了明确规定。

★ 被告的举证期限

1. 一般规定

《行政诉讼法》第 34 条和第 67 条规定，被告对作出的行政行为负有举证责任，应当在受到起诉状副本之日起 15 日内，提供据以作出被诉行政行为的全部证据和所依据的规范性文件。被告不提供或者无正当理由逾期提供证据的，视为被诉行政行为没有相应的证据。

2. 补充规定

《行政诉讼法》第 36 条第 1 款规定“被告在作出行政行为时已经收集了证据，但因不可抗力等正当事由不能提供的，经人民法院准许，可以延期提供”。《行政诉讼法》第 36 条第 2 款规定“原告或者第三人提出了其在行政处理程序中没有提出的理由或者证据的，经人民法院准许，被告可以补充证据”。《行政诉讼法司法解释》第 31 条第 3 款规定，被告在二审过程中向法院提交在一审过程中应当提交而没有提交的证据，不能作为二审法院撤销或者变更一审裁判的根据。

★ 原告和第三人的举证期限〔1〕

1. 举证的期限

原告和第三人一般应在开庭审理前举证。

2. 延期提供证据规则

原告和第三人延期提供证据需要正当理由，如受到不可抗力的影响、被告的阻扰等，可以申请延期提供证据。经人民法院准许，即是说决定权在人民法院，如果未经准许则不可延期提供。

3. 逾期举证的法律后果

逾期提供证据的法律后果是放弃举证权利。举证责任是一种风险义务，指向

---

〔1〕　参见《行政法与行政诉讼法》编写组：《行政法与行政诉讼法学》，高等教育出版社 2017 年版，第 490 页。

特定的法律后果，不在法定的期限内举证，则自然有不利后果，对于被告而言是败诉，对于原告而言是举证权利的失去。当然，原告或第三人放弃举证权利，并不能由此导致被告行政行为合法性的结果，被告行政行为是否合法仍需依其提供的证据和依据来判断。

法律与规范链接

▲ 必读法条

《行政诉讼法》第34条、第36条、第38条、第49条、第69条

《最高人民法院关于执行〈中华人民共和国行政诉讼法〉若干问题的解释》第27条、第31条

《最高人民法院关于行政诉讼证据若干问题的规定》第4条、第5条、第7条

《最高人民法院关于审理行政赔偿案件若干问题的规定》第3条

典型案例

陈才涛诉蓬莱市北沟镇人民政府、蓬莱市国土资源局案〔1〕

原告陈才涛要求确认被告蓬莱市国土资源局行政强制违法一案，于2015年12月16日向法院提起行政诉讼。

原告陈才涛在其父亲陈友忠受让的平诸路南九顶加油站和车库所在的土地上建设钢结构厂房，2015年7月21日正在建设中的建筑物被人强行拆除。原告陈才涛认为强拆行为系被告蓬莱市国土资源局、蓬莱市北沟镇人民政府所为，该强拆行为违反法定的行政程序，侵害了其合法权益，请求确认二被告拆除厂房的行为违法。

原告诉称，原告因经营需要，在北沟镇孟家村经营的石材厂范围内国有土地上建设钢结构厂房。建设期间，被告蓬莱市国土资源局于2015年7月21日向原告下达了《责令停止国土资源违法行为通知书》，并于当日与被告蓬莱市北沟镇人民政

---

〔1〕资料来源：北大法宝网，http://www.pkulaw.cn/Case/pfnl_1970324871546942.html? match = Exact，最后访问时间：2017年5月25日。

府将原告的厂房强行拆除,其行为明显违法。被告蓬莱市国土资源局作出的《责令停止国土资源违法行为通知书》认定事实不清,适用法律错误,原告建设厂房的土地不是被告认定的集体土地,不适用《土地管理法》第 43 条的规定。二被告所实施的强拆程序违法,二被告应根据《国土资源行政处罚办法》及《行政强制法》的规定履行相应的执法程序,而二被告在未履行相应程序的情况实施拆除行为,其行为违法。综上,被告在事实认定不清、法律适用错误的前提下,以违反法律规定的强拆程序强行拆除原告的厂房,行为严重违法。请求确认二被告拆除原告厂房的行为违法,诉讼费用由被告承担。

原告在法院指定的举证期限内提交了以下证据:

1. 2015 年 7 月 21 日被告蓬莱市国土资源局作出的蓬国土资停字(2015)第 38 号《责令停止国土资源违法行为通知书》。

2. 2010 年 6 月 21 日烟台御任葡萄酒有限公司(甲方)与陈友忠(乙方)签订的《转让协议》,约定甲方将平诸路南九顶加油站和车库转让给乙方永远使用。以此证明其享有涉案土地的使用权。

3. 所有权单位为山东九顶集团公司(加油站)的蓬徐集字第 02 - 19002 号城镇公房所有权证、土地使用权人为山东九顶集团公司的蓬国用(2008)第 0127 号土地使用权证复印件,土地使用权证记载的地类为工业,终止日期为 2008 - 8 - 30,面积 10846 平方米。以此证明涉案土地为国有土地。

4. 照片及视频资料。以此证明拆除行为由被告实施。

被告蓬莱市国土资源局辩称,一、根据《土地管理法》第 43 条的规定,使用土地必须批准,不管原告在什么性质的土地上建厂房、搞建设,都必须经批准,否则就是违法的。原告强调其建设厂房并不是被告认定的集体土地,属认定事实错误一说是不存在的。被告在《责令停止国土资源违法行为通知书》中并未认定原告在什么性质的土地上所建,只是认定原告"未经批准,擅自占地建厂房",并根据《土地管理法》第 43 条及第 67 条之规定,限原告立即停止违法行为,消除违法状态。该通知书认定的事实正确,适用法律适当。二、被告根据国土资源部《国土资源违法行为查处工作规程》第 6 条第 6.2.1 项的规定"对正在实施的违法行为,国土资源主管部门应当依法及时下达《责令停止违法行为通知书》。被告按程序对原告下达通知书,程序合法。被告并未强拆原告违法建设的厂房,原告起诉被告错误,应予驳回。

被告蓬莱市国土资源局在法定期限内向法院提交了以下证据、依据:

1. 原告占地建设照片。

2. 1998 年 8 月 31 日蓬政征字(1998)第 358 号《关于对蓬莱市土地管理局补征用地并向山东九顶集团公司出让国有土地使用权的转批》,内容为"蓬莱市土地管理局因山东九顶集团公司加油站项目建设,补征用徐家集镇孟家村耕地 10 567 平方米,未利用土地 2667 平方米,并将 10 846 平方米的国有土地使用权出让给山东九顶集团公司使用 10 年……";土地使用者为山东九顶集团公司的土地登记审批表。以此证明土地使用期限是 10 年,已经逾期。

3.《责令停止国土资源违法行为通知书》及送达回证。

4.《土地管理法》第 43 条、第 67 条,《国土资源违法行为查处工作规程》6.2.1 的规定。

被告蓬莱市北沟镇人民政府辩称,原告擅自建设涉案厂房的行为属于违法行为,其建设的厂房属于违法建筑,应该被依法拆除。根据《城乡规划法》第 41 条及第 65 条的规定,原告建设厂房应向被告提出申请并办理乡村建设规划许可证,但其并未申请也未办理。被告是否具有本案主体资格,需进一步核实认定。涉案厂房被拆除当天,被告工作人员确实去过拆除现场,但不是去组织、指挥或参与拆除涉案厂房,被告从未做出拆除涉案厂房的决定,也未指派工作人员实际参与拆除。北沟镇城管人员确实于当天到过现场,只是现场维持秩序,不是实际拆除人。从法律上说,北沟城管的管辖单位是否是被告,其执法的后果是否应该由被告承担,目前尚不能确定。请求驳回原告的诉讼请求。

庭审中,法院对原告、被告提交的证据进行了质证。对原告提交的证据,被告蓬莱市国土资源局对证据 1 无异议;对证据 2 真实性不了解,认为土地使用权在 2008 年 8 月 30 日到期,现已过期限,转让协议违法;对证据 3 土地使用权证无异议,对公房所有权证不了解;对证据 4,认为原告所说的其工作人员在现场指挥的说法不成立,其工作人员只是在旁边观看,不能证明在指挥;对证据 4 的真实性,被告蓬莱市北沟镇人民政府没有异议,但认为栾镇长确实在现场,但一直在观望,没有其他行动,无法认定其工作人员与拆除行为有关联,北沟城管在维持现场秩序,与拆除行为也无关联;对其他证据的意见同被告蓬莱市国土资源局。对被告蓬莱市国土资源局提交的证据,原告对证据 1 真实性无异议,但认为厂房建设在国有土地上,原告享有土地使用权,不违反土地管理法规定;对证据 2 真实性无异议,但认为土地使用权的期限问题与本案无关,本案焦点是土地性质,该证据说明涉案土地为国有土地;对证据 3 认为适用法律错误;对证据 4,认为《土地管理法》第 43 条核心是建设行为必须申请使用国有土地,强调在集体土地建房的例外情况,如果没有申请国有土地是其处罚的依据,而本案涉案土地已是国有土地,无须再申请,对《国土资源违法行为查处工作规程》没有异议,但认为不适用本案。被告蓬莱市北沟镇人民政府对被告蓬莱市国土资源局提交的证据无异议。

经庭审质证,法院对证据作如下确认:原告提交的证据来源合法,客观真实,与本案具有关联性,法院确认为有效证据;被告蓬莱市国土资源局提交的证据真实客观,与本案具有关联性,法院确认为有效证据。

经审理查明,2015 年 5 月起原告陈才涛在其父亲陈友忠受让的平诸路南九顶加油站和车库所在的土地上建设钢结构厂房,2015 年 7 月 21 日 8 点 25 分,被告蓬莱市国土资源局的工作人员到原告建设工地送达《责令停止国土资源违法行为通知书》,内容为"你未经批准,擅自占地建车间的行为,涉嫌违反了《中华人民共和国土地管理法》第四十三条的规定,根据《中华人民共和国土地管理法》第六十七条的规定,现责令你立即停止上述违法行为,听候处理。你主动纠正违法行为、消除违法状态的,可以依法从轻、减轻或者免于行政处罚"。在被告蓬莱市国土资源局工作人员尚未离开时,被告蓬莱市北沟镇人民政府工作人员到了现场,持续到当日下午,钢结构建筑被挖掘机拆除。原告提供的视频资料及照片显示二被告的工作人员在现场,蓬莱市国土资源局的工作人员站在旁边观看,在蓬莱市北沟镇人民政府工作人员的组织下,原告的建筑物被拆除。

法院认为:本案的争议焦点是原告所建建筑物是否系二被告拆除;如系二被告拆除,其拆除行为是否合法。

原告提交的视频资料及照片,能够证明案发当日被告蓬莱市北沟镇人民政府工作人员到原告建设工地组织实施了拆除建筑物,双方发生纠纷的事实。被告蓬莱市北沟镇人民政府认可其工作人员在现场,虽否认拆除行为系其实施,但未提供相反证据反驳原告的主张及证据,其意见法院不予采纳。被告蓬莱市国土资源局送达给原告的《责令停止国土资源违法行为通知书》是让原告停止违法行为,未涉及拆除内容,原告提交的视频资料及照片虽能证实被告工作人员在现场,但不能证明其实施了指挥、组织行为,被告亦否认参与了拆除,故对原告主张的其所建建筑物系被告蓬莱市国土资源局拆除,法院依法不予认定。

《行政诉讼法》第 34 条规定"被告对作出的行政行为负有举证责任,应当提供作出该行政行为的证据和所依据的规范性文件。被告不提供或者无正当理由逾期提供证据,视为没有相应的证据。但是,被诉行政行为涉及第三人合法权益,第三人提供证据的除外。”《行政强制法》第8条规定“公民、法人或者其他组织对行政机关实施行政强制，享有陈述权、申辩权；有权依法申请行政复议或者提起行政诉讼……”第44条规定“对违法的建筑物、构筑物，设施等需要强制拆除的，应当由行政机关予以公告，限期当事人自行拆除。当事人在法定期限内不申请行政复议或提起行政诉讼，又不拆除的，行政机关可以依法强制拆除。”根据以上规定，被告蓬莱市北沟镇人民政府在举证期限内未能提供证据、依据证明其具有对原告建筑物实施拆除的主体资格和行政职权，以及对原告建筑物进行拆除时履行了法律规定的程序。

综上，被告蓬莱市北沟镇人民政府实施的强制拆除行为所依据的事实不清，证据不足，程序不合法。对原告要求确认被告蓬莱市北沟镇人民政府的强制拆除行为违法的诉讼请求，法院依法予以支持。原告主张被告蓬莱市国土资源局也实施了强拆行为，证据不足，对原告要求确认其强制拆除行为违法的诉讼请求，法院依法不予支持。

延伸阅读

1. 沈岿:《行政诉讼举证责任个性化研究之初步》,载《中外法学》2000年第4期。
2. 何海波:《举证责任分配:一个价值衡量的方法》,载《中外法学》2003年第2期。
3. 王如铁、何祥:《对完善行政诉讼举证制度的思考与建议》,载《法商研究》1995年第1期。
4. 叶平:《行政诉讼第三人举证问题研究》,载《行政法学研究》2003年第3期。
5. 蔡小雪:《行政诉讼原告承担举证责任的范围》,载《人民司法》2005年第11期。

11.3　行政诉讼的证据规则

知识要点

11.3.1　行政诉讼证据的提供

★ 人民法院有权要求当事人提供或补充证据

法院在下列情形下有权要求当事人提供或补充证据:(1)当事人提供的证据不足以充分证明其主张;(2)被告作出行政行为时已经收集、应向法院提供而未提供的证据材料或规范性文件;(3)法院发现当事人只提供对自己有利的证据,而没有提供对自己不利的证据;(4)当事人应当提供而未提供的证据材料的原件或原物;(5)当事人追加了新的诉讼请求;(6)当事人一方或双方提出了行政程序中没有提出的待证事实。

★ 当事人有向法院主动、及时提供证据的权利和义务

与法院享有的要求当事人提供或补充证据的权力相对应,当事人也有主动、及时向法院提供证据的权利和义务。

★ 各类证据的提供规则

1. 书证

当事人向人民法院提供书证的,应当符合下列要求:(1)提供书证的原件,原本、正本和副本均属于书证的原件,提供原件确有困难的,可以提供与原件核对无误的复印件、照片、节录本;(2)提供由有关部门保管的书证原件的复制件、影印件或者抄录件的,应当注明出处,经该部门核对无异后加盖其印章;(3)提供报表、图纸、会计账册、专业技术资料、科技文献等书证的,应当附有说明材料;(4)被告提供的被诉具体行政行为所依据的询问、陈述、谈话类笔录,应当有行政执法人员、被询问人、陈述人、谈话人签名或者盖章。法律、法规、司法解释和规章对书证的制作形式另有规定的,从其规定。

2. 物证

当事人向人民法院提供物证的,应当符合下列要求:(1)提供原物,提供原物确有困难的,可以提供与原物核对无误的复制件或者证明该物证的照片、录像等其他证据;(2)原物为数量较多的种类物的,提供其中的一部分。

3. 视听资料

当事人向人民法院提供计算机数据或者录音、录像等视听资料的，应当符合下列要求：(1)提供有关资料的原始载体，提供原始载体确有困难的，可以提供复制件；(2)注明制作方法、制作时间、制作人和证明对象等；(3)声音资料应当附有该声音内容的文字记录。

4. 证人证言

当事人向人民法院提供证人证言的，应当符合下列要求：(1)写明证人的姓名、年龄、性别、职业、住址等基本情况；(2)有证人的签名，不能签名的，应当以盖章等方式证明；(3)注明出具日期；(4)附有居民身份证复印件等证明证人身份的文件。

5. 鉴定意见

被告向人民法院提供的在行政程序中采用的鉴定意见，应当载明委托人和委托鉴定的事项、向鉴定部门提交的相关材料、鉴定的依据和使用的科学技术手段、鉴定部门和鉴定人鉴定资格的说明，并应有鉴定人的签名和鉴定部门的盖章。通过分析获得的鉴定意见，应当说明分析过程。

6. 勘验笔录

勘验人员在进行勘验时，必须出示证件，邀请当地基层组织或有关单位派员参加当事人应当到场，并应在笔录上签名，拒不到场的，不影响勘验的进行，但应当在笔录上说明情况。

7. 现场笔录

被告向人民法院提供的现场笔录，应当载明时间、地点和事件等内容，并由执法人员和当事人签名。当事人拒绝签名或者不能签名的，应当注明原因。有其他人在现场的，可由其他人签名。法律、法规和规章对现场笔录的制作形式另有规定的，从其规定。

8. 电子数据

作为一种证据类型，电子数据是新修订的《行政诉讼法》新增内容，该法及相关司法解释并未对其提供规则作出规定。结合最高人民法院对刑事诉讼法的司法解释，电子数据的提供规则应当包括但不限于以下：[1] (1)是否随原始存储介质移送；(2)在原始存储介质无法封存、不便移动或者依法应当由有关部门保管、处理、返还时，应保证电子数据的完整性，同时应当在提取、复制过程及原始存储介质存放地点的附上文字说明和签名；(3)相关电子数据制作情况和真实性如果经对方当

〔1〕 参见姜明安：《行政法与行政诉讼法》，北京大学出版社、高等教育出版社 2015 年第 6 版，第 466 页。

事人确认,或者以公正等其他有效方式予以证明的,与原件具有同等的证明效力;(4)远程调取境外或者异地的电子数据的,当事人应当注明相关情况,对电子数据的规则、类别、文件格式等注明清楚。

11.3.2　行政诉讼证据的调取规则

★★ 法院调取证据规则

人民法院调取证据可以分为三种方式:一是依职权调取证据;二是依申请调取证据;三是异地调取证据。

1. 依职权调取证据

法院享有调查取证权,有权向行政机关及其他组织、公民调取证据。法院不得为证明行政行为的合法性调取被告作出行政行为时未收集的证据。

法院有权调取证据的法定情形:(1)涉及国家利益、公共利益或者他人合法权益的事实认定的;(2)涉及依职权追加当事人、中止诉讼、终结诉讼、回避等程序性事项的。

2. 依申请调取证据

在一些案件中,由于原告和第三人自身条件有限,无法亲自收集相关证据,因而需要通过向法院提出申请,调取证据。法院依申请调取证据的三种情形:(1)由国家机关保存而须由人民法院调取的证据;(2)涉及国家秘密、商业秘密和个人隐私的证据;(3)确因客观原因不能自行收集的其他证据。

3. 异地调取证据

法院异地取证的规则:人民法院需要调取的证据在异地的,可以书面委托证据所在地人民法院调取。受托人民法院应当在收到委托书后,按照委托要求及时完成调取证据工作,送交委托人民法院。受托人民法院不能完成委托内容的,应当告知委托的人民法院并说明原因。

★★ 当事人调取证据规则

1. 被告调取证据

一般情形下,《行政诉讼法》第 35 条规定:“在行政诉讼过程中,被告及其诉讼代理人不得自行向原告、第三人和证人收集证据。”但是,被告调取证据也存在例外,《行政诉讼法》第 36 条第 2 款规定“原告或者第三人提出了其在行政处理程序中没有提出的理由或者证据的,经人民法院准许,被告可以补充证据。”

2. 原告或第三人调取证据

原告或第三人调取证据一般只受举证时限的限制。除此之外,原告或第三人可申请人民法院调取证据,即法院依申请调取证据的情形。

3. 当事人调取证据的要求

当事人申请人民法院调取证据的,应当在举证期限内提交调取证据申请书。调取证据申请书应当写明下列内容:(1)证据持有人的姓名或者名称、住址等基本情况;(2)拟调取证据的内容;(3)申请调取证据的原因及其要证明的案件事实。

人民法院对当事人调取证据的申请,经审查符合调取证据条件的,应当及时决定调取;不符合调取证据条件的,应当向当事人或者其诉讼代理人送达通知书,说明不准许调取的理由。当事人及其诉讼代理人可以在收到通知书之日起3日内向受理申请的人民法院书面申请复议一次。人民法院应当在收到复议申请之日起5日内作出答复。人民法院根据当事人申请,经调取未能取得相应证据的,应当告知申请人并说明原因。

11.3.3　行政诉讼证据的质证规则

★ 质证的含义

作为行政诉讼证据制度的重要问题,质证是进行诉讼活动的核心程序。质证就是法庭的主持下,诉讼当事人在庭审中就法庭上出示的证据采取对质、辩论、说明与核实的证明活动。

★★ 具体质证规则

《证据规定》专辟“证据的对质辨认和核实”一节对质证规则作出了明确规定:

(1)证据应当在法庭上出示,并经庭审质证。未经庭审质证的证据,不能作为定案的依据。当事人在庭前证据交换过程中没有争议并记录在卷的证据,经审判人员在庭审中说明后,可以作为认定案件事实的依据。

(2)经合法传唤,因被告无正当理由拒不到庭而需要依法缺席判决的,被告提供的证据不能作为定案的依据,但当事人在庭前交换证据中没有争议的证据除外。

(3)涉及国家秘密、商业秘密和个人隐私或者法律规定的其他应当保密的证据,不得在开庭时公开质证。

(4)当事人申请人民法院调取的证据,由申请调取证据的当事人在庭审中出示,并由当事人质证。人民法院依职权调取的证据,由法庭出示,并可就调取该证据的情况进行说明,听取当事人意见。

(5)当事人应当围绕证据的关联性、合法性和真实性,针对证据有无证明效力以及证明效力大小,进行质证。经法庭准许,当事人及其代理人可以就证据问题相互发问,也可以向证人、鉴定人或者勘验人发问。当事人及其代理人相互发问,或者向证人、鉴定人、勘验人发问时，发问的内容应当与案件事实有关联，不得采用引诱、威胁、侮辱等语言或者方式。

（6）对书证、物证和视听资料进行质证时，当事人应当出示证据的原件或者原物。但有下列情况之一的除外：一是出示原件或者原物确有困难并经法庭准许可以出示复制件或者复制品；二是原件或者原物已不存在，可以出示证明复制件、复制品与原件、原物一致的其他证据。视听资料应当当庭播放或者显示，并由当事人进行质证。

当事人要求鉴定人出庭接受询问的，鉴定人应当出庭。鉴定人因正当事由不能出庭的，经法庭准许，可以不出庭，由当事人对其书面鉴定意见进行质证。对于出庭接受询问的鉴定人，法庭应当核实其身份、与当事人及案件的关系，并告知鉴定人如实说明鉴定情况的法律义务和故意作虚假说明的法律责任。

对被诉具体行政行为涉及的专门性问题，当事人可以向法庭申请由专业人员出庭进行说明，法庭也可以通知专业人员出庭说明。必要时，法庭可以组织专业人员进行对质。当事人对出庭的专业人员是否具备相应专业知识、学历、资历等专业资格等有异议的，可以进行询问。由法庭决定其是否可以作为专业人员出庭。

（7）法庭在质证过程中，对与案件没有关联的证据材料，应予排除并说明理由。法庭在质证过程中，准许当事人补充证据的，对补充的证据仍应进行质证。法庭对经过庭审质证的证据，除确有必要外，一般不再进行质证。

（8）在第二审程序中，对当事人依法提供的新的证据，法庭应当进行质证；当事人对第一审认定的证据仍有争议的，法庭也应当进行质证。

（9）按照审判监督程序审理的案件，对当事人依法提供的新的证据，法庭应当进行质证；因原判决、裁定认定事实的证据不足而提起再审所涉及的主要证据，法庭也应当进行质证。

11.3.4　行政诉讼证据的作证规则

★★《证据规定》第 41 ~46 条对行政诉讼作证规则作出了明确规定

（1）凡是知道案件事实的人，都有出庭作证的义务。有下列情形之一的，经人民法院准许，当事人可以提交书面证言：当事人在行政程序或者庭前证据交换中对证人证言无异议的；证人因年迈体弱或者行动不便无法出庭的；证人因路途遥远、交通不便无法出庭的；证人因自然灾害等不可抗力或者其他意外事件无法出庭的；证人因其他特殊原因确实无法出庭的。

（2）不能正确表达意志的人不能作证。根据当事人申请，人民法院可以就证人能否正确表达意志进行审查或者交由有关部门鉴定。必要时,人民法院也可以依职权交由有关部门鉴定。

(3)当事人申请证人出庭作证的,应当在举证期限届满前提出,并经人民法院许可。人民法院准许证人出庭作证的,应当在开庭审理前通知证人出庭作证。当事人在庭审过程中要求证人出庭作证的,法庭可以根据审理案件的具体情况,决定是否准许以及是否延期审理。

(4)有下列情形之一,原告或者第三人可以要求相关行政执法人员作为证人出庭作证:对现场笔录的合法性或者真实性有异议的;对扣押财产的品种或者数量有异议的;对检验的物品取样或者保管有异议的;对行政执法人员的身份的合法性有异议的;需要出庭作证的其他情形。

(5)证人出庭作证时,应当出示证明其身份的证件。法庭应当告知其诚实作证的法律义务和做伪证的法律责任。出庭作证的证人不得旁听案件的审理。法庭询问证人时,其他证人不得在场,但组织证人对质的除外。

(6)证人应当陈述其亲历的具体事实。证人根据其经历所作的判断、推测或者评论,不能作为定案的依据。

11.3.5　行政诉讼证据的审查规则

★ 行政诉讼证据审查的含义

行政诉讼证据的审查,是指在法官的主持和诉讼参与人的参加下,依法对各种证据进行分析判断,确定证据材料与案件事实之间的证明关系,排除不具有关联性的证据材料,找到可定案证据的活动。[1]

★★ 行政诉讼证据审查的内容

1. 行政诉讼证据的**合法性**。法院在审查证据合法性时应当从以下三个方面进行:(1)证据的取得是否符合法律、法规、司法解释以及规章的要求;(2)证据的形式是否合法;(3)是否存在影响证据效力的其他违法情形。

2. 行政诉讼证据的**真实性**。法院在审查证据真实性时应当从以下几个方面进行:(1)证据形成的原因;(2)发现证据时的客观环境;(3)证据是否为原件、原物,复制件与原件原物是否相符;(4)提供证据的人或者证人与当事人是否有利害关系;(5)影响证据真实性的其他因素。

---

〔1〕 参见方世荣、石佑启主编:《行政法与行政诉讼法》,北京大学出版社 2015 年第 3 版,第 376 页。

11.3.6　行政诉讼证据的认定规则

★★ 行政诉讼证据的认定

行政诉讼证据的认定,是指法院对相关证据进行审查核实之后,排除不具有真实性和合法性的证据材料,采纳具有证明力和可信度的证据的行为。《证据规定》专辟“证据的审核认定”一节对其进行规定。

1. 下列证据材料不能作为定案依据:(1)严重违反法定程序收集的证据材料;(2)以偷拍、偷录、窃听等手段获取侵害他人合法权益的证据材料;(3)以利诱、欺诈、胁迫、暴力等不正当手段获取的证据材料;(4)当事人无正当事由超出举证期限提供的证据材料;(5)在中华人民共和国领域以外或者在中华人民共和国香港特别行政区、澳门特别行政区和台湾地区形成的未办理法定证明手续的证据材料;(6)当事人无正当理由拒不提供原件、原物,又无其他证据印证,且对方当事人不予认可的证据的复制件或者复制品;(7)被当事人或者他人进行技术处理而无法辨明真伪的证据材料;(8)不能正确表达意志的证人提供的证言;(9)不具备合法性和真实性的其他证据材料。

2. 以违反法律禁止性规定或者侵犯他人合法权益的方法取得的证据,不能作为认定案件事实的依据。

3. 被告在行政程序中依照法定程序要求原告提供证据,原告依法应当提供而拒不提供,在诉讼程序中提供的证据,人民法院一般不予采纳。

4. 下列证据不能作为认定被诉具体行政行为合法的依据:(1)被告及其诉讼代理人在作出具体行政行为后或者在诉讼程序中自行收集的证据;(2)被告在行政程序中非法剥夺公民、法人或者其他组织依法享有的陈述、申辩或者听证权利所采用的证据;(3)原告或者第三人在诉讼程序中提供的、被告在行政程序中未作为具体行政行为依据的证据。

5. 复议机关在复议程序中收集和补充的证据,或者作出原具体行政行为的行政机关在复议程序中未向复议机关提交的证据,不能作为人民法院认定原具体行政行为合法的依据。

6. 对被告在行政程序中采纳的鉴定意见,原告或者第三人提出证据证明有下列情形之一的,人民法院不予采纳:(1)鉴定人不具备鉴定资格;(2)鉴定程序严重违法;(3)鉴定意见错误、不明确或者内容不完整。

7. 在庭审中一方当事人或者其代理人在代理权限范围内对另一方当事人陈述的案件事实明确表示认可的,人民法院可以对该事实予以认定。但有相反证据足以推翻的除外。

8. 在不受外力影响的情况下，一方当事人提供的证据，对方当事人明确表示认可的，可以认定该证据的证明效力；对方当事人予以否认，但不能提供充分的证据进行反驳的，可以综合全案情况审查认定该证据的证明效力。

9. 下列事实法庭可以直接认定：(1)众所周知的事实；(2)自然规律及定理；(3)按照法律规定推定的事实；(4)已经依法证明的事实；(5)根据日常生活经验法则推定的事实。前述(1)、(3)、(4)、(5)项，当事人有相反证据足以推翻的除外。

10. 原告确有证据证明被告持有的证据对原告有利，被告无正当事由拒不提供的，可以推定原告的主张成立。

11. 生效的人民法院裁判文书或者仲裁机构裁决文书确认的事实，可以作为定案依据。但是如果发现裁判文书或者裁决文书认定的事实有重大问题的，应当中止诉讼，通过法定程序予以纠正后恢复诉讼。

12. 下列证据不能单独作为定案依据：(1)未成年人所作的与其年龄和智力状况不相适应的证言；(2)与一方当事人有亲属关系或者其他密切关系的证人所作的对该当事人有利的证言，或者与一方当事人有不利关系的证人所作的对该当事人不利的证言；(3)应当出庭作证而无正当理由不出庭作证的证人证言；(4)难以识别是否经过修改的视听资料；(5)无法与原件、原物核对的复制件或者复制品；(6)经一方当事人或者他人改动，对方当事人不予认可的证据材料；(7)其他不能单独作为定案依据的证据材料。

13. 庭审中经过质证的证据，能够当庭认定的，应当当庭认定；不能当庭认定的，应当在合议庭合议时认定。人民法院应当在裁判文书中阐明证据是否采纳的理由。

★★ 行政诉讼证据的证明力

证据的证明力，是指证据本身所显示出来的能够让法官相信其所正式的案件事实的效力。根据《证据规定》，行政诉讼证据的证明力如下：

(1)国家机关以及其他职能部门依职权制作的公文文书优于其他书证；

(2)鉴定意见、现场笔录、勘验笔录、档案材料以及经过公证或者登记的书证优于其他书证、视听资料和证人证言；

(3)原件、原物优于复制件、复制品；

(4)法定鉴定部门的鉴定意见优于其他鉴定部门的鉴定意见；

(5)法庭主持勘验所制作的勘验笔录优于其他部门主持勘验所制作的勘验笔录；

(6)原始证据优于传来证据;

(7)其他证人证言优于与当事人有亲属关系或者其他密切关系的证人提供的对该当事人有利的证言;

(8)出庭作证的证人证言优于未出庭作证的证人证言;

(9)数个种类不同、内容一致的证据优于一个孤立的证据;

(10)以有形载体固定或者显示的电子数据交换、电子邮件以及其他数据资料,其制作情况和真实性经对方当事人确认,或者以公证等其他有效方式予以证明的,与原件具有同等的证明效力。

法律与规范链接

▲ 必读法条

《行政诉讼法》第 39 ~ 41 条

《最高人民法院关于行政诉讼证据若干问题的规定》第 10 ~ 14 条,第 22 条,第 24 ~ 26 条,第 33 条,第 41 ~ 46 条,第 55 条、第 56 条、第 63 条

典型案例

李枚加诉乐山市人民政府政务服务中心案[1]

上诉人李枚加因诉乐山市人民政府政务服务中心不履行行政其他职责一案,不服峨眉山市人民法院(2014)峨眉行初字第 70 号行政裁定,提起上诉。法院依法组成合议庭,定于 2015 年 5 月 15 日公开开庭审理本案。

原审审理查明,2014 年 10 月 9 日,被告政务中心收到原告李枚加提交的致乐山市林业局、乐山市环保局、乐山市工商局、乐山市质监局、乐山市食药监局、乐山市文广新局的信息公开申请书各一份,并由被告单位的工作人员郭利华签收。2014 年 11 月 6 日,原告请求判令:1. 确认被告 2014 年 10 月 9 日拒绝接收《信息公开申请书》(致乐山市农业局)的行政行为违法;2. 判令被告承担本案诉讼费用。在本案

[1] 资料来源:乐山法院裁判文书网网站,http://www.lsfy.gov.cn/ws/info-4166.html,最后访问时间:2017 年 5 月 25 日。

审理中,原告于2014年12月2日申请法院调取10月9日下午政务服务中心办公区域监控视频,同时申请郭越、费琴、政务服务中心主任万夏、工作人员郭利华出庭作证。法院经审查准予原告调取监控视频和申请郭越、费琴、郭利华出庭作证申请;原告申请政务服务中心主任万夏出庭申请因无事实和法律依据,法院依法不予准许。2014年12月12日,法院向被告发出《调取证据函》,调取被告2014年10月9日下午办公区域监控视频。2014年12月16日,被告向法院出具《情况说明》,说明政务服务中心安保监控系统于2014年4月建成,共计63人监控点位,储存空间48tb,每个监控点位录像储存时长为26~30天。10月9日距今已超过市政务中心安保监控录像储存有效时间,故无法提供。2015年1月23日,被告又向法院出具《情况说明》,内容为"关于贵院受理李枚加诉乐山市人民政府政务服务中心行政其他一案,要求我单位职工郭利华作为证人出庭,由于1月28日该同志因工作需要无法到场,特此说明。"2015年1月25日,郭利华向法院出具书面情况说明,内容为"2014年10月9日,本人共收到李枚加对市林业局、市环保局、市工商局、市质监局、市食药监局、市文广新局等6个市级部门的依申请公开申请书各一份。本人按照相关规定,将李枚加提出的6份申请分别转送了相关单位。"2015年1月28日庭审中,原告李枚加申请的证人费琴、郭越均未出庭作证。

原审法院认为,原告李枚加起诉要求确认被告政务中心2014年10月9日拒绝接收《信息公开申请书》(致乐山市农业局)的行政行为违法,但根据已查明事实,不能证明原告李枚加在2014年10月9日向被告政务中心递交过送交乐山市农业局的《信息公开申请书》。因此,原告的起诉不符合《行政诉讼法》第41条第3项"提起诉讼应当符合下列条件:……(三)有具体的诉讼请求和事实根据……"的规定,属于最高人民法院《关于执行〈中华人民共和国行政诉讼法〉若干问题的解释》第44条第1款第11项"有下列情形之一的,应当裁定不予受理;已经受理的,裁定驳回起诉:……(十一)起诉不具备其他法定要件的"规定的情形,依法不应受理。已经受理的,应裁定驳回起诉。据此,依照《最高人民法院关于执行〈中华人民共和国行政诉讼法〉若干问题的解释》第44条第1款第11项之规定,裁定驳回原告李枚加的起诉,案件受理费50元,退还原告李枚加。

上诉人李枚加上诉称,原审认定事实不清。上诉人是否通过被上诉人递交信息公开申请书(致乐山市农业局)是案件主要争议焦点。能证明案件事实的证据有:(1)被上诉人办公场所的视频监控;(2)被上诉人综合科科长郭利华;(3)上诉人的证人费琴;(4)上诉人的证人郭越。原审裁定陈述视频监控超过储存有效时间无法提取,上诉人予以接受。但原审三位证人均有正当理由未出庭作证,人民法院在未查清案件事实即作出裁定,属事实不清。二审中,上诉人坚持证人出庭作证。请求二审法院撤销原审裁定,本案发回重审。

被上诉人乐山市人民政府政务服务中心答辩称:一、上诉人没有提交证据证明被上诉人收到过对农业局的政府信息公开申请书;二、上诉人申请出庭的证人系上诉人的朋友,与上诉人之间存在密切的社会关系,对上诉人有利的证人证言不能作为定案的依据。

法院认为,本案主要有以下争议焦点:

一、关于上诉人李枚加上诉称证人出庭的问题

根据《最高人民法院关于行政诉讼证据若干问题的规定》第 43 条第 1 款规定,当事人申请证人出庭作证的,应当在举证期限届满前提出,并经人民法院许可。在原审法院审理过程中,上诉人申请的证人费琴、郭越为其出庭作证,但证人未出庭作证,故上诉人在二审中坚持其证人出庭作证的请求,不符合法律规定。关于被上诉人工作人员出庭的问题。原审中,被上诉人向原审法院提交了《情况说明》,说明了其工作人员不能出庭的理由。其后,该工作人员出具了《情况说明》,说明了当时的具体情况,故上诉人坚持证人出庭的请求,不符合法律规定。

二、关于上诉人李枚加提供的证人证言是否应当采信的问题

根据《最高人民法院关于行政诉讼证据若干问题的规定》第 71 条第 2 项规定,与一方当事人有亲属关系或者其他密切关系的证人所作的对该当事人有利的证言,或者与一方当事人有不利关系的证人所作的对该当事人不利的证言,不能单独作为定案的依据。本案上诉人提供费琴的书面《证人证言》,载明费琴陪同上诉人前往被上诉人行政服务中心递交《行政公开申请书》,表明上诉人与费琴之间关系密切,其所提供的证人证言,法院依法不予采信。

三、关于上诉人李枚加的起诉是否符合法律规定的起诉条件的问题

根据修订前的《行政诉讼法》第 41 条第 3 项的规定,提起诉讼应当有具体的诉讼请求和事实根据。本案上诉人提供的证据材料不能证明其向被上诉人递交了针对乐山市农业局提出的《信息公开申请书》,其起诉不符合法律规定的起诉条件。据此,根据《最高人民法院关于执行〈中华人民共和国行政诉讼法〉若干问题的解释》第 44 条第 1 款第 11 项的规定,应当裁定驳回其起诉。

综上所述,上诉人的上诉理由不能成立,对其请求法院不予支持。原审裁定认定事实清楚,适用法律正确,程序合法。

延伸阅读

1. 沈宏:《论行政证据规则与诉讼证据规则多样化联系——兼论行政证据立法之必要性》,载《行政与法》2004 年第 5 期。
2. 刘巍:《行政诉讼证据制度中人民法院权力解析》,载《法律科学》2006 年第 2 期。
3. 张步洪:《行政诉讼举证规则的体系解释》,载《国家检察官学院学报》2015 年第 4 期。
4. 刘莘、金成波:《〈行政诉讼法〉修改后的证据规定评析》,载《南京社会科学》2015 年第 11 期。
5. 宋国涛:《行政诉讼中作证性行政证明证据形式的认定研究》,载《证据科学》2013 年第 4 期。

11.4 行政诉讼的证据保全

知识要点

11.4.1 行政诉讼证据保全的含义

行政诉讼证据保全是指,在行政诉讼中,在证据可能灭失或者以后可能难以取得情况下,人民法院依职权或根据诉讼当事人的申请采取必要措施对相关证据材料予以固定和保护的一项制度。

11.4.2 行政诉讼证据保全的条件

(1)证据可能灭失。包括以下两种情况:一是证据材料本身可能不复存在;二是证据材料的载体可能存在,但可能失去证明作用。

(2)证据以后难以取得。难以取得并非是今后绝无可能取得,而是指错过一定时机,取得的难度较大。

(3)提请证据保全的期限。当事人根据规定向人民法院申请保全证据的,应当在举证期限届满前以书面形式提出。

11.4.3 行政诉讼证据保全的启动方式

(1)法院依申请进行证据保全。法院是否采取行政诉讼的证据保全措施,是根据案件具体情况而定,如法院同意证据保全的申请,则应作出准许裁定并及时采取保全措施;如法院不同意证据保全的申请,则应作出不予保全的裁定并说明理由。当事人申请保全证据的,人民法院可以要求其提供相应的担保。

（2）法院依职权主动进行证据保全。在行政诉讼过程中，若法院发现相关证据存在灭失或难以取得的可能，则可依职权主动采取证据保全措施。

11.4.4　行政诉讼证据保全的方法措施

对证据保全采用何种方法应当依据证据的类型而定。一般而言，法院可以根据具体情况，采取查封、扣押、拍照、录音、录像、复制、鉴定、勘验、制作询问笔录等保全措施。

法律与规范链接

▲ **必读法条**

《行政诉讼法》第 42 条

《最高人民法院关于行政诉讼证据若干问题的规定》第 27 ~ 28 条

典型案例

朱学虎诉天津市国土资源和房屋管理局津南区国土资源分局案[1]

上诉人朱学虎诉被上诉人天津市国土资源和房屋管理局津南区国土资源分局确认行政行为违法一案，不服天津市津南区人民法院（2015）南行初字第 8 号行政判决，向法院提起上诉。

原审法院经审理查明，2003 年 11 月 18 日天津市第二中级人民法院出具（2002）二中执字第（1132 – 1138） – 2 号民事裁定书。该裁定书载明，将被执行人天津市海河电冰箱压缩机公司所有的位于天津市津南区津沽公路红泥河桥东南的房产及土地使用权（地号 7 – 024）拍卖给朱学虎，裁定将该房产所有权和土地使用权转到朱学虎名下。同日向原天津市津南区规划和国土资源局下发（2002）二中执字第（1132 – 1138） – 10 号协助执行通知书，要求将天津市海河电冰箱压缩机公司位于天津市津南区津沽公路红泥河桥东南土地使用权（地号 7 – 024）转到朱学虎名下。2004 年 8 月原告经营的天津市学虎建筑材料经销处（以下简称学虎建材经销

---

〔1〕 资料来源：北大法宝网，http://www.pkulaw.cn/Case/pfnl_1970324860490445.html? match = Exact，最后访问时间：2017 年 5 月 25 日。

处)取得了该地块16 818.25平方米中的7795.39平方米国有土地使用权。2014年9月5日原告向被告提出申请,要求被告为其办理9022.86平方米国有土地使用权登记并提供了申请书等相关材料。被告经审查后认为,原告申请的9022.86平方米国有土地使用权在2004年为其办理7795.39平方米国有土地使用权登记时,依据规划条件,已经作为界外地予以退出,并未出让给学虎建材经销处。庭审中,被告称原告提交的申请土地使用权登记的材料亦不符合《天津市土地登记技术规范》的规定,被告依据《土地登记办法》第18条第5项作出的《不予登记通知书》符合法律规定,程序合法。原告对被告的《不予登记通知书》不服,提起行政诉讼。

另查明,本案涉及的土地位于天津市津南区辛庄镇,根据2004年1月原天津市津南区规划和国土资源局出具的规划设计条件批准通知书及附图,本案涉及的土地总用地面积约为16 820平方米,其中可用地面积约为7700平方米。2004年8月原告朱学虎经营的学虎建材经销处取得了7795.39平方米国有土地使用权。

原审法院认为,被告作为县级以上人民政府国土资源行政主管部门,具有受理原告土地登记申请并依法进行审查作出给予登记或者不予登记行政行为的主体资格和职权。根据《天津市土地登记技术规范》2.1.6的规定"土地登记申请人应提交的资料……土地权属来源证明:直接的土地权属来源证明文件包括……司法机关的裁定书或裁决文件……及法律法规规定的其他文件。具体包括:有偿使用合同……税费缴纳凭证等"。《土地登记办法》亦对土地登记条件作出了规定,《土地登记办法》第18条第3项、第5项规定"有下列情形之一的,不予登记……(三)未依法足额缴纳土地有偿使用费和其他税费的……(五)其他依法不予登记的"。2014年9月5日,原告向被告申请土地登记时虽然提供了天津市第二中级人民法院的裁定书及协助执行通知书,但该司法文书是原告土地权属来源的证明文件之一,申请土地登记还应同时符合上述其他条件。根据庭审查明的情况,原告在申请土地登记时提供的材料不符合《土地登记办法》和《天津市土地登记技术规范》中土地登记申请人应提交资料的规定。因此被告作出《不予登记通知书》符合法律、法规及规范性文件的规定。

在本案审理中,原告始终认为被告提供的部分证据即学虎建材经销处在2004年取得7795.39平方米国有土地使用权登记过程中的相关材料属伪造,并申请鉴定该证据的真伪。对此,原审法院认为,虽然原告主张被告提供的证据系伪造,但原告已于2004年8月即以学虎建材经销处的名义取得了7795.39平方米国有土地使用权属客观事实。综观本案,双方争议的焦点是被告是否应当为原告办理9022.86平方米土地使用权登记。虽然被告作出的《不予登记通知书》内容中涉及了学虎建材经销处取得7795.39平方米土地使用权的事实，但其对原告申请9022.86平方米土地使用权作出不予登记的行政行为所依据的客观事实依然是原告的申请依据不足，不符合登记条件。故原告要求鉴定被告证据的真伪性与证明本案待证事实无关联性和实际意义。

另外，对于原告认为被告应当履行天津市第二中级人民法院民事裁定和协助执行通知书，为原告办理土地使用权登记的主张，原审法院认为，司法文书是原告土地权属的证明文件，是原告提出土地登记申请时应当提交的材料之一，原告若要取得土地使用权证，还应当符合其他法定条件，故原告认为被告未按司法文书为其办理土地使用权证，属于行政不作为的主张不能成立。综上，对原告确认津国土房津南发(2014)274号《不予登记通知书》违法、判令被告按照(2002)二中执字第(1132－1138)－10号协助执行通知书为原告办理天津市津南区津沽公路红泥河桥东南土地(地号7－024)的使用权登记手续的诉讼请求不予支持。依照《行政诉讼法》第69条之规定，判决：驳回原告朱学虎的诉讼请求。案件受理费50元由原告承担。

原审法院判决后，上诉人朱学虎不服，向法院提起上诉，请求：1.撤销原审法院判决；2.确认津国土房津南发(2014)274号《不予登记通知书》违法；3.判令被上诉人按照(2002)二中执字第(1132－1138)－10号协助执行通知书为上诉人办理天津市津南区津沽公路红泥河桥东南土地(地号7－024)的使用权登记手续；4.本案诉讼费由被上诉人承担。理由：1.上诉人依法取得16818.25平方米土地使用权，应当受到法律保护；2.上诉人没有签署任何保证书，更没有同意放弃剩下的国有土地使用权；3.本案中的被上诉人提供的主要证据系伪造；4.被上诉人不同意对其提交的证据进行鉴定，按照行政诉讼法及相关的规定，应当承担不利后果；5.原审法院对于被上诉人提供的证据不予保全，以举证期限届满前未申请证据保全系司法不公。

被上诉人天津市国土资源和房屋管理局津南区国土资源分局辩称，已经按照天津市第二中级人民法院的协助执行通知书，依据当时规划出具的条件，与学虎建材经销处签订了现状补办类《天津市国有土地使用权出让合同》，为其办理了7795.39平方米国有土地使用权变更登记。依据《土地登记办法》第18条第5项和《天津市土地登记技术规范》之规定，上诉人2014年9月5日提出9022.86平方米土地使用权登记申请，应当向被上诉人提交《国有土地使用权出让合同》及出让费收据等材料。根据上述事实和法律法规规定,上诉人的申请不符合办理国有土地使用权登记,故不予办理土地登记。被上诉人对上诉人作出的行政行为事实清楚,程序合法,请求法院驳回上诉人的诉讼请求。

合议庭经评议认为,原审法院就上诉人及被上诉人在原审期间提交证据的认证意见正确,法院予以确认。关于上诉人在法院受理期间提交的《证据保全申请书》,依据《最高人民法院关于行政诉讼证据若干问题的规定》第 27 条之规定,依法予以驳回其证据保全申请。针对上诉人提出对盖章、签字的鉴定申请及证明目的,与本案上诉人的诉讼请求及待证事实无关联性,法院不予支持。

法院审理查明的事实与原审判决认定的事实一致。

法院认为,依据《土地登记办法》第 3 条的规定,被上诉人具有受理上诉人土地登记申请并依法进行审查,是否给予土地使用权登记的主体资格和法定职权。根据《天津市土地登记技术规范》2.1.6 的规定“土地登记申请人应提交的资料;……土地权属来源证明:直接的土地权属来源证明文件包括……司法机关的裁定书或裁决文件……及法律法规规定的其他文件。具体包括:有偿使用合同……税费缴纳凭证等”。《土地登记办法》第 18 条第 3 项、第 5 项规定“有下列情形之一的,不予登记……(三)未依法足额缴纳土地有偿使用费和其他税费的;……(五)其他依法不予登记的”。2014 年 9 月 5 日,上诉人向被上诉人申请土地登记时虽然提供了天津市第二中级人民法院作出的(2002)二中执字第(1132 - 1138) - 2 号民事裁定书及(2002)二中执字第(1132 - 1138) - 10 号协助执行通知书,但该司法文书是上诉人土地权属来源的证明文件之一,申请土地登记还应同时符合上述其他条件。根据本案现有证据,上诉人在申请土地登记时提供的材料不符合《土地登记办法》和《天津市土地登记技术规范》中土地登记申请人应提交资料的规定。因此被上诉人作出《不予登记通知书》符合法律、法规及规范性文件的规定。上诉人认为被上诉人未按司法文书为其办理土地使用权证,属于行政不作为,属于不履行协助义务的妨碍民事诉讼行为的上诉请求法院不予支持。

综上所述,被上诉人作出的津国土房津南发(2014)274 号《不予登记通知书》并无不当。原审判决认定事实清楚、程序合法、适用法律正确,应予维持。上诉人的上诉请求,法院不予支持。

延伸阅读

1. 宁杰:《论我国诉前证据保全制度》,载《江苏警官学院学报》2002 年第 5 期。
2. 黄学贤:《行政诉讼中的暂时性法律保护制度探讨》,载《东方法学》2008 年第 4 期。
3. 许少波:《证据保全制度的功能及其扩大化》,载《法学研究》2009 年第 1 期。
4. 张超:《论行政诉讼暂时权益保护制度构建》,载《国家行政学院学报》2008 年第 1 期。
5. 刘晶:《证据保全理论之审视与重构》,载《辽宁行政学院学报》2013 年第 2 期。

第12章　行政诉讼的裁判与执行

教学目标

了解和识记行政诉讼裁判的概念、类型、效力和适用情形；
了解和识记行政诉讼执行的概念、执行主体、执行主体、执行期限、执行方式。

推荐参考资料

1.《行政法与行政诉讼法学》编写组:《行政法与行政诉讼法学》,高等教育出版社2017年版。
2. 叶必丰主编:《行政法与行政诉讼法》,高等教育出版社2015年第3版。
3. 姜明安主编:《行政法与行政诉讼法》,北京大学出版社2015年第6版。
4. 莫于川主编:《行政法与行政诉讼法》,中国人民大学出版社2015年第2版。
5. 方世荣、石佑启主编:《行政法与行政诉讼法》,北京大学出版社2015年第3版。
6. 张正钊、胡锦光主编:《行政法与行政诉讼法》,中国人民大学出版社2015年第6版。

12.1　行政诉讼裁判概述

知识要点

12.1.1　行政诉讼裁判的概念

☆ **行政诉讼裁判的概念**

行政诉讼裁判是指,人民法院在审理行政案件的过程中,为了有效地行使审判权,根据已经查明的事实和有关的法律规定,对行政案件的实体性问题和程序性问题,作出的具有强制性的结论性判定。**人民法院的裁判分为判决、裁定和决定三种形式**。裁判一旦生效即具有确定力、拘束力和执行力,非经法定的程序,任何组织和个人都不得改变。

12.1.2　行政诉讼判决

☆ 一审行政诉讼判决的概念

行政诉讼判决,简称行政判决,是指人民法院审理行政案件终结时,根据审理所查清的事实,依据法律规定对行政案件实体问题作出的结论性处理决定。行政诉讼判决是人民法院行使国家行政审判权对行政机关进行监督的集中体现,是人民法院处理解决争议的基本手段,也是人民法院审理行政案件和当事人参加诉讼的结果的表现形式。

★ 行政案件的判决的类型〔1〕

1. 驳回诉讼请求判决

它是指人民法院经审理认为原告的诉讼请求依法不能成立,但又不适宜对被诉具体行政行为作出其他类型的判决的情况下,直接作出否定原告诉讼请求的一种判决形式。驳回诉讼请求判决的适用条件。包括以下几个方面:(1)被诉行政行为合法,即被诉行政行为证据确凿,适用法律、法规正确,符合法定程序的;(2)原告的诉讼请求不能成立,主要有两种情形:一是原告申请被告履行法定职责不成立。二是原告申请被告给付义务的理由不成立。

2. 撤销判决

它是指人民法院经过对案件的审查,认定被诉具体行政行为部分或全部违法,从而部分或全部撤销被诉具体行政行为,并可以责令被告重新作出具体行政行为的判决。撤销判决可以分为:全部撤销、部分撤销、判决撤销同时判决重新作出行政行为三种。

适用撤销判决的基本条件:一是被诉行政行为具有违法性,这是适用撤销判决的前提条件;二是被诉行政行为属于作为行政行为,撤销判决不适用不作为行政行为;三是被诉行政行为已经成立并在判决时仍然存在,否则就没有撤销的必要;四是具有可撤销的内容,如果不具有可撤销的内容,可选择适用确认判决;五是撤销不会损害国家利益或社会公共利益。

有下列情形之一的,人民法院判决撤销或者部分撤销,并可以判决被告重新作出行政行为:(1)主要证据不足的;(2)适用法律、法规错误的;(3)违反法定程序

---

〔1〕《行政法与行政诉讼法学》编写组:《行政法与行政诉讼法学》,高等教育出版社2017年版,第533~537页。

的;(4)超越职权的;(5)滥用职权的;(6)明显不当的。如果被诉行政行为明显不当,人民法院判决撤销或者部分撤销,并可以判决被告重新作出行政行为。

对于被诉行政行为违法,仅仅判决撤销将会给国家利益、公共利益或他人利益造成重大损失的,人民法院应当根据被诉行政行为违法的性质,在判决撤销该行政行为的同时,分别采取以下处理办法:判决被告重新作出行政行为;判决被告采取一定的补救措施;向被告及有关机关发出司法建议。

3. 履行判决

它指人民法院经过审理认定行政机关负有法定职责,无正当理由拒不履行或拖延履行的,责令被告限期履行法定职责的判决。履行判决应满足以下两个条件:(1)被告负有法定职责,应当履行一定的义务;(2)行政机关不履行或拖延履行法定职责。行政机关有职责就应当履行,如果没有正当理由不履行或拖延履行,则会导致对公民、法人或其他组织合法权益的侵害。

履行判决需包括以下两个内容:(1)履行期限。人民法院经过审理,查明被告不履行法定职责的,判决被告在一定期限履行。如果行政主体不履行或拖延履行法定职责,用不作为的方式来侵犯公民,法人或其他组织的合法权益的,人民法院在审理行政案件时,只要查证属实,就应该判决行政主体在一定期限内强制履行其法定职责。人民法院判决被告履行法定职责,应当指定履行期限,因情况特殊难于确定期限的除外。(2)履行内容。根据不同的情形,分别采取以下三种履行内容:一是判决明确规定履行内容,主要适用于被诉行政机关行使法定职权的条件及后果具体明确,并且原告的申请符合作出履行判决的条件;二是判决明确履行的指导性意见,主要是因为案件的处理方式取决于实际案情及行政自由裁量权的运用;三是判决只是要求履行,因案情复杂难以明确履行的具体内容。

4. 变更判决

它是指人民法院经审理,认定行政处罚行为显失公正,运用国家审判权直接予以改变的判决。行政处罚明显不当,或者其他行政行为涉及对款额的确定、认定确有错误的,人民法院对被诉行政行为直接予以改变的判决。判决变更的范围仅限于行政处罚或者其他行政行为涉及对款额的确定、认定的。只有在行政处罚明显不当或其他行政行为涉及对款额的确认、认定有错误的情况下才能判决变更。人民法院判决变更,不得加重原告的义务或者减损原告的权益。但利害关系人同为原告,且诉讼请求相反的除外。[1]

5. 确认判决

确认判决是法院对被诉行政行为的合法性及效力作出确认的判决。确认判决可以分为三种:一是确认合法的判决,二是确认违法的判决,三是确认无效的判决。

(1)确认合法判决的适用条件:一是经法院审查被诉行政行为合法有效;二是对被诉行政行为不适宜采用驳回诉讼请求的判决。

(2)确认违法,但不撤销行政行为的适用条件:一是行政行为依法应当撤销,但撤销会给国家利益、社会公共利益造成重大损害的;二是行政行为程序轻微违法,但对原告权利不产生实际影响的。行政行为有下列情形之一,不需要撤销或者判决履行的,人民法院判决确认违法:其一,行政行为违法,但不具有可撤销内容的;其二,被告改变原违法行政行为,原告仍要求确认原行政行为违法的;其三,被告不履行或者拖延履行法定职责,判决履行没有意义的。

(3)确认无效的判决的适用情形:行政行为有实施主体不具有行政主体资格或者没有依据等重大且明显违法情形,原告申请确认行政行为无效的,人民法院判决确认无效。

人民法院在作出判决确认违法或者无效判决时,可以同时判决责令被告采取补救措施给原告造成损失的,应依法判决被告承担赔偿责任。

☆ 二审判决的概念

二审判决是指,二审人民法院在审理上诉案件过程中,依据事实和法律,对上诉案件所作出的具有强制性的终局性的判定。二审判决是终审判决,一经作出即发生法律效力。

★ 二审判决的类型

《行政诉讼法》规定,人民法院审理上诉案件,按下列情形,分别处理:(1)原判决、裁定认定事实清楚,适用法律、法规正确,判决或者裁定驳回上诉,维持原判决、裁定;(2)原判决、裁定认定认定错误或者适用法律、法规错误的,依法改判、撤销或变更;(3)院判决认定基本事实不清、证据不足的,发回原审人民法院重审,或者查清事实后改判;(4)原判决遗漏当事人或者违法缺席判决等严重违反法定程序的,裁定撤销原判决,发回原审人民法院重审。

原审人民法院对发回重审的案件作出判决后,当事人提起上诉的,第二审人民法院不得再次发回重审。人民法院审理上诉案件,需要改变原审判决的,应当同时

---

〔1〕 参见《行政诉讼法》第78条。

对被诉行政行为作出判决。

☆ **再审判决的适用**

人民法院依照审判监督程序审理的案件,应当分别依照《行政诉讼法》第69条、第70条、第72条、第77条以及第89条作出判决。原审判决确有错误和被诉行政行为违法的,应一并撤销或撤销后判令被告重新作出行政行为。二审维持一审不予受理裁定错误的,再审法院应当撤销一审、二审裁定,指令第一审人民法院立案受理。

12.1.3 行政诉讼裁定

☆ **行政诉讼裁定的概念**

行政诉讼中的裁定是指,人民法院在审理行政案件的过程中,为了有效地行使国家的审判权,解决行政审判过程中的程序性问题所作出的带有强制性的判定。

★ **行政诉讼判决和裁定的区别**

表12-1 行政诉讼判决和裁定的区别

区分依据	行政判决	行政裁定
适用对象不同	行政诉讼中的实体行问题	程序性问题
依据不同	实体法	程序法
作出的时间不同	行政案件审结时作出	行政诉讼过程中的任何时间
作出的数量不同	一个案件只能有一个判决	一个案件可以有多个裁定
上诉期限不同	15日	10日
表现形式不同	只能以书面形式作出	书面形式、口头形式均可

★ **行政诉讼裁定的适用范围**

(1)起诉不予受理;(2)驳回起诉;(3)驳回管辖异议或移送、指定管辖;(4)诉讼期间停止行政行为的执行或者驳回停止执行的申请;(5)财产保全和先予执行;(6)准许或不准许撤诉;(7)中止或终结诉讼;(8)补正判决书中的笔误;(9)驳回执行申请;(10)中止或者终结执行;(11)其他需要裁定的事项。对于上述前3项裁定不服的,当事人可以上诉。

12.1.4 行政诉讼决定

☆ **行政诉讼中的决定的概念**

行政诉讼中的决定是指,人民法院在审理行政案件的过程中,为了保证行政诉讼活动的顺利进行,就行政诉讼中发生的某些特定事项所作的判定。

★ 行政诉讼判决、裁定的区别

决定和判决、裁定不同,主要区别有:第一,适用的对象不同。决定适用的对象是行政诉讼中的**某些特定事项**,而判决和裁定则分别适用于行政诉讼中的实体性问题和程序性问题。第二,当事人不服的后果不同。当事人对决定不服,不能提出上诉,有的只能申请人民法院**复议一次**,并且**复议期间不停止决定的执行**。当事人对判决和裁定不服则可以提出上诉。

★ 行政诉讼决定的适用

在行政诉讼中,人民法院主要就以下特定事项作出决定:(1)有关回避问题的决定;(2)有关妨害行政诉讼的强制措施的决定;(3)有关诉讼期限问题的决定;(4)有关人民法院审判组织内部工作的决定。

法律与规范链接

▲ 必读法条

《行政诉讼法》第 69 ~ 89 条

《最高人民法院关于适用〈中华人民共和国行政诉讼法〉若干问题的解释》第 3 条

延伸阅读

1. 梁凤云:《不断迈向类型化的行政诉讼判决》,载《中国法律评论》2014 年第 4 期。
2. 张静:《论行政诉讼变更判决》,载《行政法学研究》2015 年第 2 期。
3. 陈思融:《论行政诉讼补救判决的适用——基于 104 份行政裁判文书的统计分析》,载《中国法学》2015 年第 2 期。
4. 陈思融:《论行政诉讼补救判决的适用条件》,载《政治与法律》2016 年第 1 期。
5. 石佑启:《判决被告重作具体行政行为探析》,载《上海市政法管理干部学院学报》2001 年第 5 期。
6. 杨建顺:《论行政诉讼判决的既判力》,载《中国人民大学学报》2001 年第 5 期。

12.2 行政诉讼的执行

12.2.1 行政诉讼执行概述

☆ 行政诉讼执行的概念

行政诉讼中的执行是指,人民法院和其他国家机关及其工作人员依照法定的程序,运用法定的强制手段,迫使行政诉讼当事人履行人民法院已经发生法律效力的裁判的活动。行政诉讼的执行主要包括行政诉讼的执行和非诉行政执行两种。

12.2.2 行政诉讼的执行程序

☆ 执行程序的概念

执行程序是指,人民法院和其他的执行主体在行使行政诉讼执行权时必须遵守的一系列原则和制度的总和。

★ 行政诉讼的执行程序

根据我国行政诉讼法的规定,执行程序依申请开始或依职权移交开始。

1. 申请条件

申请执行的条件有:

(1)当事人拒绝履行生效裁判。公民、法人或者其他组织拒绝履行判决、裁定、调解书的,行政机关或者第三人可以向第二审人民法院申请强制执行,或者由行政机关依法强制执行。无论法律、法规是否赋予了行政机关的强制执行权,行政机关申请人民法院强制执行的,人民法院都应当予以受理。

(2)申请人除了公民、法人或者其他组织和行政机关外,还有可能包括行政诉讼的其他当事人。

(3)应当在法定的申请期限内提出。申请人是公民的,申请执行生效的行政判决书、行政裁定书、行政赔偿判决书和行政赔偿调解书的期限为1年,申请人是行政机关、法人或者其他组织的,申请执行期限为180日。申请执行的期限从法律文书规定的履行期间最后一日起计算;法律文书中没有规定履行期限的,从该法律文书送达当事人之日起计算。逾期申请的,除有正当理由外,人民法院不予受理。

(4)法院对生效裁判的执行具有管辖权。

2. 执行依据

在行政诉讼中,发生法律效力的可作为执行依据的法律文书具体来说主要指:

(1)已过上诉期没有提起上诉的一审判决和裁定。

(2)终审的判决和裁定。包括最高人民法院的一审判决书和裁定,第二审法院的终审判决和裁定。

(3)人民法院主持下形成的行政赔偿调解书。

行政诉讼执行依据应当具备的条件:其一,作为执行依据的法律文书已经生效;其二,作为执行依据的法律文书,必须具有执行的内容。一般来讲,具有给付义务或实施一定行为的义务(包括作为和不作为)才具有可执行的内容,并且这种可执行的内容在实践中具有执行的可能性。

3. 执行管辖

指人民法院办理强制执行案件的权限和分工。根据执行依据的不同,可以将执行管辖分为法院判决、裁定的执行管辖和行政决定的执行管辖。根据我国行政诉讼法的规定,不履行法院判决、裁定的执行案件,无论其是否经过二审程序,一般都由基层人民法院管辖。根据《最高人民法院关于执行〈中华人民共和国行政诉讼法〉若干问题的解释》第85条的规定,发生法律效力的行政判决书、行政裁定书、行政赔偿判决书和行政赔偿调解书,由第一审人民法院执行。第一审人民法院认为情况特殊需要由第二审人民法院执行的,可以报请第一审人民法院执行;第二审人民法院可以决定由其执行,也可以决定由第一审人民法院执行。

4. 执行措施

执行措施是指,人民法院对被执行人采取的强制其履行义务的具体方法和手段。行政诉讼法规定,当事人必须履行人民法院发生法律效力的判决、裁定、调解书。依据被执行人的不同,执行措施有以下类型:

(1)对行政相对人的执行措施。我国行政诉讼法对行政相对人拒不履行判决、裁定等法定义务所采取的执行措施未作具体规定。实践中,可参照适用《行政强制法》和《民事诉讼法》的有关规定,还可以根据执行依据的具体内容采取不同措施。

(2)对行政机关的强制措施。对应当归还的罚款或者应当给付的款额,通知银行从该行政机关的账户内划拨;在规定期限内不履行的,从期满之日起,对该行政机关负责人按日处50~100元的罚款;将行政机关拒绝履行的情况予以公告;向监察机关或者该行政机关的上一级行政机关提出司法建议,接受司法建议的机关,根据有关规定进行处理,并将处理情况告知人民法院;拒不履行判决、裁定、调解书,社会影响恶劣的,可以对该行政机关直接负责的主管人员和其他直接责任人员予以拘留,情节严重,构成犯罪的,依法追究刑事责任。

5. 执行步骤

(1)提出执行的申请。

(2)对申请执行的行政行为进行合法性审查。申清人申清人民法院强制执行,应当提交申请执行书、据以执行的法律文书和其他必须提交的材料,由行政审判庭进行审查。不符合申请执行条件的,人民法院应当裁定不予受理。

(3)向被执行人发出执行通知书。

(4)必要时可采取查封、扣押、冻结、划拨等财产保全措施。

(5)对于公告期届满,被执行人仍然拒绝履行的,人民法院应依法采取强制执行措施。如果申请执行的行政行为合法,除有中止或终结执行的情形外,应当在3个月内执行完毕。

6. 不予执行

申请执行的行政行为具有下列情形的,应当裁定不予执行:

(1)超越、滥用职权或者显失公正的。

(2)主要证据不足或适用法律错误或违反法定程序侵犯被申请执行人实体权益的。

(3)具有其他违法情形的。

12.2.3 非诉行政案件的执行

☆ 非诉行政案件执行的概念

非诉行政案件的执行是指,行政相对人对于行政机关已经生效的行政行为,既不履行又不向法院提起行政诉讼,行政机关依法向法院提出执行申请,由法院采取强制措施促使行政行为实施的活动。

★ 非诉行政案件执行的类型

非诉行政案件的执行根据执行的依据不同,可以区分为两大类型。第一类是对行政处理决定的执行,其执行申请人是作出该行政处理决定的行政机关;第二类是对行政裁判的执行,其执行申请人是已经生效的行政裁决确定的权利人或者继承人、权利承受人。

★ 行政处理决定的执行的适用范围

对于行政处理决定的执行的适用范围是法律没有赋予行政机关强制执行权,

行政机关申请人民法院强制执行的,人民法院应当依法受理。二是法律规定既可以由行政机关依法强制执行,也可以申请人民法院强制执行,行政机关申请人民法院强制执行的,人民法院可以依法受理。而根据《行政强制法》的有关规定,行政机关申请人民法院强制执行的只限于法律没有赋予行政机关强制执行权的案件。

★ 行政机关申请的条件

(1)行政行为依法可以由人民法院执行。《行政诉讼法》规定,公民、法人或者其他组织对行政行为在法定期间不提起诉讼又不履行的,行政机关可以申请人民法院强制执行,或者依法强制执行。

(2)行政行为已经生效并具有可执行内容。行政行为已经生效是指公民、法人或者组织在法定起诉期限内既不起诉,也不履行。

(3)申请人是作出该行政行为的行政机关或者法律、法规、规章授权的组织。

(4)被申请人是该行政行为所确定的义务人。

(5)被申请人在行政行为确定的期限内或者行政机关另行指定的期限内未履行义务。

(6)申请人在法定期限内提出申请。根据2000年《最高人民法院关于执行〈中华人民共和国行政诉讼法〉若干问题的解释》的规定,行政机关申请人民法院强制执行其行政行为,应当自被执行人的法定起诉期限届满之日起180日内提出。逾期申请的,除有正当理由外,人民法院不予受理。《行政强制法》第53条规定:"当事人在法定期限内不申请行政复议或者提起行政诉讼,又不履行行政决定的,没有行政强制执行权的行政机关可以自期限届满之日起三个月内,依照本章规定申请人民法院强制执行。"根据新法优于旧法的原理,在《行政强制法》第53条中有关"三个月"的规定。

(7)被申请执行的行政案件属于受理申请执行的人民法院管辖。

★ 非诉行政案件的执行程序

1. 申请和受理

行政机关向法院依法提出执行申请,非诉行政案件的执行才得以启动,法院不能自行启动该执行程序。

行政机关提出非诉行政案件的执行申请后,法院应当对执行申请进行审查。人民法院对符合条件的申请,应当裁定不予受理。

行政机关申请人民法院强制执行其行政行为,由申请人所在地的基层人民法院受理;执行对象为不动产的,由不动产所在地的基层人民法院受埋,基层人民法院认为执行确有困难的,可以报请上级人民法院执行;上级人民法院可以决定由其执行,也可以决定由下级人民法院执行。

行政机关或者行政行为确定的权利人申请人民法院强制执行前,有充分理由认为被执行人可能逃避执行的,可以申请人民法院采取财产保全措施。后者申请强制执行的,应当提供相应的财产担保。

2. 审查

人民法院对行政机关强制执行的申请进行书面审查,对符合规定的,且行政决定具备法定执行效力的,人民法院应当自受理之日起7日内作出执行裁定。

3. 履行告知

在强制执行之前,应当再次书面通知被执行人,告诫被执行人履行义务,并附履行期限,以促使当事人自觉履行义务。如果被执行人逾期仍不履行义务,则由有关执行机构强制执行。

4. 实施强制措施

在行政诉讼实践中,可适用《民事诉讼法》关于诉讼执行中的执行程序与执行措施等有关规定,还可以根据执行依据的具体内容采取不同的措施。

5. 执行完成

执行完成,法院应当结清有关执行的各种手续和费用,将案件材料整理归档,并书面通知申请执行的行政机关,宣告执行程序完结。

法律与规范链接

▲ 必读法条

《行政诉讼法》第94~97条

《最高人民法院关于执行〈中华人民共和国行政诉讼法〉若干问题的解释》第83~96条

延伸阅读

1. 马怀德、解志勇:《行政诉讼案件执行难的现状及对策——兼论建立行政法院的必要性与可行性》,载《法商研究》1999年第6期。
2. 解志勇:《行政法院:行政诉讼困境的破局之策》,载《政法论坛》2014年第1期。
3. 章志远:《行政案件相对集中管辖制度之省思》,载《法治研究》2013年第10期。

4. 石佑启:《论我国行政强制执行的模式选择及其运作》,载《河北法学》2001年第2期。
5. 应松年:《论行政强制执行》,载《中国法学》1998年第3期。
6. 傅士成:《我国非诉讼行政执行制度的几个问题》,载《中国法学》2002年第3期。

典型案例

李道仁诉淮南市潘集区城乡建设委员会行政征收案件[1]

2013年1月31日,因潘集区粮食局周边地块改造项目建设的需要,淮南市潘集区人民政府作出《潘集区人民政府房屋征收决定》(潘房征(2013)1号),确定了房屋征收部门为潘集区建委。李道仁所有的位于该区域袁庄路西村南苑小区3-1-1室103.4平方米房屋及50平方米自建房被征收。2014年11月20日,潘集区建委与李道仁签订了《房屋征收安置补偿协议》,其中第5条6项约定:潘集区建委给予李道仁"临时安置费、搬迁补助费、自建房补偿合计叁拾叁万元整",第14条约定:潘集区建委"同意在李道仁签约后,先期支付总补偿款中拾万元,余款贰拾叁万元潘集区建委同意在2015年1月30日前支付。逾期视为违约,同意每月支付给李道仁贰拾叁万元的20%违约金。"协议签订后,潘集区建委支付补偿款10万元,剩余23万元补偿款未按预定支付,李道仁遂提起诉讼,要求判令潘集区建委给付补偿款23万元及违约金18.4万元,合计41.4万元,并承担本案的诉讼费用。

裁判结果

1. 一审判令潘集区建委于一审判决生效后10日内一次性支付李道仁临时安置费、搬迁补助费、自建房补偿款合计人民币23万元、违约金人民币2万元,合计人民币25万元。一审案件受理费7510元,由潘集区建委负担5050元,李道仁负担1460元。

2. 二审判决驳回上诉,维持原判。二审案件受理费5050元,由上诉人淮南市潘集区城乡建设委员会负担。

裁判理由

潘集区建委是政府征收决定确定的征收部门,具有签订涉诉的征收补偿协议的主体资格。该《房屋征收安置补偿协议》系潘集区建委为实现其行政管理目标,

---

〔1〕 资料来源:淮南市田家庵区人民法院网站,http://www.tjacourt.gov.cn/content/? 4293.html,最后访问时间:2017年5月25日。

在法定职责范围内与李道仁协商订立的具有行政法上权利义务内容的协议。该协议第5条第6项约定:潘集区建委给予李道仁“临时安置费、搬迁补助费、自建房补偿合计叁拾叁万元整”,该约定系双方真实意思表示,且不违反法律的强制性规定,属有效协议,对双方均具有约束力。李道仁依约履行义务后,潘集区建委即应向其支付约定的补偿款。故对李道仁要求潘集区建委给付23万元补偿款的诉请予以支持。对于其请求潘集区建委支付18.4万元违约金的诉请,《最高人民法院关于适用〈中华人民共和国行政诉讼法〉若干问题的解释》第14条规定:“人民法院审查行政机关是否依法履行、按照约定履行协议或者单方变更、解除协议是否合法,在适用行政法律规范的同时,可以适用不违反行政法和行政诉讼法强制性规定的民事法律规范”的规定,该协议中关于违约金的约定可以适用《合同法》及其司法解释的规定。根据《合同法》第114条以及《最高人民法院关于适用〈中华人民共和国合同法〉若干问题的解释(二)》第29条的规定,约定的违约金过分高于造成的损失,当事人可以请求人民法院予以适当减少,约定的违约金超过造成损失的30%的,一般可以认定“过分高于造成的损失”。本案中,潘集区建委在签订《房屋征收安置补偿协议》后,未完全履行支付补偿金的义务,系违约,但约定每月支付4.6万元的违约金过分高于造成的损失,超过法律规定的范围,潘集区建委向一审法院提出申请,一审法院在法律规定的范围内予以认定。李道仁因潘集区建委未如约履行该协议造成的损失应当在合理预见的范围内,即23万元的利息损失。以此损失为基础,兼顾协议的履行状况和当事人过错程度,一审法院将违约金酌定为2万元。经一审法院审判委员会研究决定,依照《行政诉讼法》第78条第1款、《最高人民法院关于适用〈中华人民共和国行政诉讼法〉若干问题的解释》第15条第1款之规定,判令潘集区建委于一审判决生效后10日内一次性支付李道仁临时安置费、搬迁补助费、自建房补偿款合计人民币23万元、违约金人民币2万元,合计人民币25万元。一审案件受理费7510元,由潘集区建委负担5050元,李道仁负担1460元。

潘集区建委不服一审判决,提出上诉。对于潘集区建委是否有权签订本案所涉的征收安置补偿协议这一问题,二审法院认为,本案中,2013年1月31日,淮南市潘集区人民政府因潘集区粮食局周边地块改造项目建设的需要,作出《潘集区人民政府房屋征收决定》(潘房征(2013)1号),将潘集区建委确定为涉诉房屋的征收部门。李道仁所有的袁庄路西村南苑小区3-1-1室103.4平方米房屋及50平方米自建房位于该项目所在区域。2014年11月20日,上诉人与李道仁签订了《房屋征收安置补偿协议》。该协议系潘集区建委为实现其行政管理目标,在法定职责范围内签订,故潘集区建委具有签订该征收补偿协议的主体资格。

对于该征收补偿协议是否合法这一问题,二审法院认为,上诉人虽认为该项目为老城改造项目,对某一被拆迁人超过淮南市人民政府的淮府办(2011)99 号文以及《潘集区老城改造原粮食局周边地块(金玉国际城)项目征收补偿方案》予以补偿,属于违反了《合同法》第 52 条第 1 款第 4 项、第 5 项:“……损害社会公共利益……违反法律、行政法规的强制性规定”的情形,但其并未提出相应证据予以证实,且上述两份文件并不属于法律、行政法规。故本案所涉的征收补偿协议,未违反法律、行政法规的强制性规定,且为双方当事人的真实意思表示,系对双方均具有约束力的有效协议。李道仁依约履行义务后,潘集区建委即应向李道仁支付约定款项。现上诉人尚余 23 万元补偿款至今未付,故对李道仁起诉要求其给付 23 万元补偿款的诉请予以支持。上诉人的该项上诉理由不能成立,不予采纳。

对于该协议双方是否依约履行了协议内容这一问题,本案系潘集区建委怠于履行协议约定的义务引发的行政诉讼,其对李道仁在协议签订后即已搬离涉诉房屋并交由其处置的事实予以认可,故应当认定李道仁已依约履行了协议内容,而潘集区建委无正当理由,至今未依约履行相应的义务。综上,二审法院认为:一审判决正确,依法应予维持。潘集区建委的上诉理由不能成立,不予支持。依照《行政诉讼法》第 89 条第 1 款 1 项之规定,判决驳回上诉,维持原判。

第13章　涉外行政诉讼

教学目标

了解涉外行政诉讼的基本概念，理解涉外行政诉讼的主要特征和特殊原则；
掌握涉外行政诉讼适用法律的范围，正确运用涉外行政诉讼的法律适用规则；
了解涉外行政诉讼的案件类型，重点辨识、运用国际贸易行政案件、反补贴和反倾销行政案件在法院管辖、涉案当事人、法律适用、审查标准、证据规则等方面的特殊要求。

推荐参考资料

1. 中国法制出版社主编:《中华人民共和国行政诉讼法案例注释版》,中国法制出版社 2016 年版,第三章、第五章、第九章、第十章。
2. 江必新主编:《中华人民共和国行政诉讼法理解适用与实务指南》,中国法制出版社 2015 年版,第九章。
3. 应松年主编:《行政诉讼法学》,中国政法出版社 2015 年第 6 版,第十七章。
4.《行政法与行政诉讼法学》编写组:《行政法与行政诉讼法》,高等教育出版社 2017 年版,第十六章、第十七章、第十九章、第二十一章、第二十三章。
5. 姜明安主编:《行政法与行政诉讼法》,北京大学出版社、高等教育出版社 2015 年第 6 版,第二十七章、第二十九章、第三十一章。
6. 方世荣主编:《行政法与行政诉讼法》,中国政法大学出版社 2015 年第 5 版,第二十七章。
7. 林莉红:《行政诉讼法学》,武汉大学出版社 2015 年版,第十章。
8. 钱锦宇主编:《行政法与行政诉讼法》,华中科技大学出版社 2015 年版,第二十一章。

13.1　涉外行政诉讼概述

知识要点

13.1.1　涉外行政诉讼的概念

★ 涉外行政诉讼

涉外行政诉讼是指,当行政诉讼当事人中的原告、第三人具有涉外因素的一种特殊的行政诉讼类型,是我国行政诉讼的重要组成部分。具体可以分为外国人、无国籍人、外国组织等涉外当事人不服我国行政主体作出的行政行为,以原告身份按照我国行政诉讼法的规定向人民法院提起行政诉讼,或者因与我国行政主体作出的行政行为存在法律上的利害关系,以第三人身份,依法参加行政诉讼,由我国人民法院依照行政诉讼法审理案件的活动。[1]

★ 涉外行政诉讼的特征

(1)涉外性。涉外行政诉讼最突出的特征就是行政诉讼的一方当事人,即原告、第三人具有涉外因素,包括外国人、无国籍人和外国组织。特别要说明的是,相较于民事诉讼,涉外行政诉讼的涉外性仅**局限于主体的涉外性**,并不包括法律事实和诉讼标的的涉外性。[2]

同时,香港、澳门、台湾地区的居民或组织作为原告或第三人提起或参与的行政诉讼不属于涉外行政诉讼。但是,鉴于香港、澳门、台湾地区的政治、经济、文化、法律、社会制度和大陆比较相差较大,因此,在行政诉讼中涉及具体制度的,如期间、送达、证据等,可以参照涉外行政诉讼的规定。[3]

(2)被告的恒定性。行政诉讼的被告主体必须是作出具体行政行为的行政主体,主要包括我国的国家行政机关和法律、法规、规章授权的组织。

(3)域内性。行政诉讼的原告或第三人,依法提起或参与涉外行政诉讼,其所涉的诉讼争议只能是发生在我国领域范围内,属于我国国家主权范围的事项,并由

---

〔1〕 参见《行政法与行政诉讼法学》编写组:《行政法与行政诉讼法》,高等教育出版社 2017 年版,第 549 页。

〔2〕 参见林莉红:《行政诉讼法学》,武汉大学出版社 2015 年版,第 173 页。

〔3〕 参见钱锦宇主编:《行政法与行政诉讼法》,华中科技大学出版社 2015 年版,第 599 页。

我国国家行政机关或授权组织所作出的行政行为。涉外行政诉讼应当向我国的人民法院提起，适用我国的涉外行政诉讼程序和相关法律规范。基于此，发生在域外的行政管理行为所引发的争议，或者由域外法院管辖的行政诉讼案件，不属于我国的涉外行政诉讼受案范围。[1]

(4)原则和制度的特殊性。涉外行政诉讼除具有一般行政诉讼所具有的基本原则以外，还具有主权原则、同等原则和对等原则等特殊性原则。涉外行政诉讼程序的特殊性主要表现在涉外行政诉讼的期间、代理、送达、证据等制度方面的特殊性。[2]

(5)法律适用的特殊性。涉外行政诉讼在适用法律规范的范围，包括：适用我国国内的行政法律、法规，参照规章；适用我国的民事诉讼法和行政诉讼法；适用我国相关司法解释等非涉外行政诉讼的法律规范；适用有关国际条约。在涉外行政诉讼法律适用的选择上，按照特别规定优于一般规定，国际法优于国内法的规则进行。[3]

(6)管辖权的特殊性。不同于民事和刑事诉讼管辖权的相关规定，任何一个国家的法院对行政案件只拥有域内管辖权，而不具有对域外行政案件的管辖权，[4]而且，在涉外行政诉讼案件的法院层级管辖中也有特殊规定。

13.1.2　涉外行政诉讼的原则

★ 主权原则[5]

国家主权原则作为国际法的基本原则，体现了国家的根本属性，是指主权国家对内的最高权和对外的独立权。主权原则在涉外行政诉讼中主要表现为：

(1)统一行使审判权。外国人、无国籍人、外国组织在我国境内发生行政争议的，一律由我国人民法院管辖，认为我国行政主体的行政行为侵犯其合法权益的，只能向我国人民法院起诉，不能向其所属国或第三国法院提起行政诉讼，而他国也不得受理这种起诉。

(2)人民法院在审理涉外行政诉讼案件时，只能适用我国的法律、法规，参照规

[1] 参见应松年主编：《行政法与行政诉讼法学》，中国政法大学出版社2015年第6版，第326页。

[2] 参见钱锦宇主编：《行政法与行政诉讼法》，华中科技大学出版社2015年版，第599页。

[3] 参见方世荣主编：《行政法与行政诉讼法学》，中国政法大学出版社2015年第5版，第487～488页。

[4] 同上注，第484页。

[5] 参见应松年主编：《行政法与行政诉讼法学》，中国政法大学出版社2015年第6版，第330页。

章;以及我国缔结或参加的国际条约。

(3)涉外行政诉讼活动中,统一适用我国通用的语言文字。外国当事人提交诉状时必须附交中文译本,诉讼中必须使用中国通用的语言、文字。当事人要求提供翻译的,可以提供,费用由当事人承担。

(4)外国当事人委托律师代理诉讼的,必须委托中华人民共和国律师机构的律师。主权国家为保障司法管辖权的统一行使,一般都不准外国律师在本国开展律师业务,但不禁止其依法开展非诉业务。[1]

(5)我国人民法院审理涉外行政案件所作出的生效判决,对外国当事人具有法律约束力,其必须接受我国人民法院的生效裁判,并有义务履行。对拒不履行生效裁判的,我国人民法院可以依法强制执行。

★ 同等原则

同等原则是国际法中的“国民待遇”规则在我国涉外行政诉讼中的运用,体现了国家间平等、友好的国际关系。正确认识同等原则,一是要认识外国人、无国籍人、外国组织和我国公民、组织按照我国实体法和程序法的有关规定,具有诉讼权利能力和行为能力;外国当事人到法院起诉、参加诉讼,同我国公民或组织享有同等的行政诉讼权利、承担同等的行政诉讼义务;[2]二是要认识到《行政诉讼法》规定的同等原则,仅是针对行政诉讼权利和诉讼义务而言的。而有关规定行政活动的实体法中,有些权利只能为中国公民设定,不可能为外国公民享有,如抚恤金享有权利。此外,根据国际法惯例,同等原则要受到对等原则的制约。[3]

★ 对等原则

(1)对等原则中的对等,是指对诉讼权利限制上的对等,[4]但不包括对诉讼权利的赋予方面。即便根据外国法,我国公民、组织享有更为广泛的行政诉讼权利,但也不能因此就对该国公民、组织在我国的诉讼也适用对等原则。[5]

(2)关于诉讼权利的限制,在方式上,既可以是立法层面的,也可以是司法实践

---

[1] 参见江必新主编:《中华人民共和国行政诉讼法理解适用与实务指南》,中国法制出版社 2015 年版,第 447 页。

[2] 参见中国法制出版社编:《中华人民共和国行政诉讼法(案例注释版)》,中国法制出版社 2016 年版,第 110 页。

[3] 参见应松年主编:《行政法与行政诉讼法学》,中国政法大学出版社 2015 年第 6 版,第 330 页。

[4] 参见方世荣主编:《行政法与行政诉讼法》,中国政法大学出版社 2015 年第 5 版,第 498 页。

[5] 参见江必新主编:《中华人民共和国行政诉讼法理解适用与实务指南》,中国法制出版社 2015 年版,第 446 页。

层面的,即可以通过立法层面;在限制主体的范围上,既可以只针对我国公民、组织的诉讼权利加以限制,也可以针对包括我国公民、组织在内的外国公民、组织的诉讼权利的限制。[1]

(3)对等原则在涉外行政诉讼中应当灵活运用。由于不同国家间的行政诉讼的内容不尽相同,在这个前提下,我们应当根据对等原则的应有之义,明确具体限制的内容和性质。如果外国法院所限制我国公民、组织的内容,我国法律也有规定,则可以相同内容加以限制;如果外国法院限制我国公民、组织的内容,在我国法律上没有规定,则应当以相同性质、相似内容加以限制。[2]

在处理同等原则与对等原则的相互关系时,同等原则是一项积极的同等待遇原则,体现了国家之间在司法活动中的平等互利、友好协作的国际关系;而对等原则是一项消极的平等待遇原则,[3]国际上的通常应对策略是"以限制抵限制",从而达到捍卫本国国家主权,保护本国公民、组织的合法权益,尊重彼此、平等对待的目的。

法律与规范链接

▲ 必读法条

《宪法》第32条第1款

《行政诉讼法》第99~101条

《民事诉讼法》第262~264条

13.2 涉外行政诉讼的特殊规则

知识要点

13.2.1 涉外行政诉讼的管辖

涉外行政诉讼管辖是指,人民法院受理第一审涉外行政案件的权限和分工。

---

[1] 参见应松年主编:《行政法与行政诉讼法学》,中国政法大学出版社2015年第6版,第331页。

[2] 参见江必新主编:《中华人民共和国行政诉讼法理解适用与实务指南》,中国法制出版社2015年版,第446页。

[3] 参见方世荣主编:《行政法与行政诉讼法》,中国政法大学出版社2015年第5版,第490页。

《行政诉讼法》对涉外行政诉讼案件的管辖没有作明确性的规定。依据《行政诉讼法》第13条之规定,一般的涉外行政诉讼案件应当由基层人民法院管辖。但涉及重大、复杂的涉外行政诉讼案件,国际贸易涉外行政诉讼案件,反倾销、反补贴涉外行政诉讼案件,根据《行政诉讼法》及其相关司法解释,应当由中级以上人民法院管辖。

★ 重大、复杂的涉外行政诉讼案件由中级人民法院管辖

重大、复杂的涉外行政诉讼案件主要包括:(1)被告为县级以上人民政府的涉外案件;(2)社会影响重大的涉外共同诉讼、集团诉讼案件;(3)争议标的数额较大的涉外案件;(4)其他重大、复杂案件。[1]

★ 国际贸易涉外行政诉讼案件,反倾销、反补贴涉外行政诉讼案件的管辖

根据《最高人民法院关于审理国际贸易行政案件若干问题的规定》[2](以下简称《国际贸易行政案件若干问题的规定》)第5条之规定,第一审国际贸易行政案件由具有管辖权的中级人民法院管辖。根据《最高人民法院关于审理反倾销行政案件应用法律若干问题的规定》[3](以下简称《反倾销规定》)第5条、《最高人民法院关于审理反补贴行政案件应用法律若干问题的规定》[4](以下简称《反补贴规定》)第5条之规定,第一审反倾销、反补贴行政案件由被告所在地高级人民法院指定的中级人民法院或由被告所在地的高级人民法院管辖。

13.2.2　涉外行政诉讼的法律适用

★ 涉外行政诉讼适用法律的范围

(1)适用我国行政诉讼法和民事诉讼法。依据我国《行政诉讼法》第98条的规定,涉外行政诉讼原则上适用本法,法律另有规定的除外。同时,由于我国《行政诉讼法》所规定的内容较为概括和原则性,根据《行政诉讼法》第101条之规定,可以参照民事诉讼的有关规定。而涉外行政诉讼作为我国行政诉讼的重要组成部分,当然可以依据《民事诉讼法》的相关规定进行审理案件。

(2)适用我国国内有关行政法律、法规、参照规章。根据我国《行政诉讼法》第

---

〔1〕 参见方世荣主编:《行政法与行政诉讼法》,中国政法大学出版社2015年第5版,第486页。

〔2〕 2002年8月27日由最高人民法院审判委员会第1239次会议通过。2002年8月27日公布,自2002年10月1日起施行。

〔3〕 2002年9月11日经最高人民法院审判委员会第1242次会议讨论通过。2002年11月21日公布,自2003年1月1日起实施。

〔4〕 2002年9月11日经最高人民法院审判委员会第1242次会议讨论通过。2002年11月21日公布,自2003年1月1日起实施。

63条之规定，人民法院审理行政案件，以法律、行政法规和地方性法规为依据，参照规章；该条款同等适用于审理涉外行政诉讼案件。需要强调的是，由于行政法规范主要调整的仍是主权国家内部的行政管理事务，涉外行政诉讼案件所适用的行政法规范主要限于对外国人、无国籍人、外国组织进行管理的行政法规范，如《外国人入境出境管理法》《外商投资企业和外国企业所得税法》《海关法》等。

(3)适用我国的司法解释。这里的司法解释既包括最高人民法院关于适用行政诉讼法的司法解释和最高人民法院关于适用民事诉讼法的司法解释的相关规定，也包括最高人民关于关于审理国际贸易行政诉讼案件、反补贴、反倾销行政诉讼案件方面的司法解释。

(4)适用有关的国际条约。[1] 国际法主体之间以国际法为准则而为确立其相互权利和义务而缔结的书面协议，各成员国有信守国际条约并付诸实施的义务。在涉外行政诉讼中所适用的国际条约应当是：我国缔结或参加的国际条约；涉及调整我国涉外行政诉讼关系或活动的国际条约。但是，我国在缔结或参加国际条约时明确声明保留的条款，不得在涉外行政诉讼中作为适用的法律依据。[2]

★ 涉外行政诉讼适用法律的规则

1. 特别规定与一般规定的法律适用规则

当涉外行政诉讼适用的法律中，一般规定与特别规定不一致时，优先适用特别规定。此处的特别规定既包括行政诉讼法中有关涉外行政诉讼的规定，也包括其他法律中有关涉外行政诉讼的特别规定。如《民事诉讼法》第二十五章的期间、送达条款，《反倾销规定》第6条之规定“人民法院依照行政诉讼法及其他有关反倾销的法律、行政法规，参照国务院部门规章，对被诉反倾销行政行为的事实问题和法律问题，进行合法性审查”等，都是一种特别规定，应当优先适用。在适用特别法优于一般法规则时，还应当认识到，其前提性条件是二者发生冲突。这种冲突可能是整体性的不相容，也可能是部分性的不相容，在这两种情形下，都应当适用特别条款。[3]

---

〔1〕 参见姜明安主编：《行政法与行政诉讼法》，北京大学出版社、高等教育出版社2015年第6版，第534页。

〔2〕 参见方世荣主编：《行政法与行政诉讼法学》，中国政法大学出版社2015年第5版，第487～488页；应松年主编：《行政法与行政诉讼法学》，中国政法大学出版社2015年第6版，第327～328页。

〔3〕 参照应松年主编：《行政法与行政诉讼法学》，中国政法大学出版社2015年第6版，第329页。

2. 国际法与国内法的法律适用规则

基于信守国际条约的义务，除我国在缔结或参加国际条约时，明确声明保留的条款外，当相关的国际条约与我国国内法在涉外行政诉讼法律适用中出现冲突，优先适用国际条约。当然，优先适用的国际条约，应当仅限于是与涉外行政诉讼关系或活动有关的条约，不能随意扩大。[1]

13.2.3　涉外行政诉讼的代理

涉外行政诉讼的代理主要是委托代理，包括委托律师代理和委托非律师代理。

★ 委托律师代理

《行政诉讼法》第 100 条规定："外国人、无国籍人、外国组织在中华人民共和国进行行政诉讼，委托律师代理诉讼的，应当委托中华人民共和国律师机构的律师。"外国当事人委托中国律师担任诉讼代理人的具体程序与中国公民委托律师的程序相同。但如果该外国人、无国籍人、外国组织在中华人民共和国领域内没有住所的，其委托程序参照《民事诉讼法》第 264 条之规定。如果我国在该国没有使领馆，授权委托书可以先经所在国公证机关公证，再经与我国、该国均有外交关系的第三国使领馆认证，再转由中国驻第三国的使领馆认证，方具有法律效力。[2]

★ 委托非律师身份的人或组织代理

外国当事人委托代理，除委托我国律师作为诉讼代理人外，还可以委托其他人代理诉讼。主要包括：社会团体；外国人近亲属，包括外国人在我国或在外国的近亲属；所在单位推荐的人；以非律师身份担任诉讼代理人的本国律师；本国公民；以个人名义担任诉讼代理人的外国驻华使领馆官员，以及经人民法院认可的中国公民等。特别要强调的是，外国人委托其本国驻华使领馆官员以个人名义担任诉讼代理人的，该官员在诉讼中不享有外交特权和豁免权。[3]

13.2.4　涉外行政诉讼的证据

在涉外行政诉讼的证据方面，与非涉外行政诉讼对证据的要求和审核认定有较大差异。域外取证只有办理了法定的证明手续，才可能作为定案证据。而对于外文书证和视听资料，必须附有法定的翻译文本，才符合涉外行政诉讼证据提供的要求。

---

〔1〕 参见应松年主编：《行政法与行政诉讼法学》，中国政法大学出版社 2015 年第 6 版，第 329 页。

〔2〕 参见方世荣主编：《行政法与行政诉讼法学》，中国政法大学出版社 2015 年第 5 版，第 487 页。

〔3〕 参见钱锦宇主编：《行政法与行政诉讼法》，华中科技大学出版社 2015 年版，第 606 页。

13.2.5 涉外行政诉讼的期间

对涉外行政诉讼的期间,相关法律中没有明确规定,参照《民事诉讼法》第367条、第268条、第269条、第270条之规定,针对在我国领域内没有住所的诉讼当事人,不仅包括居住在国外的外国人、无国籍人等,也包括居住在国外的中国公民,适当延长诉讼期间,就显得尤为必要。

★★ 在涉外行政诉讼中,延长诉讼期间的特别规定有[1]

(1)上诉期间。居住在域外的当事人,不服一审人民法院判决、裁定的,其上诉期限为自判决书、裁定书送达之日起30日,而不是一般的15日或者10日。

(2)被上诉人提交答辩状期间。居住在域外的被上诉人,在收到上诉状副本以后,提出答辩状的期限是30日,而不是一般的10日。

(3)送达期间。居住域外的当事人,有关诉讼文书的送达期限,通过邮寄或公告送达的,自寄出之日或公告之日起满6个月的,即为送达。

有关涉外行政诉讼的其他期间,原则上应当适用《行政诉讼法》的一般期间的规定,但对于确有理由需要延长送达期间的,当事人可以向人民法院申请延长期限,由人民法院决定是否延长。涉外行政诉讼中如果涉及到两个以上当事人,其中在我国国内有居所的,应当对其适用期间的一般规定,对于国外居住的当事人则适用期间的特别规定。

13.2.6 涉外行政诉讼的送达

涉外行政诉讼的送达,是指人民法院将有关的法律文书,依照法定程序和方式交付给涉外行政诉讼当事人和其他诉讼参与人的行为。[2] 涉外送达的对象主要是指在我国没有住所的当事人,包括在我国没有住所的外国人、无国籍人、外国组织和在我国没有住所的中国公民。

★ 涉外行政诉讼的送达方式

涉外行政诉讼的送达方式,参照《民事诉讼法》第267条之规定,主要包括:

(1)依条约规定的方式送达。即依照受送达人所在国与我国缔结或者共同参与的国际条约中规定的方式送达。

(2)通过外交途径送达。即指受送达人所在国已与我国建交但尚未签署司法

[1] 参见应松年主编:《行政法与行政诉讼法学》,中国政法大学出版社2015年第6版,第333页。
[2] 参见方世荣主编:《行政法与行政诉讼法学》,中国政法大学出版社2015年第5版,第491页。

协助协议,也未共同加入有关国际条约,按照互惠原则通过外交途径送达。

(3)委托使领馆送达。对具有中华人民共和国国籍而在国内无住所的受送达人,可以委托我国驻受送达人所在国的使领馆代为送达。此种方式的送达,仅限于具有中国国籍但在我国无固定住所的受送达人。

(4)向委托代理人送达。即向受送达人委托的有权接受送达的诉讼代理人或者向受送达人专门委托的有权接受送达的其他代理人送达。

(5)向代表机构、分支机构或业务代办人送达。针对受送达人是外国企业、或组织,且在我国境内无住所时,可以向其在我国设立的代表机构送达;如果没有带标记过但在我国境内有分支机构或业务代办人,且有接受诉讼文书的授权,也可向其分支机构或业务代办人送达。

(6)邮寄送达。受送达人所在国法律允许邮寄送达法律文书的,可以邮寄送达,自邮寄之日起满3个月,送达回证没有退回,但根据各种情况足以认定已经送达的,期间届满之日视为送达。

(7)公告送达。公告送达作为涉外行政诉讼文书送达的兜底方式,只有通过上述方式无法送达或难以送达的,才可以选择公告送达。公告送达时将应送达的诉讼文书张贴于法院公告栏内,同时将公告送达事项公布在全国性报纸上,自公告之日起满3个月,即视为送达。[1]

法律与规范链接

▲ 必读法条

《最高人民法院关于审理国际贸易行政案件若干问题的规定》第5条

《最高人民法院关于审理反倾销行政案件若干问题的规定》第5条

《最高人民法院关于审理反补贴行政案件应用法律若干问题的规定》第5条

《律师法》第5条

《国家司法考试实施办法》第15条第1项

《外国律师事务所驻华代表机构管理条例》第15条、第16条

《最高人民法院关于行政诉讼证据若干问题的规定》第16条、第17条、第57条

---

〔1〕 特别需要强调的是,根据2012年新修订的《民事诉讼法》第267条之规定,涉外邮寄送达和公告送达的期限均改为3个月,而不是之前的6个月,但参照当前主流教材"涉外行政诉讼"章节中关于邮寄送达和公告送达的期间,人多仍采用6个月的表述。

《民事诉讼法》第267~270条

△ **延伸法条**

1989年《行政诉讼法》

第72条 中华人民共和国缔结或者参加的国际条约同本法有不同规定的，适用该国际条约的规定。中华人民共和国声明保留的条款除外。

《关于完善国家统一法律职业资格制度的意见》

（四）取得法律职业资格的条件。取得国家统一法律职业资格必须同时具备下列条件：拥护中华人民共和国宪法，具有良好的政治、业务素质和道德品行；具备全日制普通高等学校法学类本科学历并获得学士及以上学位，或者全日制普通高等非法学类本科及以上学历并获得法律硕士、法学硕士及以上学位或获得其他相应学位且从事法律工作三年以上；参加国家统一法律职业资格考试并获得通过。法律法规另有规定的除外。

13.3 涉外行政诉讼的主要类型

知识要点

我国行政诉讼法并未对涉外行政诉讼的受案范围作专门性规定。《行政诉讼法》第二章之第12条、第13条分别以肯定式列举和否定式列举的方式对行政诉讼受案范围进行了一般性规定。根据相关行政法律、司法解释的特殊规定，涉外行政诉讼的受案范围除《行政诉讼法》中的规定外，[1]还包括其他特殊的诉讼类型，主要有国际贸易行政案件、反补贴行政案件、反倾销行政案件、外国人入境出境管理行政案件、其他涉外行政案件等，[2]其中前三种涉外行政案件最为典型。

13.3.1 国际贸易行政案件

★ 受案范围

根据《国际贸易行政案件若干问题的规定》第1条之规定，国际贸易行政案件

---

〔1〕《行政诉讼法》规定的一般受案范围中，依照相关法律规范的规定，涉及我国国家公民身份的行政行为，如涉及支付抚恤金、最低生活保障待遇等行政行为，不属于涉外行政诉讼的受案范围。

〔2〕参见钱锦宇主编：《行政法与行政诉讼法》，华中科技大学出版社2015年版，第601页。

的受案范围包括:有关国际货物贸易的行政案件;有关国际范围贸易的行政案件;与国际贸易有关的知识产权行政案件;其他国际贸易行政案件等四种案件〔1〕。

★ **原告资格**

《国际贸易行政案件若干问题的规定》第 3 条规定,国际贸易行政案件的原告必须是其自身合法权益受到侵犯的自然人、法人或者其他组织;其受到侵犯的合法权益必须是与行政机关作出的有关国际贸易具体行政行政行为存在利害关系,并通常表现为损害的发生与行政主体的行政行为的直接相关。

★ **审查标准**

《国际贸易行政案件若干问题的规定》第 6 条规定,人民法院审理国际贸易行政案件,仍应当以合法性审查〔2〕为原则,以合理性审查为例外。主要从以下方面对被诉行政行为的合法性进行审查:(1)主要证据是否确实、充分;(2)适用法律、法规是否正确;(3)否违反法定程序;(4)是否超越职权;(5)是否滥用职权;(6)行政处罚是否显失公正;(7)是否不履行或者拖延履行法定职责。

★ **法律适用**

根据《国际贸易行政案件若干问题的规定》第 7 条、第 8 条、第 9 条之规定,人民法院审理国际贸易行政案件,一是应当依据中华人民共和国法律、行政法规以及地方立法机关在法定立法权限范围内制定的有关或者影响国际贸易的地方性法规,地方性法规适用于本行政区域内发生的国际贸易行政案件。二是参照国务院部门根据法律和国务院的行政法规、决定、命令,在本部门权限范围内制定的有关或者影响国际贸易的部门规章,以及省、自治区,直辖市和省、自治区的人民政府所在地的市、经济特区所在地的市、国务院批准的较大的市的人民政府根据法律、行政法规和地方性法规制定的有关或者影响国际贸易的地方政府规章。三是人民法院审理国际贸易行政案件所适用的法律、行政法规的具体条文存在两种以上的合理解释,应当选择与中华人民共和国缔结或者参加的国际条约的有关规定相一致的解

---

〔1〕 有学者主张将行政终裁行为纳入国际贸易行政案件的受案范围。参见朱淑娣、李晓宇:《多重视角下的国际贸易行政诉讼论》,载《政治与法律》2006 年第 2 期。

〔2〕 有学者主张国际贸易行政案件的合法性审查至少包括:符合 WTO 规则的合法性,符合国际条约的合法性,符合国内法的合法性和符合国外法的合理性四个方面。参见张淑芳:《论国际贸易行政案件审判与 WTO 规则的衔接》,载《东方法学》2008 年第 2 期。

释,但中华人民共和国声明保留的条款除外。[1]

13.3.2 反倾销、反补贴行政案件

倾销是指,在正常贸易过程中进口产品以低于其正常价值的出口价格进入中华人民共和国市场。补贴是指,出口国(地区)政府或者其任何公共机构提供的并为接受者带来利益的财政资助以及任何形式的收入或者价格支持。为了依法公正审判反倾销、反补贴行政案件,根据《行政诉讼法》《对外贸易法》等相关法律规范和WTO国际贸易规则,2002年,最高人民法院分别制定了《反倾销规定》和《反补贴规定》,重点规定了适用范围、当事人权利义务、管辖、审查标准和法律适用等方面,确定了反倾销、反补贴行政案件的审理规则。[2]

根据《反补贴规定》第1条之规定,反补贴行政案件的受案范围包括:

(1)有关补贴及补贴金额、损害及损害程度的终裁决定;

(2)有关是否征收反补贴税以及追溯征收的决定;

(3)有关保留、修改或者取消反补贴税以及承诺的复审决定;

(4)依照法律、行政法规可以起诉的其他反补贴行政行为。

根据《反倾销规定》第1条之规定,反倾销行政案件的受案范围包括:

(1)有关倾销及倾销幅度、损害及损害程度的终裁决定;

(2)有关是否征收反倾销税的决定以及追溯征收、退税、对新出口经营者征税的决定;

(3)有关保留、修改或者取消反倾销税以及价格承诺的复审决定;

(4)依照法律、行政法规规定可以起诉的其他反倾销行政行为。[3]

★ 诉讼参加人

原告资格。反补贴、反倾销行政案件的原告,依然要求具有法律上的利害关系。但是根据《WTO反倾销协定》第6条第11款之规定,我国最高人民法院制定的《反倾销规定》第2条、《反补贴规定》第2条分别规定了与反倾销、反补贴行政行为具有法律上利害关系的个人或者组织,可以依照行政诉讼法及其他有关法律、行政法规的规定,向人民法院提起行政诉讼。这里的利害关系人是指,向国务院主管部门

---

〔1〕 参见《行政法与行政诉讼法学》编写组:《行政法与行政诉讼法学》,高等教育出版社2017年版,第553~554页。

〔2〕 同上注,第555页。

〔3〕 参见应松年主编:《行政法与行政诉讼法学》,中国政法大学出版社2015年第6版,第335页。

提出反倾销、反补贴调查书面申请的申请人,有关出口经营者和进口经营者及其他具有法律上利害关系的自然人、法人或者其他组织。

★ 被告资格

由于反倾销、反补贴调查工作只能由国务院的主管部门开展,因此根据《行政诉讼法》第26条、《反补贴规定》第3条、《反倾销规定》第3条之规定,反倾销、反补贴行政案件的被告,是作出相应反倾销、反补贴行政行为的国务院主管部门。

★ 第三人资格

反补贴、反倾销行政案件的第三人资格和范围,当然符合行政诉讼第三人的基本要求。此外,根据《反补贴规定》第4条、《反倾销规定》第4条之规定,与被诉反倾销、反补贴行政行为有法律上利害关系的其他国务院主管部门,可以作为第三人参加诉讼。

★ 审查标准

人民法院依照行政诉讼法及其他有关反倾销、反补贴的法律、行政法规,参照国务院部门规章,对被诉反倾销、反补贴行政行为的事实问题和法律问题,进行合法性审查。这里特别要强调的是,此处不能依据地方性法规,只可能参照国务院部门规章,但不能参照地方政府规章,因为我国外贸政策的制定权集中在中央。[1]

★★ 证据规则

《行政诉讼法》第34条规定了举证规则的一般性条款,这些规定同等适用于我国的反补贴、反倾销行政案件。但反补贴、反倾销行政案件的证据制度也具有其自身的特殊性。主要表现在:

(1)行政案卷排他性规则。案卷排他性规则的基本要求是:行政程序中的行政案卷是诉讼程序中证据的唯一来源。对被告而言,只能提供其在行政程序中收集到的证据和相应的规范性文件,非在行政程序中收集到的证据和适用的法律依据,法庭将不作为认定行政行为合法的依据;对于原告而言,凡在行政程序中没有提出的证据、理由,原告在诉讼中不得提出。[2]

(2)证明规则。[3] 对原告来讲,被告履行职责进行调查时,原告有义务提供相

---

〔1〕 参见《行政法与行政诉讼法学》编写组:《行政法与行政诉讼法学》,高等教育出版社2017年版,第557页。

〔2〕 同上注。

〔3〕 参见应松年主编:《行政法与行政诉讼法学》,中国政法大学出版社2015年第6版,第336页。

应证据,原告无正当理由拒不提供、不如实提供或者以其他方式严重妨碍调查,而在诉讼程序中原告提供该证据的,人民法院对此类证据不予采纳。对案件利害关系人来讲,在反补贴或者反倾销行政调查程序中,利害关系人无正当理由拒不提供证据、不如实提供证据或者以其他方式严重妨碍调查的,国务院主管部门根据能够获得的证据得出的事实结论,可以认定为证据充分。这个规定,是以行政诉讼中的被告举证责任为前提。

法律与规范链接

▲ **必读法条**

《行政诉讼法》第5条、第6条

《最高人民法院关于审理国际贸易行政案件若干问题的规定》第1条、第3条,第5~9条

《最高人民法院关于审理反倾销行政案件应用法律若干问题的规定》第1~9条

《最高人民法院关于审理反补贴行政案件应用法律若干问题的规定》第1~9条

△ **延伸法条**

《WTO反倾销协定》第6条第11款

典型案例

国家版权局赢了涉外行政诉讼官司[1]

知识产权报讯(记者刘河北京报道)美利肯公司诉国家版权局一案日前由北京市第二中级人民法院(以下简称北京市二中院)作出判决,法院最终维持了国家版权局作出的《不予行政处罚通知书》,并驳回了美利肯公司的诉讼请求。

据了解,美国美利肯公司是一家生产地毯、纺织、化学产品及包装材料的美国

[1] 资料来源:国家知识产权局网站,http://www.sipo.gov.cn/albd/2005/201310/t20131023_833580.html,最后访问时间:2017年5月25日。

企业,其产品从20世纪80年代进入中国市场。2001年3月,美利肯公司向国家版权局提出申请,请求确认青岛市捷成地毯有限公司及威海市山花集团生产的部分地毯图案侵权,并请求国家版权局对其作出行政处罚。

2003年7月,国家版权局在大量的调查工作基础上,对青岛市捷成地毯有限公司侵犯他人著作权的行为给予了行政处罚;同时,认定威海市山花集团不存在侵权行为,作出了《不予行政处罚通知书》,对其作出了不予行政处罚的决定。

美利肯公司对国家版权局针对威海市山花集团做出的不予行政处罚的决定不服,并于2003年年底向北京市二中院提起行政诉讼。

北京市二中院在审理过程中,认为国家版权局是国务院著作权行政管理部门,在美利肯公司投诉时适用修改之前的著作权法及其实施细则,在查处案件过程中符合我国行政处罚的相关规定;国家版权局作出的《不予行政处罚通知书》认定的事实成立,法律依据充分。故作出上述判决。

延伸阅读

1. 张晓东、余盛兴:《论建立和完善我国反倾销诉讼体制》,载《法商研究》2000年第4期。
2. 戚建刚:《WTO与我国行政行为司法审查制度的新发展》,载《法学》2001年第1期。
3. 孔祥俊:《涉及世贸组织规则的国际贸易行政案件的审理》,载《法律适用》2002年第9期。
4. 孔祥俊:《反倾销司法审查制度之比较:兼谈反倾销司法解释的理解与适用》,载《法律适用》2003年第1期。
5. 夏金莱、叶必丰:《对WTO体制下国际贸易行政诉讼的思考》,载《法学评论》2003年第3期。
6. 朱淑娣、李晓宇:《多重视角下的国际贸易行政诉讼论》,载《政治与法律》2006年第2期。

第14章　国 家 赔 偿

教学目标

了解和识记国家赔偿责任基本概念；
识记和理解国家赔偿责任的基本原则；
了解国家赔偿责任的构成要件；
了解和识记国家赔偿的方式和计算标准。

推荐参考资料

1. 姜明安主编:《行政法与行政诉讼法》,北京大学出版社2015年第6版。
2.《行政法与行政诉讼法》编写组:《行政法与行政诉讼法学》,高等教育出版社2017年版。
3. 马怀德主编:《行政法与行政诉讼法》,中国法制出版社2015年第5版。
4. 叶必丰:《行政法与行政诉讼法》,中国人民大学出版社2015年第4版。
5. 方世荣、石佑启:《行政法与行政诉讼法》,北京大学出版社2015年第3版。
6. 江必新:《国家赔偿法原理》,中国人民公安大学出版社1994年版。
7. 张正钊主编:《国家赔偿法的理论与实务》,中国法制出版社1996年版。
8. 薛刚凌主编:《国家赔偿法教程》,中国政法大学出版社1997年版。
9. 应松年主编:《国家赔偿法研究》,法制出版社1995年版。

14.1　国家赔偿责任概述

知识要点

14.1.1　国家赔偿责任的概念

国家赔偿责任也称为国家侵权赔偿责任,简称国家赔偿,是指**国家机关及其工**

作人员行使职权侵犯公民、法人或其他组织的合法权益造成损害的，国家对受害人所应承担的赔偿责任。[1] 对于这一概念，可以作如下理解：

第一，国家赔偿是由国家承担的法律责任。虽然侵权行为是由不同的国家机关或机关工作人员实施的，但是，承担责任的主体不是这些机关或工作人员，而是国家。国家对受害人给予的赔偿来自国库。

第二，国家赔偿是国家对国家机关及其工作人员的行为承担的责任。在这里，国家机关包括依照宪法和组织法设置的行政机关、审判机关和检察机关。国家机关工作人员是指上述机关的履行职务的公务人员。此外，还包括法律、法规和规章授权的组织，行政机关委托的组织和人员。凡上述机关、组织及人员违法行使职权造成的损害，国家应当依法给予赔偿。

第三，国家赔偿是对前述机关及其人员行使职权的行为承担的责任。行使职权的行为不同于国家机关的民事行为，也不同于国家机关工作人员的个人行为。对国家机关及其工作人员的民事和个人行为，国家不承担赔偿责任。

第四，国家赔偿是对违法行为承担的赔偿责任。所谓“违法”，不仅指违反法律、法规，而且包括违反具有法律效力的各种规范性文件和法的基本原则、法的精神。对于国家机关及其工作人员的合法行为造成的损失，国家不承担赔偿责任。[2]

14.1.2　国家赔偿责任的特征

(1)国家承担责任，机关履行赔偿义务。国家赔偿的一个显著特点就是由国家承担法律责任，最终支付赔偿费用，由法律规定的赔偿义务机关履行具体赔偿义务，实施侵权行为的公务人员并不直接对受害人承担责任，履行赔偿义务。

(2)赔偿范围有限。从赔偿范围来看，国家只对国家机关及其工作人员一部分违法侵权行为承担赔偿责任。

(3)赔偿方式和标准法定化。与民事赔偿有所不同，国家赔偿的方式和标准是法定的。我国《国家赔偿法》第四章规定了具体的赔偿方式和标准。国家赔偿以支付赔偿金为主要方式，以返还财产、恢复原状为辅助方式。根据侵权损害的对象和程度不同，又有不同的赔偿标准，赔偿数额还有最高限制。对于多数损害，国家并不按受害人的要求和实际损害给予赔偿，而是按照法定的方式和标准，以保障受害人

[1] 姜明安主编：《行政法与行政诉讼法》，北京大学出版社、高等教育出版社 2015 年第 6 版，第 548 页。

[2] 《行政法与行政诉讼法》编写组：《行政法与行政诉讼法学》，高等教育出版社 2017 年版，第 382 页。

生活和生存的需要为原则,给予适当的赔偿。[1]

14.1.3 国家赔偿责任的性质

(1)国家赔偿责任归属于民事责任。这种制度及理论在普通法系国家较为流行。在普通法系国家,之所以将国家赔偿责任归属于民事责任范畴,一方面是因为这些国家无公法、私法之分;另一方面是由于普通法的传统、观念深入人心,按照普通法规定"法律面前人人平等",一切人都受同一法律支配,无论是国家机关的过错还是公民的过错,造成他人损害的,都承担相同的法律责任。[2]

(2)国家赔偿归属于国家责任。国家赔偿制度的理论基础是,确定国家赔偿责任的目的是为了保护公民、法人和其他组织的合法权益不受国家权力的非法侵害,故将此种责任归属于国家责任更有利于立法目的的实现。以法国为代表的大陆法系国家,一般都将国家赔偿视为一种独立的国家责任,由行政法院管辖,适用不同于民事责任的法律制度。

14.1.4 国家赔偿责任与近似概念的比较

1. 国家赔偿责任与国家补偿责任

国家补偿责任是指,为了保护公共利益,针对国家机关及其工作人员合法行使职权是行为或者其他法定的特别事由,致使公民、法人或者其他组织的合法权益受到特别损失,由国家承担赔偿的义务。国家赔偿责任与国家补偿责任之间的区别表现在:

(1)两者发生的基础不同。国家赔偿由国家机关及其工作人员的违法行为引起,以违法为前提;国家补偿是一种例外责任,意在为因公共利益而遭受特别损失的公民、法人或其他组织提供补救,国家补偿由国家的合法行为引起,不以违法为前提。

(2)两者性质不同。国家补偿的根本属性在于国家对特定受害的公民法人或者其他组织损失的填补,旨在求得因公共利益而遭受特别损失的公民、法人或者其他组织提供补救,以体现其与普通公众间的利益平衡,并不意味着任何对国家的非难。这可以说是两者最主要的区别。

(3)时间要求不同。国家赔偿责任的前提条件是损害的实际发生,即先有损

---

〔1〕《行政法与行政诉讼法》编写组:《行政法与行政诉讼法学》高等教育出版社 2017 年版,第 383 页。

〔2〕姜明安主编:《行政法与行政诉讼法》,北京大学出版社、高等教育出版社 2015 年第 6 版,第 548 页

害，后有赔偿；而国家补偿即可以在损害发生之前进行，也可以在损害发生之后进行。

(4)两者承担责任的方式不同。国家赔偿责任以金钱赔偿为原则，以恢复原状、返还财产等方式为辅；国家补偿责任多为支付一定数额的金钱。

(5)工作人员的责任不同。国家赔偿制度中有追偿制度。在国家赔偿了受害人的损失以后要向有故意或重大过失的作出违法行为的国家机关工作人员追偿，但是国家补偿制度中没有追偿制度。[1]

2. 行政赔偿与司法赔偿

我国的国家赔偿包括行政赔偿与司法赔偿两大类，它们同受《国家赔偿法》的调整。从《国家赔偿法》的规定看，行政赔偿与司法赔偿主要有以下区别：

(1)侵权主体不同。在行政赔偿中，实施侵权行为的主体是国家行政机关及其工作人员，包括法律法规和规章授权的组织及其工作人员，受委托的组织及其公务人员以及事实上的公务员。在司法赔偿中，实施侵权行为的主体是履行司法职能的国家机关及其工作人员，包括公安机关、国家安全机关以及军队的保卫部门、国家检察机关、国家审判机关、监狱管理机关及在上述机关的工作人员。

(2)实施侵权行为的时间不同。行政侵权行为发生在行政管理过程中，是行政机关及其工作人员在行使职权过程中实施的。而司法侵权行为发生在司法活动中，以司法机关及其工作人员在刑事诉讼中违法行使侦查权、检察权、审判权、监狱管理权以及在民事、行政审判中人民法院采取强制措施、保全措施以及执行措施为构成要件。

(3)追偿的条件不同。行政追偿的条件是行政机关及其工作人员在行使职权的过程中有故意或者重大过失，这种标准具有明显的主观性。司法追偿的条件是司法机关工作人员实施刑讯逼供、殴打和以其他暴力方式伤害公民的工作人员、违法使用武器和警械伤害他人的工作人员和在审理案件中有贪污受贿、徇私舞弊、枉法裁判行为的工作人员。相比较之下，司法追偿的范围要比行政追偿的范围窄。

(4)程序不同。行政赔偿的程序与司法赔偿差别较大。行政赔偿程序分为单独提出赔偿请求的程序和一并提出赔偿请求的程序。单独提出赔偿请求的程序实行行政处理前置的原则，行政赔偿争议在行政程序中不能解决的，最终可以通过行政诉讼途径解决。司法赔偿程序没有单独提出赔偿请求和一并提出赔偿请求的划

---

[1] 《行政法与行政诉讼法》编写组：《行政法与行政诉讼法学》，高等教育出版社2017年版，第398页。

分，赔偿请求人对赔偿义务机关的决定不服的，要向其上一级机关申请复议，对复议决定不服的，向复议机关所在地的同级人民法院的赔偿委员会申请，由其作出最终的决定。可以看出，司法赔偿自始至终都是通过非诉讼途径来解决的。[1]

法律与规范链接

《宪法》(1982)第41条第3款

《国家赔偿法》第1条、第2条

典型案例

河南"死刑保证书案"[2]

2001年8月2日晚，13岁的女孩郭晓萌(化名)去河堤捉"爬叉"后，再也没有回家，其家人寻找未果后报警。8月4日下午，她的尸体在沙河下游的庄头村被发现。公安机关将当晚同在河堤上捉"爬叉"的李怀亮列为怀疑对象。同年8月7日，时年35岁的李怀亮，因涉嫌故意杀人罪被叶县公安局刑事拘留，9月13日，李怀亮被逮捕。在公安机关侦查阶段，李怀亮先后作了十次供述，其中前两次未供述犯罪事实，第三次至第八次作有罪供述，第九次后翻供并持续至2013年。在证据不足、争议较大的情况下，平顶山中院却与被害人家属达成协议，口头"承诺"判李怀亮死刑。当地司法机关的知情人证实了"保证书"的存在及其内容的真实性。该保证书签订的时间是2004年5月17日，其内容正是时任平顶山市中院副院长赵明章与被害人父母达成协议，即"李怀亮一案由中院提审，尽量判死刑，如果省高院发回，杜玉花(被害人母亲)也不再上访"。两名见证人王铁柱、张建中在保证书上签了字。而李怀亮和他的亲属，对这个"死刑"保证书却一无所知。直至保证书流传到网络，李怀亮的三姐李爱梅才知道有这么个保证书。

---

〔1〕《行政法与行政诉讼法》编写组：《行政法与行政诉讼法学》，高等教育出版社2017年版，第384～395页。

〔2〕资料来源：百度百科，http://baike.baidu.com/link?url=PrSmLAQGUblFmBU3cBnjePILku6jLdIit11eJJr8X4613-HEPs-iTtjGazRR1ik6Zb2fGJKJaz3s6cGzW9NFhzLN3bOw8XciIGxzWGlgyTq7ECmY3N17kORtZN47YeFjr1kyj8bq5cqhgt-lUm7XAa，最后访问时间：2017年5月25日。

签这份协议，实际上是一个缓兵之计，主要是不想让杜玉花等再缠诉缠访，而且当时平顶山中院也知道李怀亮一案证据不充分，省高院不可能会维持原判。有关方面当时这样做，是想把李怀亮可能无罪释放的结果往后拖，让杜玉花等觉得还有希望，不至于发生大的“意外”。没想到越拖越复杂，到2012年已经关了李怀亮十多年，原被告双方仍在不断上访。有关方面谁都不敢轻易表态释放李怀亮，而郭晓萌被害案也早已过了侦破的最佳时机，成为一桩悬案。

平顶山中院在2013年2月26日回应称，将“保证书”说成是当事人与法院签订的“死刑”保证书，不符合客观事实。“保证书”是被害人亲属请求将李怀亮案件提高审级的申请书，平顶山中院将保证书与卷宗中的原件核对一致。平顶山中院认为，这仅是杜玉花夫妇的单方诉求表达，并非平顶山中院与当事人达成的协议，上面也没有任何法院工作人员的签名。此案在公安机关补充侦查阶段，平顶山中院承诺，待案件进入审判环节后，法院将严格依照事实和法律作出公正判决。平顶山中院的说法，也间接证实了这份“死刑”保证书是从该院内部流出。

就李怀亮被羁押12年严重超期一事，叶县公安局副政委杜干勇说，李怀亮案一日不结案，公检法就一日解脱不了。省市县相关领导都知道，政法委也协调了多次，却一直没有人敢拍板。因为被害人家属情绪激烈，所以这个案件没人敢说判，也没人敢放人。杜干勇说：“对这个案件，公安机关已经穷尽了力量。”知情人士介绍，李怀亮案证据不足、事实不清，这在司法机关内部早有定论。问题的关键和核心是在哪个环节对此案进行纠正，是法院直接宣判无罪，还是检察机关撤回起诉，或者是公安机关撤案，一直没人拍板。因为这不仅关系到责任追究和国家赔偿问题，也关系到社会稳定问题。在一熟悉案情的叶县官员看来，尽管证据不足，但当时警方确实只抓了李怀亮，认为他的嫌疑最大。而“叶县为郭晓萌案花了不下两三百万元”，该官员表示，领导们都很头疼。县里的领导换了好几任，但事情至今尚未解决。

2013年4月25日下午，曾两度对杀人嫌犯李怀亮作出死刑、死缓判决的河南省平顶山中级人民法院，在经历了一整天的庭审后，当庭宣告“李怀亮无罪，立即释放”。

2013年6月2日，李怀亮的律师王永杰告知称，李怀亮将于3日向平顶山中院提交国家赔偿申请书，共14项总数额为379.67万元。在这份申请人为李怀亮、被申请人为平顶山市中级人民法院的赔偿申请书有两项赔偿请求。一是被申请人赔偿申请人379.67万元；二是平顶山市公安局、市检察院、中院给申请人消除影响、恢复名誉、赔礼道歉。赔偿主要包括法定赔偿和合理补偿两个部分。

法定赔偿部分,李怀亮提出了87.88万元的侵犯人身自由权赔偿金。具体数额为每日182.35元,一共4279天,另外还加上节假日补助9.85万。另外,还有60万精神损害抚慰金、用于治疗心脏病、高血压的5万元医疗费、5万元护理费、20万元的疾病继续治疗费以及此前身为盖房个体户的李怀亮的42.79万元误工费。合理补偿部分,主要包括一次性购买15年养老保险、医疗保险的4万、老宅子房屋修理费10万元、远离伤心和不安地域的异地生活安置费60万元、老母10年赡养费医疗费10万元、未成年女儿抚养费10万元、姐姐李爱梅12年的奔波费用20万元、此次两位辩护律师办案差旅费5万元、另外7次审理聘请律师费用合计25万元。

2013年4月25日,历时12年的李怀亮杀人案以其被宣告无罪暂告一段落,随后被害幼女郭某的父母郭松章和杜玉花上诉至河南省高院,要求判处李怀亮死刑,并赔偿15万余元。

李怀亮"死刑保证书"刑事附带民事上诉案,2013年11月1日下午三点在平顶山中院二审宣判,河南省高级人民法院当庭宣判:驳回上诉维持原判。

2013年12月17日上午,河南省平顶山市中级人民法院根据《国家赔偿法》的相关规定,对李怀亮申请国家赔偿一案作出国家赔偿决定:赔偿李怀亮被限制人身自由4282天的赔偿金78.08227万元,精神损害抚慰金20万元;驳回李怀亮的其他赔偿请求。

2013年12月23日上午,李怀亮向省高院提出赔偿复议申请,再次调整赔偿数额,新赔偿要求金额为147万元。此次李怀亮的申诉请求有6项,新的赔偿要求为147万元,还申请平顶山中院公开为他恢复名誉、赔礼道歉。赔偿复议申请书中,申诉请求的6项为:羁押4282天,78万余元;双休日560天,10万余元;法定假日130天,2.3万余元,以上3项均按每天182.35元计算,共计人民币90.6万余元;羁押140.5个月,14万元精神抚慰金,两次判他死刑,精神抚慰金40万元,一共54万元;释放后身体康复及营养费3万元。6项赔偿金及精神抚慰金共计147万余元。

延伸阅读

1. 江必新:《适用修改后的〈国家赔偿法〉应当着重把握的若干问题》,载《法律适用》2011年第6期。

2. 沈岿:《国家赔偿:代位责任还是自己责任》,载《中国法学》2008年第1期。

14.2　国家赔偿责任的归责原则

知识要点

14.2.1　国家赔偿责任的归责原则的概念

国家赔偿的归责原则是指,在法律上确定国家承担赔偿责任所依据的某种标准。当相对人某种权益受到损害后,国家是否赔偿,赔偿以什么为依据,是以行为人的过错为依据,还是以发生的损害结果为依据,抑或以行为的违法为依据,这就是所谓归责原则问题。[1]

在我国的国家赔偿立法中,对于采取何种归责原则,学者们众说纷纭。有人主张采用过错原则,有人主张采用违法原则,还有人主张采用过错违法双重归责原则。[2]《国家赔偿法》(1994)最后采用了违法归责原则,主要基于下述考虑:

(1)违法归责原则与行政复议法、行政诉讼法的规定相协调,与法治原则、依法行政原则相一致。因为《行政复议法》第 1 条、第 2 条和《行政诉讼法》(1989)第 1 条、第 2 条、第 5 条的规定,强调的都是国家机关和国家机关工作人员违反侵犯公民合法权益的情形,并无国家机关和国家机关工作人员故意或过失的规定。此外,法治原则和依法行政原则也强调职权法定、依程序行政。核心的内容就是强调"法",保护实体法和程序法是否得到遵守,而不是强调当事人的故意或过失这种主观心理状态。

(2)违法归责原则简单、明了、易于接受,可操作性强。

(3)违法归责原则避免了主观过错原则对主观方面认定的困难,便利受害人及时获得国家赔偿。

(4)违法归责原则以执行职务违法作为承担赔偿责任的前提,排除了对合法行为造成的损害给予赔偿的可能性,有效区分了国家赔偿责任与国家补偿责任。[3]

---

[1] 薛刚凌主编:《国家赔偿法教程》,中国政法大学出版社 1997 年版,第 41 页。

[2] 江必新:《国家赔偿法原理》,中国人民大学出版社 1994 年版,第 115 ~ 116 页。

[3] 姜明安主编:《行政法与行政诉讼法》,北京大学出版社、高等教育出版社 2015 年第 6 版,第 555 页。

14.2.2　国家赔偿责任的归责原则的不足

(1)违法归责原则与宪法的规定不符,不利于受害人寻求国家赔偿的法律救济。违法归责原则,首先考察的是侵权人行为的合法性,而不是受害人的损失赔偿问题,只有侵权人行为违法才会考虑如何赔偿问题。而宪法规定只要公民的损失是因为国家机关工作人员侵犯其权利引起的,就有权获得赔偿。

(2)适用违法归责原则不能解决滥用法定自由裁量权行为所引起的国家赔偿问题。国家机关及其工作人员在行使职权时往往享有法定自由裁量权,例如,在行政处方面,《食品卫生法》第27条就赋予行政机关20元以上3万元以下罚款的自由裁量权,还有的法律只规定应予行政处罚却未具体规定处罚的幅度,事实上赋予了行政机关近乎无限制的自由裁量权,然而,滥用法定自由裁量权的行为则是根据自己的好恶做出或不做出某种行为,不仅违背了客观事实,而且违背了法律设定自由裁量权的本意。

(3)适用违法归责原则不能解决公有公共设施致害所引起的国家赔偿问题(以下简称为公有公共设施致害赔偿)。对于因公有公共设施的设置或管理有瑕疵,欠缺通常应有的安全性,以致使用者的人身或财产受到损害的,国外一般纳入国家赔偿范围。韩国及我国台湾地区的国家赔偿责任中也都包括公有公共设施致害的赔偿责任。

(4)违法归责原则过于严格地限制了受害人获得国家赔偿的条件,是受害人难以获得国家赔偿的主要原因之一。

(5)单一的违法归责原则与国际上国家赔偿归责原则的多样化趋势不协调。国家赔偿责任的归责原则对于确定国家赔偿范围具有重要的影响,随着现代社会的发展,国家赔偿的归责原则呈现多样化的趋势,国家赔偿的范围在逐步扩大。

法律与规范链接

《国家赔偿法》第2~4条,第17条、第18条、第38条

《民法通则》第121条

典型案例

佘祥林杀妻案[1]

佘祥林，又名杨玉欧，湖北省京山县雁门口镇人。1994 年 1 月 2 日，佘妻张在玉因患精神病走失失踪，张的家人怀疑张在玉被丈夫杀害。同年 4 月 28 日，佘祥林因涉嫌杀人被批捕，后被原荆州地区中级人民法院一审判处死刑，剥夺政治权利终身。后因行政区划变更，佘祥林一案移送京山县公安局，经京山县人民法院和荆门市中级人民法院审理。1998 年 9 月 22 日，佘祥林被判处 15 年有期徒刑。2005 年 3 月 28 日，佘妻张在玉突然从山东回到京山。4 月 13 日，京山县人民法院经重新开庭审理，宣判佘祥林无罪。

2005 年 5 月 10 日，佘祥林向荆门市中级人民法院提出国家赔偿申请，要求赔偿各项费用合计 437.13 万余元。

2005 年 8 月 31 日上午，荆门市中级人民法院、京山县政府、京山县人民法院及京山县雁门口镇政府领导，在京山县雁门口镇政府会议室与佘祥林及其代理律师、佘祥林的兄长佘锁林进行了沟通，达成和解协议。向佘祥林支付人身侵权赔偿金 25.69 万余元（含无名女尸安葬费 1100 元）。此外，湖北京山县雁门口镇政府与佘祥林签订了由政府一次性给予佘祥林家庭生活困难补助费 20 万元的补助协议。佘祥林及代理律师、佘锁林分别在调解书上签了字。

和解协议签订后，佘祥林以其赔偿请求已得到解决，要求撤回赔偿申请，并向荆门市中级人民法院正式送交了撤回国家赔偿申请书。2005 年 9 月 2 日下午，佘祥林在其代理律师周峰、兄长佘锁林和弟弟佘梅林的陪同下，来到荆门市中级人民法院领取了《赔偿决定书》后，荆门市中级人民法院指派一名法官和财务人员到银行为佘祥林开设了专户，并立即转账将赔偿款一次性支付给佘祥林。佘祥林在领取赔偿款以后，对荆门市中级人民法院耐心细致的工作作风表示满意，对办案法官一再表示感谢，并表示今后要克服各种困难，树立生活信心，开始新的生活。

---

〔1〕资料来源：百度百科，http://baike.baidu.com/link? url = y0pZRb804ohLQy2Ljyakzz3QAOM4WsICksJ_q3JrHeHKWViZeji0LwsKfUP2WKHv_KOy9C7pvBuZuUaFyC0uXn0S5GCpXbsNWalikg6X9dKriFpjFkJ　5P3v1GnjaFVl，最后访问时间：2017 年 5 月 25 日。

延伸阅读

杨小君:《国家赔偿的归责原则与归责标准》,载《法学研究》2003年第2期。

14.3 国家赔偿责任的构成要件

知识要点

国家赔偿责任的构成要件是指,国家承担赔偿责任的必要条件。即国家应当在什么情况下给予受害人赔偿,申请人符合哪些条件才能取得国家赔偿,国家裁判机关根据哪些条件要求国家对受害人负责赔偿。国家赔偿责任的构成要件与归责原则既有区别又有联系。其联系表现在两者相辅相成,缺一不可。归责原则是责任构成要件的基础和前提,责任构成要件是归责原则的具体体现,其目的旨在实现归责原则的功能和价值。[1] 根据《国家赔偿法》(2010)第2条的规定,我国国家赔偿责任的构成要件包括下述四个方面:[2]

★ 侵权行为主体

侵权行为主体是构成国家赔偿责任的必要条件之一。国家赔偿责任主体要件是指国家承担赔偿责任必须具备的主体条件,即国家对哪些组织和个人的侵权行为负责赔偿。根据我国国家赔偿法的规定,原则上侵权行为主体包括两类:国家机关和国家机关工作人员。特殊情况下,还包括法律法规授权的组织和行政机关委托的组织和个人。[3]

★ 执行职务的行为

国家赔偿责任中的行为要件,是指国家承担赔偿责任必须具备的行为条件,换言之,国家对侵权主体实施的何种行为承担赔偿责任。在我国,这一构成要件是指国家只对侵权主体实施的执行职务的行为承担赔偿责任,即致害行为必须是与执行职务有关的行为。执行职务是指,国家机关或国家机关工作人员履行或不履行

---

〔1〕 王利明:《侵权行为法归责原则研究》,中国政法大学出版社1992年版,第354页。

〔2〕 姜明安主编:《行政法与行政诉讼法》,北京大学出版社、高等教育出版社2015年第6版,第558页。

〔3〕 同上注。

其职责和义务的行为。“执行职务”是一个内涵丰富的概念，它既包括行使权力的行为和非权力行为，也包括法律行为和事实行为，还包括作为和不作为行为。我国《国家赔偿法》在界定“执行职务行为”和“非执行职务行为”时采用了类似“外表形式理论”的“与行使职权有关论”（简称有关论）。所谓“有关论”是指，凡与执行职务、行使职权有关的行为，只要符合其他赔偿责任的构成要件，国家就应当对该行为造成的损害承担赔偿责任。《国家赔偿法》第 3 条规定：行政机关及其工作人员在行使职权时有下列侵犯人身权情形之一的，受害人有取得赔偿的权利。第 5 条第 1 项规定：行政机关工作人员与行使职权无关的个人行为国家不承担赔偿责任。

值得注意的是，下列行为国家**完全不承担赔偿责任**：[1]

（1）立法行为。包括权力机关制定法律和地方性法规的行为、行政机关制定行政法规、规章以及发布具有规范性决定、命令的行为。

（2）国家行为。如全国人大、国家主席、国务院等进行的某些国防、外交行为。

（3）司法机关的民事、行政错判行为。

（4）法定期限内的刑事拘留行为。

★ 损害事实

国家是否承担侵权责任，要看该行为是哲造成特定人的损害。《国家赔偿法》规定的赔偿范围包括遭受损害的人身权利、财产权利以及其他权利。没有损害结果或遭受损害的是普遍对象，国家就不必负责赔偿。因此，**损害是构成国家赔偿责任的必要条件之一**。损害指对财产和人身等造成的不利。作为国家赔偿要件之一的损害，一般应具备如下特征：现实性与确定性、特定性与异常性、非法性与可估量性等。[2] 人身损害主要包括：人的生命受到损害（如被行政执法人员打死）；人的肉体或健康受到损害（如被行政执法人员误伤、致残）；人身自由受到损害（如被公安机关违法收容审查或者拘留）；名誉权受到损害（如被工商行政管理部门违法宣布为生产伪劣商品的商家）；荣誉权受到损害（如被物价管理部门非法取消“物价信得过单位”的称号）等。财产权损害包括：物权（所有权、使用权、地上权、地役权、抵押权、质权、留置权）、债券、继承权等直接和经济利益相联系的民事权利受到的损害。[3]

---

〔1〕 徐金桂主编：《徐金桂讲行政》，中国政法大学出版社 2016 年版，第 319 ~ 320 页。

〔2〕 参见薛刚凌主编：《国家赔偿法教程》，中国政法大学出版社 1997 年版，第 55 页。

〔3〕 徐金桂主编：《徐金桂讲行政》，中国政法大学出版社 2016 年版，第 320 页。

★ 因果关系

国家赔偿责任的另一个重要构成要件，是可引起赔偿的损害必须为侵权行为主体执行职务的行为所造成，即国家侵权行为与损害事实之间存在因果关系，其中**执行职务的行为是原因，损害事实是结果**。[1] 在举证责任方面，国家赔偿中采用的是"谁主张、谁举证"原则，[2]所以在赔偿案件中，赔偿请求人和赔偿义务机关对自己提出的主张，包括损害结果与侵权行为之间的因果关系，应当提供证据。但是，在一些特殊情况下，如果坚持这一原则将会给当事人合法权益的救济造成障碍。所以，为了更好地实现国家赔偿法的权利救济功能，法律规定，赔偿义务机关采取行政拘留、限制人身自由的强制措施或者刑事羁押期间，被限制人身自由的人死亡或者丧失行为能力的，赔偿义务机关应当提供证据。这就是举证责任倒置的具体规定，体现了法律对处于弱势地位的当事人的保护。

法律与规范链接

《国家赔偿法》第 3 ~ 8 条

典型案例

黄立怡票据诈骗案[3]

1999 年，黄立怡在其叔叔的广州市天河宏达建材公司担任业务员期间，代表该公司向三家供货商交付了 5 张分别盖有要货商"麦永泽""严四益"印章的支票，但这 5 张支票均被银行以"余额不足"退票。此时，麦永泽自杀身亡，严四益出逃，三家供货商遂报案指控宏达公司诈骗。1999 年 6 月 18 日，黄立怡被逮捕。2000 年 11 月 15 日，广州市中院以"票据诈骗罪"判处黄立怡无期徒刑，剥夺政治权利终身。黄立怡不服，但上诉和申诉均被驳回。2009 年，广东省高院决定将该案发由广州市

---

[1] 姜明安主编：《行政法与行政诉讼法》，北京大学出版社、高等教育出版社 2015 年第 6 版，第 560 页。

[2] 徐金桂主编：《徐金桂讲行政》，中国政法大学出版社 2016 年版，第 321 页。

[3] 资料来源：人民网，http://finance. people. com. cn/n/2012/1102/c1004 - 19480365. html，最后访问时间：2017 年 5 月 25 日。

中院重审。2010年7月19日,广州市中院以证据不足为由,宣告黄立怡无罪释放。

黄立怡以无罪羁押为由向广东省高院申请人身自由赔偿金58.2129万元、经济损失100万及精神损害抚慰金60万。

广东省高院审理后认为,据《国家赔偿法》相关内容规定,黄立怡共丧失人身自由4094天,该院按照2012年最高人民法院公布的上年度城镇非私营单位在岗职工日平均工资(162.65元/天)补偿计算黄立怡人身自由赔偿金,共66.5889万元。但经济损失属于间接的不确定损失,不属于法定赔偿范围,故不予支持。[1]

延伸阅读

杨君培:《试析国家赔偿责任的构成要件》,载《人大研究》1998年第10期。

14.4 国家赔偿的方式和计算标准

知识要点

14.4.1 国家赔偿的方式

国家赔偿的方式即国家对侵权行为承担赔偿责任的各种方法或形式的总称。在法律上,赔偿是对侵权行为造成损害的一种补救手段。国家赔偿采取何种方式,既要考虑到对受害人权益进行救济的及时性,也要对国家机关正常履行职责予以适当的关注。

★ 金钱赔偿

即将受害人的各项损失计算成金额,以金额折抵受害人的损失。国家赔偿以支付赔偿金为主要方式。无论是对财产损失,还是对精神损害、人身损害的赔偿,都可以用金钱赔偿。需要注意的是,对人身造成的侵害程度很难用金钱进行精确地衡量,但是因为侵害行为给受害人造成的物质损害是必然的和客观的,如因受侵害

---

〔1〕 精神损害抚慰金数额是按照广东省高院、省检察院、省公安厅联合出台的《关于在国家赔偿工作中适用精神损害抚慰金若干问题的座谈会纪要》来给出16万元——该纪要第9条规定:“十年以上的,赔20万元以下”。这个数字已接近该规定的最高赔偿标准。目前广东精神损害抚慰金标准属全国最高。

而导致劳动能力的全部或者部分丧失而减少或者失去劳动报酬等,此时由国家承担赔偿责任,支付相应的赔偿金可以对受害人因不法侵害而产生的物质损失给予慰藉或弥补。[1]

☆ **返还财产**

这是指国家机关将违法取得的财产返还给受害人的赔偿方式。返还财产只适用于物质损害,尤其是在物品失去控制的情况下。返还财产一般是指原物,如果原物是特定化的种类物,可以用同种类的物品赔偿;返还财产是一种辅助性的赔偿方式,只有在比金钱更便捷时才适用;返还的财物不能影响公务活动,如果原财物已经用于公务活动且返还将影响公务实施的,则应予以金钱赔偿。

☆ **恢复原状**

恢复原状指把国家机关的违法行为侵害相对人的财产或者权利恢复到受损害前的形状、性能或状态的赔偿方式。通常适用于应当返还的财产被损坏但能够回复原状的;查封、扣押、冻结的财产等。[2]

☆ **恢复名誉,赔礼道歉**

赔偿义务机关对依法确认有《国家赔偿法》第 3 条或者第 17 条规定的情形之一,并造成受害人名誉权、荣誉权损害的,应当在侵权行为影响的范围内,为受害人消除影响,恢复名誉,赔礼道歉。[3]

14.4.2 国家赔偿的计算标准

国家赔偿标准即用以确定国家向受害人支付赔偿金数额所适用的标准,是关系到受害人权益能否得到保护的重要问题。

★★ **人身权损害赔偿的计算标准**

根据《国家赔偿法》规定,侵犯公民人身自由的,每日的赔偿金按照国家上年度职工日平均工资计算。侵犯公民生命健康权的,赔偿金按照下列规定计算:造成身体伤害的,应当支付医疗费,以及赔偿因误工减少的收入,减少的收入每日的赔偿金按照国家上年度职工日平均工资计算,最高额为国家上年度职工年平均工资的 5 倍;造成部分或者全部丧失劳动能力的,应当支付医疗费以及残疾赔偿金,残疾赔

---

〔1〕 徐金桂主编:《徐金桂讲行政》,中国政法大学出版社 2016 年版,第 356 页。

〔2〕 同上注,第 357 页。

〔3〕 同上注。

偿金根据丧失劳动能力的程度确定，部分丧失劳动能力的最高额为国家上年度职工年平均工资的 10 倍，全部丧失劳动能力的为国家上年度职工年平均工资的 20 倍，造成全部丧失劳动能力的，对其扶养的无劳动能力的人，还应当支付生活费；造成死亡的，应当支付死亡赔偿金、丧葬费，总额为国家上年度职工年平均工资的 20 倍，对死者生前扶养的无劳动能力的人，还应当支付生活费；前述规定的生活费的发放标准参照当地民政部门有关生活救济的规定办理，被扶养的人是未成年人的，生活费给付至 18 周岁止，其他无劳动能力的人，生活费给付至死亡时止。[1]

★★ 财产权损害赔偿的计算标准

侵犯公民、法人和其他组织的财产权造成损害的，按照下列规定处理：(1)处罚款、罚金、追缴、没收财产或者违反国家规定征收财物、摊派费用的，返还财产；(2)查封、扣押、冻结财产的，解除对财产的查封、扣押、冻结，造成财产损坏或者灭失的，依照下列第(3)、(4)项的规定赔偿；(3)应当返还的财产损坏的，能够恢复原状的恢复原状，不能恢复原状的，按照损害程度给付相应的赔偿金；(4)应当返还的财产灭失的，给付相应的赔偿金；(5)财产已经拍卖的，给付拍卖所得的价款；(6)吊销许可证和执照、责令停产停业的，赔偿停产停业期间必要的经常性费用开支；(7)返还执行的罚款或罚金、追缴或者没收的金钱，解除冻结的存款或者汇款的，应当支付银行同期存款利息；(8)对财产权造成其他损害的，按照直接损失给予赔偿。[2]

14.4.3　国家赔偿费用

国家赔偿费用列入各级财政预算。赔偿请求人凭生效的判决书、复议决定书、赔偿决定书或者调解书，向赔偿义务机关申请支付赔偿金。赔偿义务机关应当自受理赔偿请求人支付申请之日起 7 日内，依照预算管理权限向有关的财政部门提出支付申请，财政部门应当自受理申请之日起 15 日内支付国家赔偿费用。赔偿义务机关、复议机关和法院不得向赔偿请求人收取任何费用，对赔偿金不予征税。[3]

法律与规范链接

《国家赔偿法》第 32～37 条

---

〔1〕《行政法与行政诉讼法》编写组：《行政法与行政诉讼法学》，高等教育出版社 2017 年版，第 383 页。
〔2〕同上注，第 397 页。
〔3〕同上注。

《国家赔偿费用管理办法》第3～5条

典型案例

赵作海冤案〔1〕

1998年2月15日，河南省商丘市柘城县老王集乡赵楼村赵振晌的侄子赵作亮到公安机关报案，其叔父赵振晌于1997年10月30日离家后已失踪4个多月，怀疑被同村的赵作海杀害，公安机关当年进行了相关调查。1999年5月8日，赵楼村在挖井时发现一具高度腐烂的无头、膝关节以下缺失的无名尸体，公安机关遂把赵作海作为重大嫌疑人于5月9日刑拘。1999年5月10日至6月18日，赵作海做了9次有罪供述。2002年10月22日，商丘市人民检察院以被告人赵作海犯故意杀人罪向商丘市中级人民法院提起公诉。2002年12月5日商丘中院作出一审判决，以故意杀人罪判处被告人赵作海死刑，缓期二年执行，剥夺政治权利终身。河南省法院经复核，于2003年2月13日作出裁定，核准商丘中院上述判决。2010年4月30日，赵振晌回到赵楼村。此时，赵作海已经被判服刑11年。此事被报道后，舆论一片哗然，称其为“佘祥林案”翻版。2010年5月9日，赵作海被无罪释放。

商丘中院院长宋海萍等院领导赶赴柘城县对赵作海进行慰问，为其送去亟需的生活必需品和慰问金，协调当地党委政府为其盖新房，解决生活问题，并诚恳向赵作海及其亲属道歉，恳请谅解。

赵作海以公安机关刑讯逼供、检察院错误批捕、法院错误判决造成其被错误羁押为由，向商丘中院提出国家赔偿申请，要求赔偿各项损失共计120万元。针对这一情况，宋海萍院长又同副院长栾立学及赔偿办有关同志一起，多次深入赵作海家中进行协商，赵作海表示对法院开展的积极工作和诚恳态度表示满意，同意依法请求国家赔偿，不再提出超出《国家赔偿法》范围以外的赔偿请求。

商丘中院召开审判委员会会议，对赵作海申请国家赔偿案进行研究。会后，该院派员再度赶赴柘城县，并就赔偿数额与赵作海达成一致。

商丘中院作出赔偿决定，赔偿赵作海国家赔偿金及生活困难补助费等共计65

〔1〕资料来源：百度百科：赵作海冤案，http://baike.baidu.com/link? url=Ui-7sYft04RF5CbX-4L8qznj5wj_AtU2c899Uv42OXpV3LecAERQ0V8A6C6UTbZkPsXc0Ivge1T6ZNdVpK-H8OMvCp4tI，最后访问时间：2017年5月25日。

万元。但对于这个数额,赵作海的亲戚们和赵作海本人都认为太少。在赵作海获得的 65 万元中,50 万元为国家赔偿金,15 万元为生活困难补助费。其中丝毫没有体现精神赔偿。因此,他们准备继续要求精神赔偿。

商丘中院称,鉴于 2009 年度职工日平均工资没有公布,而最高法院 2009 年 4 月 9 日宣布,根据国家统计局当日公布的 2008 年全国在岗职工平均工资数额,上调侵犯公民人身自由权的国家赔偿,2008 年每日的赔偿金比上年增加 12.68 元,调整至 111.99 元。商丘中院遂以 2008 年度每天 111.99 元为基准,考虑到国家职工日均工资逐年递增的情况,参照 2008 年比 2007 年递增的比例,估算出 2009 年的职工日平均工资。赵作海在狱中度过了 11 个年头,被羁押共计 4019 天,最终确定对其国家赔偿金额为 50 万元。

法院同时考虑到,这 11 年的牢狱之灾,使得赵作海家破人散,妻子改嫁。特别是这 11 年的监狱生活更使赵作海不堪回首。毫无疑问,他的精神方面受到了很大的伤害,他有权利要求获得精神损害赔偿。

但由于精神损害赔偿的法律条文尚未实施,法院最终决定给予赵作海生活困难补助金 15 万元。

延伸阅读

1. 江必新:《国家赔偿与民事侵权赔偿关系之再认识——兼论国家赔偿中侵权责任法的适用》,载《法制与社会发展》2013 年第 1 期。
2. 吕宁:《论公有公共设施致害的国家赔偿》,载《政治与法律》2014 年第 7 期。
3. 沈岿:《论怠于履行职责致害的国家赔偿》,载《中外法学》2011 年第 1 期。

第15章　行 政 赔 偿

教学目标

了解和识记行政赔偿的概念、特征、归责原则及其构成要件；

了解行政赔偿及其相关概念的区分；

识记和理解行政赔偿的赔偿范围、免责情形；

了解和识记行政赔偿的请求人、赔偿义务机关及行政赔偿程序。

推荐参考资料

1.《行政法与行政诉讼法学》编写组:《行政法与行政诉讼法学》,高等教育出版社2017年版,第十五章。

2. 叶必丰主编:《行政法与行政诉讼法》,高等教育出版社2015年第3版,第五编。

3. 姜明安主编:《行政法与行政诉讼法》,北京大学出版社2015年第6版,第六编。

4. 莫于川主编:《行政法与行政诉讼法》,中国人民大学出版社2015年第2版,第十六章。

5. 方世荣、石佑启主编:《行政法与行政诉讼法》,北京大学出版社2015年第3版,第二十九章。

6. 张正钊、胡锦光主编:《行政法与行政诉讼法》,中国人民大学出版社2015年第6版,第六章。

15.1 行政赔偿概述

知识要点

15.1.1 行政赔偿的概念及特征

行政赔偿,是指行政机关及其工作人员在行使职权的过程中侵犯公民、法人和其他组织的合法权益并造成伤害,法律规定由国家承担赔偿责任的制度。具有以下特征。

1. **行政赔偿的责任主体是国家。**首先,行政机关及其工作人员代表国家履行社会管理职能,在管理过程中的履职行为均以国家公权力为依托,法律后果(包括利益与不利益)归属于国家。其次,承担责任的主体是国家,行政赔偿的费用来自于国库,最终由国库支付,由国家财政列支并纳入各级财政预算,而不是具体行使职权的行政机关及其工作人员。这是由行政权力的属性以及国家与行政机关及其工作人员之间的法律关系决定的。需要注意的是,虽然行政赔偿的主体是国家,但具体履行行政赔偿义务的机关则为致害的行政机关或法律法规授权的组织。

2. **行政赔偿的侵权主体是行政机关及其工作人员**,这是行政赔偿区别于其他赔偿的主要特点。民事赔偿是平等的民事主体之间因民事侵权行为引起的赔偿,而同属于国家赔偿的司法赔偿则是履行司法职能的国家机关及其工作人员的侵权行为造成的,正是因为行政赔偿中侵权主体的特定性使得行政赔偿在构成要件、归责原则以及赔偿范围等方面区别于民事赔偿而在赔偿请求人、赔偿义务机关以及赔偿程序等方面又区别于司法赔偿行政机关及其工作人员行使职权是引起行政赔偿责任的基础。同时,由于国家与国家行政机关工作人员之间存在职务委托关系,行政机关及其工作人员在行使职权过程中侵犯公民、法人和其他组织合法权益的,或以执行职务名义侵犯公民、法人和其他组织合法权益的,应当视为国家侵权行为。

3. **行政赔偿所针对的是行政机关及其工作人员的违法行为。**首先,引起行政赔偿的行为须是行政机关及其工作人员的行为,且这一行为必须是行政机关及其工作人员行使行政职权、履行行政职责的行为,即行政职务行为。其次,国家承担行政赔偿责任的前提是行政行为违法,在行政机关及其工作人员的合法行为对公民、法人和其他组织的合法权益造成损害的情况下,国家不负有行政赔偿责任,仅需承担行政补偿责任。

4. **行政赔偿程序是行政程序与诉讼程序的结合**,这是行政赔偿的程序特点。行政赔偿程序包括行政处理程序和行政赔偿诉讼程序两个部分。行政处理程序又分为两种情况:一是赔偿义务机关先行处理程序,即行政赔偿请求人申请行政赔偿时先向有关赔偿义务机关提出赔偿请求,双方就赔偿事项进行自愿协商或由赔偿义务机关决定,从而解决赔偿争议的一种行政程序;二是行政复议机关受理赔偿请求、确认赔偿义务机关和赔偿责任的程序。行政赔偿诉讼程序是人民法院对行政赔偿案件进行审理的程序。

15.1.2 行政赔偿的归责原则

1. 过错责任原则,即国家行政机关及其工作人员在行使职权时,因过错给受害人的合法权益造成损害,国家承担赔偿责任,如果无过错,国家不予赔偿。

2. 无过错责任原则,即不以过错为责任的构成要件,无论国家行政机关及其工作人员有无过错,只要其行使职权给受害人的合法权益造成损害,国家都要承担赔偿责任。

3. 违法责任原则,即只要国家行政机关及其工作人员违法行使职权并造成损害,无论有无过错,国家都必须承担赔偿责任。违法责任原则具有一个相对明确客观的责任判断标准,在审判实践中易于把握,我国行政赔偿中就采用了这一归责原则。

15.1.3 行政赔偿的构成要件

行政赔偿的构成要件,是指国家承担行政赔偿责任所应当具备的各种条件,即国家承担行政赔偿责任的必备条件。一般认为,行政赔偿的构成要件包括主体要件、行为要件、损害结果要件以及因果关系要件四个部分。

★ 主体要件

主体要件是指国家对哪些主体的侵权行为承担行政赔偿责任。国家对行政机关及其工作人员所实施的职务侵权行为承担赔偿责任。此处的行政机关和工作人员均应作广义理解,具体包括国家行政机关,法律、法规和规章授权组织,行政机关委托的组织及其工作人员。

★ 行为要件

行为要件是指国家需要对侵权主体实施的何种行为承担行政赔偿责任,具体包括两个方面的要求:(1)行为的职务性。构成行政赔偿责任的行为必须是行政机关及其工作人员的职务行为。这种职务行为既包括行政机关为实现管理目的而作出的直接影响公民、法人和其他组织合法权益的行政行为,也包括行政机关在行使职权过程中所作出的与实现管理目的有关的事实行为。同时,对于行政机关不履行法定作为义务的情形,也应当认定其具有职务性。(2)行为的违法性。构成行政赔偿责任的行为必须是违法的职务行为。此处的违法应当从广义上予以理解,不仅指行政机关及其工作人员的职务行为违反法律法规的明文规定,还包括违反规章及其他规范性文件的规定以及违反法律原则、公序良俗和人类的一般理性。

★ 损害结果要件

损害结果要件,是指行政行为对公民、法人和其他组织的权益造成客观损害的结果。行政赔偿以公民、法人和其他组织的合法权益受到损害为条件。一方面,行政赔偿的请求人必须是权益受到损害的公民、法人或者其他组织,如果没有损害的发生,则不存在赔偿请求权。同时,这种损害必须是现实的、已确定的损害,不包括未来可能发生的潜在损害。另一方面,受损权益必须是公民、法人或者其他组织的合法权益,赃款、赃物等违法权益不属于行政赔偿的范围。

★ 因果关系要件

因果关系要件,是指损害结果与行政机关及其工作人员的职务行为具有法律上的因果关系。在行政赔偿中,只要行政机关及其工作人员违背了对权利人所承担的特定义务并因此导致其损害,且权利人无法通过其他途径受偿的,就应当认为存在行政赔偿责任中的因果关系。

15.1.4 行政赔偿与相关概念的区别

★ 行政赔偿与行政补偿

行政补偿是国家对公民、法人和其他组织因行政机关及其工作人员合法行使职权行为或因公共利益需要致其合法权益受到损害而给予补偿的法律救济制度。

1. 发生的前提不同。行政赔偿由行政机关及其工作人员的**违法行为**引起,即以违法为前提;而行政补偿则由行政机关及其工作人员的**合法行为**引起或者由行政相对人为社会公益实施正当行为所引起,是以合法为前提。

2. 性质不同。行政赔偿是国家对其违法行为承担的一种**法律责任**,其目的是恢复到合法行为所应有的状态;而行政补偿不属于行政责任,它不以行政行为违法为前提条件,其目的是为那些因公共利益而遭受特别损失的行政相对人提供补救,以体现**公平负担**的精神。

3. 程序不同。行政补偿可能是在损害发生**之前**由行政机关与公民协商解决，也可能是在损害发生**之后**由行政机关与协商解决。行政赔偿**只能发生在侵权行为发生之后**，由行政机关与公民协商解决。行政补偿和行政赔偿都可以适用调解，但是，公民因与行政机关对行政补偿不能达成协议而起诉的，适用一般的**行政诉讼程序**；与行政赔偿义务机关对行政赔偿不能达成协议而起诉的，适用**行政侵权赔偿诉讼程序**。

4. 依据不同。行政赔偿的法律依据是**国家赔偿法**，而行政补偿的法律依据是有关的**单行的部门法律法规**。

5. 工作人员的责任不同。行政赔偿发生后，国家有权对作出违法行为，有故意或重大过失的工作人员进行**追偿**，而行政补偿则**不发生追偿问题**。

★ 行政赔偿与行政追偿

行政追偿，是指国家在对行政赔偿请求人进行赔偿后，依法责令有故意或重大过失的工作人员、受委托的组织或个人承担部分或全部赔偿费用的制度。行政追偿是行政赔偿制度的重要组成部分，**没有行政赔偿也就无所谓行政追偿**，但行政追偿制度又有较大的独立性。两者的区别主要表现在：

1. 性质不同。行政赔偿是国家对行政机关及其工作人员的违法行为承担的一种法律责任。行政追偿的实质是行政机关代表国家追究有故意或重大过失的工作人员及受委托的组织和个人的行政责任。追偿权是国家基于特别权力关系对公务人员实施制裁的一种形式，追偿责任是一种具有惩戒性质的行政责任。

2. 适用的条件不同。行政赔偿的发生在于符合违法归责责任和行政赔偿的构成要件。而行政追偿需满足两个条件，一是行政赔偿义务机关已经向受害人支付了赔偿金；二是公务人员有故意或重大过失。

3. 适用的对象不同。行政赔偿的对象是受到损害的公民、法人和其他组织。行政追偿的对象是对损害的造成有故意或重大过失的行政机关工作人员、受委托行使公务的组织或个人。

4. 适用的程序不同。现行法律、法规对行政赔偿程序作了全面完整地规定，而行政追偿程序则没有相关法律、法规的规定。行政追偿采用支付赔偿费用的方式，其程序与行政赔偿的程序不同，它主要是一种内部程序。同时行政赔偿可由赔偿义务机关报主动或依受害人的请求而进行，而行政追偿则依照自上而下的“责令”程序进行。

5. 发生的时间不同。行政赔偿发生在行政侵权行为违法并切实造成损害之后，而行政追偿则发生在行政赔偿义务和机关履行完结行政赔偿义务之后，才能对有故意或重大过失的行政机关工作人员、受委托的组织或个人行使追偿权，行政赔偿是行政追偿的先决条件。

★ 行政赔偿与司法赔偿

司法赔偿，是指国家司法机关及其工作人员行使职权，侵犯公民、法人和其他组织的合法权益并造成损害，由国家承担赔偿责任的制度。行政赔偿与司法赔偿都属于国家赔偿，许多方面是一致的，如赔偿损害的范围、计算标准、赔偿主体、赔偿方式等，但两者之间也存在许多区别，表现在：

1. 实施侵权行为的主体不同。在行政赔偿中，实施侵权行为的主体是国家行政机关、法律法规和规章授权的组织、行政机关委托的组织及在上述机关和组织工作的人员；在司法赔偿中，实施侵权行为的主体是履行司法职能的国家机关及其工作人员，包括公安机关、国家安全机关以及军队的保卫部门，国家检察机关，国家审判机关，监狱管理机关及在上述机关的工作人员。

2. 发生的基础不同。行政赔偿是行使行政职权引起的赔偿责任；而司法赔偿是行使审判、检察、侦查、监狱管理职权引起的赔偿责任。

3. 归责原则不尽相同。行政赔偿采取违法归责原则；而司法赔偿则在适用违法归责原则的同时，兼采结果责任原则。

4. **追偿**的条件不同。行政追偿的条件是行政机关及其工作人员在行使职权的过程中有故意或者重大过失，这种标准具有明显的主观性；司法追偿的条件是司法机关工作人员实施刑讯逼供、殴打和以其他暴力方式伤害公民的工作人员、违法使用武器和警械伤害他人的工作人员和在审理案件中有贪污受贿、徇私舞弊、枉法裁判行为的工作人员。相比较之下，司法追偿的范围要比行政追偿的范围窄。

5. 赔偿程序不同。行政赔偿程序分为单独提出赔偿请求的程序和一并提出赔偿请求的程序。单独提出赔偿请求的程序实行行政处理前置的原则，行政赔偿争议在行政程序不能解决的，最终可以通过行政诉讼途径解决。司法赔偿程序没有单独提出赔偿请求和一并提出赔偿请求的划分，赔偿请求人对赔偿义务机关的决定不服的，要向其上一级机关申请复议，对复议决定不服的，向复议机关所在地的同级人民法院的赔偿委员会申请，由其作出最终的决定。可以看出，**司法赔偿自始至终都是通过非诉讼途径来解决的**。

法律与规范链接

▲ **必读法条**

《宪法》第 41 条第 3 款

《国家赔偿法》第 2 条

△ **延伸法条**

1994 年《国家赔偿法》第 2 条

延伸阅读

1. 罗豪才、袁曙宏:《论我国国家赔偿的原则》,载《中国法学》1991 年第 2 期。
2. 周汉华:《论国家赔偿的过错责任原则》,载《法学研究》1996 年第 3 期。
3. 程啸、张发靖:《现代侵权行为法中过错责任原则的发展》,载《当代法学》2006 年第 1 期。
4. 杜仪方:《行政赔偿中的"违法"概念辨析》,载《当代法学》2012 年第 3 期。
5. 张红:《行政赔偿责任与民事赔偿责任之关系及其处理》,载《政法论坛》2009 年第 2 期。

15.2　行政赔偿的范围

知识要点

15.2.1　对侵犯人身权的行政赔偿

人身权是指那些与公民的人身不可分的权利,包括人格权和身份权。《国家赔偿法》第 3 条采用列举加概括的方式对侵犯人身权应当予以赔偿的情形进行了规定,总结起来可以分为两大类,即侵犯人身自由权和侵犯生命健康权。[1]

★ **侵犯人身自由权的行政赔偿**

侵犯人身自由权的行为包括:(1)违法拘留。行政拘留必须依法进行,行政机关违反法律规定的权限和程序,或在证据不足、事实不清的情况下拘留公民的,属

---

〔1〕 需要注意的是,根据《国家赔偿法》第 35 条的规定,在出现侵犯人身权的情况下,致人精神损害的,应当在侵权行为影响的范围内,为受害人消除影响,恢复名誉,赔礼道歉;造成严重后果的,应当支付相应的精神损害抚慰金。

于违法拘留。(2)违法采取限制公民人身自由的行政强制措施。(3)非法拘禁或者以其他方法非法剥夺公民人身自由的行为,指行政机关及其工作人员在行使行政职权的过程中,不具有行政拘留或行政强制执行的权限,或者行政机关虽有上述职权但在法律规定的范围以外剥夺或者限制公民人身自由的行为。需要注意的是,“非法”与“违法”概念有所不同,非法是指行政机关在法定的限制人身自由的措施以外,以拘禁或者其他方式限制或剥夺公民的人身自由。

★ 侵犯生命健康权的行政赔偿

侵犯生命健康权的情形可细化为以下几种:(1)以殴打、虐待等行为或者唆使、放纵他人以殴打、虐待等行为造成公民身体伤害或者死亡的;(2)违法使用武器、警械造成公民身体伤害或者死亡的;(3)造成公民身体伤害或者死亡的其他违法行为。

15.2.2　对侵犯财产权的行政赔偿

财产权是指以财产利益为内容、直接体现某种物质利益的权利,具体是指公民、法人和其他组织对财产的占有、使用、收益和处分的权利,包括物权、债权、知识产权等。依据我国《国家赔偿法》第4条的规定,侵犯财产权的行为主要包括:(1)侵犯财产权的行政处罚行为;(2)侵犯财产权的行政强制措施;(3)违法征收、征用财产的行为;(4)造成财产损害的其他违法行为。

15.2.3　行政侵权中的免责情形

《国家赔偿法》第5条规定了国家不承担赔偿责任的两种具体情形和兜底概括条款。

1. 行政机关工作人员与行使职权无关的个人行为

行政机关工作人员行使与职权无关的个人行为,国家不承担赔偿责任。行政机关工作人员同时具有公务人员和公民双重身份,其行为也相应被分为职务行为和个人行为。个人行为仅代表其个人,而非代表国家,因此国家自然不必承担由其个人行为侵权而产生的赔偿责任。

2. 因公民、法人和其他组织自己的行为致使损害发生

因公民、法人和其他组织自己的行为致使损害发生的,国家不承担赔偿责任。谁损害、谁赔偿,是法的一般原则。在公民、法人或其他组织由于自己的行为而遭受损失的情况下,即使行政机关及其工作人员的行为违法,国家也不承担行政赔偿责任。

3. 法律规定的其他情形

法律规定的其他情形,是一个兜底条款。此处的法律应当作狭义理解,即全国

人大及其常委会制定的法律，而不包括法规、规章等除上面提到的两种免责条件外，一般情况下，还包括以下几种情形：(1)不可抗力；(2)紧急避险；(3)第三人过错；(4)受害人通过其他途径得到补偿的。

法律与规范链接

▲ **必读法条**

《国家赔偿法》第3～5条、第35条

延伸阅读

1. 周佑勇：《论行政不作为的救济和责任》，载《法商研究》1997年第4期。
2. 朱新力：《行政不作为违法之国家赔偿责任》，载《浙江大学学报》(人文社会科学版)2001年第2期。
3. 杨小君：《怠于履行职责的国家赔偿责任》，载《国家行政学院学报》2005年第1期。
4. 杨寅：《我国行政赔偿制度的演变与新近发展》，载《法学评论》2013年第1期。
5. 叶必丰：《受欺诈行政行为的违法性和法律责任——以行政机关为视角》，载《中国法学》2006年第5期。

15.3 行政赔偿的请求人和赔偿义务机关

知识要点

15.3.1 行政赔偿的请求人

行政赔偿请求人，是指因其合法权益受到行政机关及其工作人员不法侵害，依法有权要求国家给予行政赔偿的公民、法人和其他组织。根据《国家赔偿法》第6条的规定，行政赔偿请求人包括以下三类：即受害的公民、法人和其他组织有权要求赔偿；受害的公民死亡，其继承人和其他有扶养关系的亲属有权要求赔偿；受害的法人或者其他组织终止的，其权利承受人有权要求赔偿。倘若以请求人的类型进行区分，可以分为下列情形：

1. 公民作为请求人的两种情况[1]

(1)受害公民或其监护人。行政赔偿请求人应是受害公民本人,但如果受害公民是未成年人或者精神病人,不能行使其请求权,可以由他的监护人作为赔偿请求人。

(2)受害公民的继承人和其他有扶养关系的亲系。通常情况下,受害的公民本人是行政赔偿的请求人,但当受害的公民死亡时,行政赔偿请求人的资格就要转移给其继承人和其他有扶养关系的亲属。赔偿请求人行使权利的顺序应该是被害人的继承人、有扶养关系的亲属,继承人有多个的,按民事继承的顺序,前一顺序的人未放弃请求权,后一顺序的人就不能逾越行使请求权,也不能出现不同顺序请求权人共同作为请求权人的情形。

2. 法人和其他组织作为赔偿请求人的两种情况

(1)受害的法人和其他组织。

(2)受害的法人或者其他组织终止的,承受其权利的法人或者其他组织有权要求赔偿。这里的法人或者其他组织终止,是指法人丧失法人资格或者非法人组织解散,主要为依法被取缔、撤销、破产、合并、分立等情形。法人或者其他组织终止以后,法人和其他组织就不存在,无法再以自己的名义提出赔偿请求。因此,基于受害的法人或者其他组织与承受其权利的法人或者其他组织之间存在承继关系,法律规定由承受其权利的法人或者其他组织作为赔偿请求人,从而有利于保护其合法权益。

15.3.2　行政赔偿的义务机关

行政赔偿义务机关,是指代表国家履行行政赔偿义务的行政机关或法律、法规和规章授权组织,即具体履行行政赔偿义务的组织。虽然我国行政赔偿的主体是国家,但国家是作为一个整体,是一种抽象的政治实体,它的行政权力是由各级行政机关来行使的。所以,国家的赔偿责任也是由具体的行政机关来履行,受害人无法直接请求作为整体的国家承担具体的赔偿义务,而是请求特定的机关来承担具体的赔偿义务,从而使自身的合法权益得到保障。

我国《国家赔偿法》第7条、第8条对行政赔偿义务机关作出了规定,行政赔偿

---

[1] 外国公民和无国籍人在中国境内受到行政机关及其工作人员行使职权的行为侵害的,也可以成为赔偿请求人。但我国对外国人、外国企业和组织的所属国家实行对等原则,即当外国人、外国企业和组织的所属国对我国公民、法人和其他组织要求该国行政赔偿的权利不予保护或者限制的,我国也不予保护或限制。

义务机关大致可以分为以下几种情形：

（一）行政机关

1. 单个行政机关为赔偿义务机关。《国家赔偿法》第7条第1款规定："行政机关及其工作人员行使行政职权侵犯公民、法人和其他组织的合法权益造成损害的，该行政机关为赔偿义务机关。"当致害主体为单个行政机关时，该行政机关为赔偿义务机关；当致害主体为行政机关工作人员时，该工作人员所在的行政机关为赔偿义务机关。

2. 共同行政赔偿义务机关。《国家赔偿法》第7条第2款规定："两个以上行政机关共同行使行政职权时侵犯公民、法人和其他组织的合法权益造成损害的，共同行使行政职权的行政机关为共同赔偿义务机关。"需要注意的是，共同行政赔偿义务机关不包括同一行政机关内部的两个以上的部门，也不包括同一行政机关内部具有从属关系的两个以上行政机构和组织。但2名以上分属不同行政机关的工作人员共同致害的，可理解为致害工作人员所在的行政机关为共同的义务机关。赔偿请求人可以向共同赔偿义务机关中的任何一个机关请求赔偿，该机关应当先予赔偿全部损失。

3. 委托的行政机关为赔偿义务机关。《国家赔偿法》第7条第4款规定："受行政机关委托的组织或者个人在行使受委托的行政权力时侵犯公民、法人和其他组织的合法权益造成损害的，委托的行政机关为赔偿义务机关。"委托的行政机关赔偿损失后，有权责令有故意或者重大过失的受委托的组织或者个人承担部分或者全部损失。

4. 致害机关被撤销后的赔偿义务机关。《国家赔偿法》第7条第5款规定："赔偿义务机关被撤销的，继续行使其职权的行政机关为赔偿义务机关；没有继续行使其职权的行政机关的，撤销该赔偿义务机关的行政机关为赔偿义务机关。"

5. 经行政复议后的赔偿义务机关。《国家赔偿法》第8条规定："经复议机关复议的，最初造成侵权行为的行政机关为赔偿义务机关，但复议机关的复议决定加重损害的，复议机关对加重的部分履行赔偿义务。"这就意味着，如果复议机关的复议决定加重了损害，则复议机关也应成为赔偿义务机关，与原致害机关共同履行行政赔偿义务。

（二）法律、法规和规章授权的组织

法律、法规和规章授权的组织均可直接作为行政诉讼的被告，都能履行行政赔偿义务，为行政赔偿义务机关。

法律与规范链接

▲ **必读法条**

《国家赔偿法》第6~8条

△ **延伸法条**

《继承法》第10~12条

《民法总则》第27条、第28条

《最高人民法院关于审理行政赔偿案件若干问题的规定》第1条

延伸阅读

1. 雷伟红:《论我国赔偿义务机关确立制度的缺陷及完善》,载《甘肃政法成人教育学院学报》2005年第2期。
2. 肖建华:《论共同诉讼分类理论及其实践意义》,载陈光中、江伟主编:《诉讼法论丛》(第6卷),法律出版社2001年版,第398页。
3. 武生、段厚省:《必要共同诉讼的理论误区与制度重构》,载《法律科学》2007年第1期;马怀德主编:《完善国家赔偿立法基本问题研究》,北京大学出版社2008年版。
4. 杨小君:《国家赔偿法律问题研究》,北京大学出版社2005年版。

15.4 行政赔偿的程序

知识要点

15.4.1 行政赔偿程序的概念

我国行政赔偿程序实行的是"先行政、后诉讼的程序"以及"行政复议或诉讼一并提起程序"并存的模式。从性质上看,行政赔偿程序既有行政程序,包括单独提起程序之中的赔偿义务机关先行处理程序、行政赔偿复议程序以及行政复议一并提起行政赔偿请求程序,也有司法程序,包括单独提起程序之中的行政赔偿诉讼程序和行政诉讼一并提起行政赔偿请求程序。

15.4.2 单独提起程序

单独提起程序,实际上是先行政、后诉讼的程序,是指行政赔偿请求人先行直接向行政赔偿义务机关提出单独的行政赔偿请求,在请求未得到满足的情况下,再向法院提起行政赔偿诉讼,由法院对其请求予以处理的程序。

★ 行政赔偿义务机关的先行处理程序

行政赔偿义务机关的先行处理程序是行政赔偿诉讼程序的前置阶段,其具体包括行政赔偿请求的提出、行政赔偿义务机关的受理、行政赔偿义务机关的处理等。

(一)行政赔偿请求的提出

1. 提出行政赔偿请求的时效。根据《国家赔偿法》第 39 条规定,赔偿请求人请求国家赔偿的时效为 2 年,自其知道或者应当知道国家机关及其工作人员行使职权时的行为侵犯其人身权、财产权之日起计算,但被羁押等限制人身自由期间不计算在内。同时,赔偿请求人在赔偿请求时效的最后 6 个月内,因不可抗力或者其他障碍不能行使请求权的,时效中止。从中止时效的原因消除之日起,赔偿请求时效期间继续计算。

2. 申请书及相关材料。《国家赔偿法》第 12 条对行政申请人的行政赔偿请求的提出作出了规定。行政赔偿请求人向行政赔偿义务机关要求赔偿的,应当递交申请书,申请书应当载明下列事项:(1)受害人的姓名、性别、年龄、工作单位和住所,法人或者其他组织的名称、住所和法定代表人或者主要负责人的姓名、职务;(2)具体的要求、事实根据和理由;(3)申请的年、月、日。

其中,“具体的要求”主要指是要求恢复原状、返还财产还是金钱赔偿,若是金钱赔偿,请求赔偿的数额是多少等与赔偿方式、项目、数额有关的具体请求。

(二)行政赔偿义务机关的受理

1. 收讫凭证

赔偿请求人当面递交申请书的,赔偿义务机关应当当场出具加盖本行政机关专用印章并注明收讫日期的书面凭证。

2. 告知补正

收到赔偿申请书之后,赔偿义务机关可以对申请材料是否齐全进行审查。申请材料不齐全的,赔偿义务机关应当当场或者在 5 日内一次性告知赔偿请求人需要补正的全部内容。

(三)行政赔偿义务机关的处理

行政赔偿义务机关的处理应该在收到申请之日起 2 个月内完成,具体可以分为以下环节。

1. 听取意见。赔偿义务机关在作出赔偿决定之前，应当充分听取赔偿请求人的意见。

2. 协商。赔偿义务机关可以在收到赔偿申请书之后，与赔偿请求人就赔偿问题进行协商，而无需采取唯一的由赔偿义务机关单方决定的方式。协商的本质是双向的，不仅包括意见的交换，更重要的是，最终决定的内容实际上是赔偿义务机关与赔偿请求人达成共识后形成的。协商必须在法定的范围之内进行，在赔偿方式、赔偿项目、赔偿数额等问题上，赔偿义务机关不能超出法律的明确规定与赔偿请求人协商。

3. 决定。行政赔偿义务机关经过听取意见、协商等程序环节后，审查认为赔偿请求人的赔偿请求或者赔偿请求人在协商后形成的新的赔偿请求符合国家赔偿法规定，就可以作出赔偿决定。相反，若审查认为赔偿请求人的赔偿请求不符合法律规定，赔偿义务机关可以作出不予赔偿决定。

4. 送达。赔偿义务机关决定赔偿的，应当制作赔偿决定书，并自作出决定之日起 10 日内送达赔偿请求人。赔偿义务机关决定不予赔偿的，应当自作出决定之日起 10 日内书面通知赔偿请求人，并说明不予赔偿的理由。

★★ 行政赔偿诉讼程序

（一）提起行政赔偿诉讼的情形

1. 对赔偿义务机关逾期未作是否赔偿决定不服

赔偿义务机关自收到赔偿申请书之日起 2 个月内，既未作出赔偿决定，也未作出不予赔偿决定。赔偿请求人可以在 2 个月期限届满之日起 3 个月内，向法院提起行政赔偿诉讼。

2. 对赔偿义务机关作出的赔偿决定有异议

如果赔偿请求人对赔偿方式、项目、数额仍然有异议，其可以根据《国家赔偿法》第 14 条第 2 款的规定，在行政赔偿义务机关作出赔偿决定之日起 3 个月内提起行政赔偿诉讼。

3. 对赔偿义务机关不予赔偿的决定不服

赔偿义务机关经过审查，认为赔偿请求依法不成立的，可以作出不予赔偿的决定。赔偿请求人对此不服，可以依据《国家赔偿法》第 14 条第 2 款的规定，自赔偿义务机关作出不予赔偿决定之日起 3 个月内提起行政赔偿诉讼。其诉讼期限也存在着第二种情形一样的问题。

(二)行政赔偿诉讼的程序

如果行政赔偿请求人符合上述的三类情形,决定提起行政赔偿诉讼,即按照《行政诉讼法》《行政诉讼法若干问题解释》《行政赔偿案件若干问题规定》等规定的诉讼程序进行,《国家赔偿法》没有过多的规定。不过《国家赔偿法》第15条对行政赔偿诉讼中的举证责任配置问题作出了规定:"人民法院审理行政赔偿案件,赔偿请求人和赔偿义务机关对自己提出的主张,应当提供证据。赔偿义务机关采取行政拘留或者限制人身自由的强制措施期间,被限制人身自由的人死亡或者丧失行为能力的,赔偿义务机关的行为与被限制人身自由的人的死亡或者丧失行为能力是否存在因果关系,赔偿义务机关应当提供证据。"其中,特殊情形下的举证责任倒置规则,这对于保护受害人权利、保障其获得救济,是非常必要和重要的。

15.4.3 一并提起程序

一并提起程序,是指行政赔偿请求人在申请行政复议或提起行政诉讼的同时,一并提起赔偿请求。它是将两项不同的请求一并向同一机关提出,要求合并审理解决,但这两项不同的请求必须具有内在的联系,即赔偿请求的损害事实,是由违法的具体行政行为造成的。

15.4.4 行政赔偿的方式和计算标准

★ 行政赔偿的方式

行政赔偿的方式,是指国家对行政机关及其工作人员的职务侵权行为承担赔偿责任的各种形式。我国行政赔偿的方式主要有三种:支付赔偿金、返还财产和恢复原状。

(1)支付赔偿金是指以货币形式支付赔偿金额,补偿受害人所受损失的一种赔偿方式。

(2)返还财产是指行政机关将违法占有或控制的财产返还给受害人的赔偿方式。返还财产只适用于财产损害,如返还罚款、返还没收的财物,返还扣押、查封、冻结的财产,返还违法征收、摊派的费用等。返还财产在内容上表现为返还原物和孳息。

(3)恢复原状是指赔偿义务机关对受害人受损害的财产进行修复,使之恢复到受损害前的形状和性能的赔偿方式。

除上述三种行政赔偿方式外,《国家赔偿法》还明确规定了其他的赔偿方式。包括消除影响、恢复名誉,赔礼道歉和支付精神损害抚慰金。

★ 行政赔偿的计算标准

行政赔偿标准，是指国家支付赔偿金赔偿行政侵权受害人损失时所适用的标准。根据我国《国家赔偿法》第33条、第34条、第36条的规定，行政赔偿的计算标准如下：

（一）人身权损害赔偿的计算标准

人身权的损害包括侵犯公民人身自由和侵犯公民生命健康权两类，其损害赔偿计算标准分别为：

1. 人身自由损害赔偿的计算标准

《国家赔偿法》第33条规定："侵犯公民人身自由的，每日赔偿金按照国家上年度职工日平均工资计算。"根据最高人民法院《关于人民法院执行〈中华人民共和国国家赔偿法〉几个问题的解释》第6条规定，这里所规定的"上年度"，应当指赔偿义务机关、复议机关或者人民法院赔偿委员会作出赔偿决定时的上年度；复议机关或者人民法院赔偿委员会决定维持原赔偿决定的，按作出原赔偿决定时的上年度执行。国家上年度职工日平均工资数额，应当以职工年平均工资除以全年法定工作日数的方法计算。年平均工资以国家统计局公布的数字为准。

2. 生命健康权损害赔偿的计算标准

生命健康权包括生命权和健康权两部分。根据《国家赔偿法》第34条的规定，侵犯公民生命健康权的赔偿按照下列标准计算：

（1）造成身体伤害的，应当支付医疗费、护理费，以及赔偿因误工减少的收入。减少的收入每日的赔偿金按照国家上年度职工日平均工资计算，最高额为国家上年度职工年平均工资的5倍。

（2）造成部分或者全部丧失劳动能力的，应当支付医疗费、护理费、残疾生活辅助具费、康复费等因残疾而增加的必要支出和继续治疗所必需的费用，以及残疾赔偿金。残疾赔偿金根据丧失劳动能力的程度，按照国家规定的伤残等级确定，最高不超过国家上年度职工年平均工资的20倍。造成全部丧失劳动能力的，对其扶养的无劳动能力的人，还应当支付生活费。生活费的发放标准，参照当地最低生活保障标准执行。被扶养的人是未成年人的，生活费给付至18周岁止；其他无劳动能力的人，生活费给付至死亡时止。

（3）造成死亡的，应当支付死亡赔偿金、丧葬费，总额为国家上年度职工年平均工资的20倍。对死者生前扶养的无劳动能力的人，还应当支付生活费。生活费的发放标准，参照当地最低生活保障标准执行。被扶养的人是未成年人的，生活费给付至18周岁止；其他无劳动能力的人，生活费给付至死亡时止。

（二）财产权损害赔偿的计算标准

根据《国家赔偿法》第36条的规定，财产权损害赔偿的计算标准如下：

1. 处罚款、罚金、追缴、没收财产或者违法征收、征用财产的，返还财产。返还的财产包括金钱和其他财物。返还执行的罚款或者罚金、追缴或者没收的金钱，应当支付银行同期存款利息。如果应当返还的财产损坏的，能够恢复原状的应予恢复原状，不能恢复原状的，按照损坏程度给付相应的赔偿金；如果应当返还的财产灭失的，应当给付相应的赔偿金。

2. 查封、扣压、冻结财产造成损失的赔偿。首先，解除对财产的查封、扣押、冻结。其次，应当返还的财产损坏的，能够恢复原状的恢复原状，不能恢复原状的，应按照损害程度给付相应的赔偿金。再次，应当返还的财产灭失的，给付相应的赔偿金。最后，解除冻结的存款或者汇款的，应当支付银行同期存款利息。

3. 财产已经拍卖或者变卖的赔偿。财产已经拍卖或者变卖的，给付拍卖或者变卖所得的价款变卖的价款明显低于财产价值的，应当支付相应的赔偿金。

4. 吊销许可证和执照、责令停产停业的损害赔偿。吊销许可证和执照、责令停产停业的，赔偿停产停业期间必要的经常性费用开支。所谓“必要的经常性的费用开支”是指企业、商店、公民等停产停业期间用于维持其生存的基本开支，如水电费、房屋租金、仓储保管费、职工基本工资等。

5. 对财产权造成其他损害的赔偿。根据《国家赔偿法》的规定，对财产权造成其他损害的，按照直接损失给予赔偿。

法律与规范链接

▲ 必读法条

《国家赔偿法》第9~16条，第32~37条

《最高人民法院关于人民法院执行〈中华人民共和国国家赔偿法〉几个问题的解释》第六项

延伸阅读

1. 马怀德：《行政机关赔偿协议程序》，载《法律适用》1994年第2期。

2. 陈国栋：《行政赔偿先行处理程序研究——以美国先行处理程序为借镜》，载《行政法学研

究》2008 年第 3 期。
3. 赵元成:《功能视角下的行政赔偿先行处理程序》,载《政治与法律》2007 年第 4 期。
4. 阎桂芳:《行政赔偿程序改革研究》,载《兰州大学学报(社会科学版)》2010 年第 2 期。
5. 蔺耀昌、杨解君:《行政赔偿程序的立法欠缺及其完善》,载《南京社会科学》2007 年第 7 期。

典型案例

张斌与陕县公安局行政赔偿案[1]

2012 年 11 月 20 日,原告张斌与鑫茂公司签订分期付款汽车买卖和服务合同。合同约定,鑫茂公司以 422000 元转售给原告宝马(WBAXG110)型汽车一辆。原告在合同签订时首付 85000 元,剩余 337000 元为贷款,鑫茂公司为其贷款担保人。在该合同的附件中,原告张斌向鑫茂公司出具《购车人车辆转卖委托授权书》,表示"在本人履行完对于贷款机构和贵公司的义务前,车辆所有权属于鑫茂,本人对车辆享有使用权。自《分期付款汽车买卖和服务合同》签订之时起,本人若发生未及时缴付贷款本息及其他合同第十条规定违约事项,同意贵公司收回车辆"。2013 年 4 月和 5 月,张斌未按双方约定缴付本息,鑫茂公司于 2013 年 6 月 8 日在原告停放于高阳路陕县县城陕县热电厂家属院的车辆取回,同时向被告 110 指挥中心电话说明情况,已备查考。被告 110 指挥中心工作人员对其电话内容予以记录并做了处理,2013 年 6 月 8 日 7 时 30 分,原告张斌发现车辆不见,遂电话报警。被告 110 指挥中心工作人员在询问了原告报警内容等情况后,对车辆去向向其做了答复,告知其与鑫茂公司联系以获取车辆有关信息,原告张斌表示认可。事后,原告张斌向陕县公安局询问涉案车辆的情况,陕县公安局侦查人员对张斌做了一些了解后,对鑫茂公司有关人员进行了进一步调查,对涉案车辆的情况做了详细的询问笔录,查明本次涉诉车辆系鑫茂公司依合同将车辆取回,并及时告知张斌。被告认为不符合立案条件,于 2013 年 11 月 25 日作出陕公(刑)不立字(2013)2012 号不予立案通知书,2013 年 11 月 27 日送达给原告张斌。原告张斌遂于 2013 年 12 月 31 日提起行政诉讼,请求确认被告接到报警后不履行法定职责的行为违法,一并提出行政赔偿 26 万元的请求。

---

[1] 案例来源:汇法网,http://www.lawxp.com/case/c6320509.html,最后访问时间:2017 年 5 月 25 日。

一审法院认为，原告张斌在向本院提出行政诉讼，请求确认被告陕县公安局110指挥中心处警行为违法的同时，要求被告赔偿其损失，根据《最高人民法院关于审理行政赔偿案件若干问题的规定》第4条“公民、法人或者其他组织在提起行政诉讼的同时，一并提出行政赔偿请求的，人民法院应一并受理”的规定，原告的诉权应予保护。而就本案而言，原告张斌的财产权受到损害，是因为原告与鑫茂公司签订了《分期付款汽车买卖和服务合同》，鑫茂公司依照双方的约定取回涉诉车辆，是双方在履行合同中发生的纠纷，原告虽在车辆被取回时不知情，但事后已对鑫茂公司的行为知晓，因此该车辆权益受到损害是鑫茂公司取回车辆的行为造成的。根据《最高人民法院关于公安机关不履行、拖延履行法定职责如何承担行政赔偿责任问题的答复》“公安机关不履行或者拖延履行保护公民、法人或者其他组织人身权、财产权法定职责，致使公民、法人或者其他组织人身、财产遭受损失的，应当承担相应的行政赔偿责任”的规定。诉讼中，并未查明被告陕县公安局有不履行、拖延履行法定职责的事实，即无被告违法的侵权行为；而且，原告车辆权益遭受损害是由第三人造成而非被告所致。故对原告的诉讼，应予驳回。依照《行政诉讼法》第54条、《最高人民法院关于执行〈中华人民共和国行政诉讼法〉若干问题的解释》第56条第4项、《最高人民法院关于审理行政赔偿案件若干问题的规定》第33条之规定，判决如下：驳回原告张斌的诉讼请求。

宣判后张斌不服，认为原审判决认定事实违法，被上诉人的违法行政和上诉人的财产损失有因果关系，依法应当赔偿，要求撤销陕县法院(2014)陕行初字第7号行政判决，并改判被上诉人行政行为违法，赔偿上诉人经济损失26万元。被上诉人公安局在庭审中辩称，被上诉人对张斌的报警处置行为无违法之处；张斌车辆并非被盗，而是因民事纠纷在报警之前已被开走，与上诉人是否出警没有任何因果法律关系，被上诉人不应予以赔偿。故请求维持一审判决。

二审法院认为：根据《国家赔偿法》第2条、第4条规定，行政机关及其工作人员在行使行政职权时，有本法规定的侵犯财产权的违法行为的，受害人有依法取得行政赔偿的权利。本案中，上诉人张斌的财产权受到损害，但并未查明被上诉人陕县公安局有不履行或拖延履行法定职责的行为，即对上诉人张斌的报警处置行为并不违法，而且上诉人财产权受到损害是由上诉人与鑫茂公司之间的民事纠纷造成的，并非被上诉人陕县公安局所致。因此，上诉人张斌认为被上诉人接警后不履行法定职责违法，要求被上诉人对其财产损失予以赔偿的请求缺乏事实和法律依据，其赔偿请求不予支持。故驳回上诉，维持原判。

附录　近年司法考试真题选编

年份	题号	题目	官方标准答案	涉及法条提示
2016年	2016年卷二第45题	45. 李某多次发送淫秽短信、干扰他人正常生活，公安机关经调查拟对李某作出行政拘留10日的处罚。关于此处罚决定，下列哪一做法是适当的？（　） A. 由公安派出所作出 B. 依当场处罚程序作出 C. 应及时通知李某的家属 D. 紧急情况下可以口头方式作出	C	《治安管理处罚法》第97条
2016年	2016年卷二第46题	46. 下列哪一行政行为不属于行政强制措施？（　） A. 审计局封存转移会计凭证的被审计单位的有关资料 B. 公安交通执法大队暂扣酒后驾车的贾某机动车驾驶证6个月 C. 税务局扣押某企业价值相当于应纳税款的商品 D. 公安机关对醉酒的王某采取约束性措施至酒醒	B	《行政强制法》第9条
2016年	2016年卷二第48题	48. 某区食品药品监管局以某公司生产经营超过保质期的食品违反《食品安全法》为由，作出处罚决定。公司不服，申请行政复议。关于此案，下列哪一说法是正确的？（　） A. 申请复议期限为60日 B. 公司不得以电子邮件形式提出复议申请 C. 行政复议机关不能进行调解 D. 公司如在复议决定作出前撤回申请，行政复议中止	A	《行政复议法》第9条第1款

续表

年份	题号	题目	官方标准答案	涉及法条提示
2016 年	2016 年卷二第 49 题	49. 某区卫计局以董某擅自开展诊疗活动为由作出没收其违法诊疗工具并处 5 万元罚款的处罚。董某向区政府申请复议，区政府维持了原处罚决定。董某向法院起诉。下列哪一说法是正确的？（　） A. 如董某只起诉区卫计局，法院应追加区政府为第三人 B. 本案应以区政府确定案件的级别管辖 C. 本案可由区卫计局所在地的法院管辖 D. 法院应对原处罚决定和复议决定进行合法性审查，但不对复议决定作出判决	C	《行政诉讼法》第 18 条第 1 款；《行政诉讼法适用解释》第 7 条、第 8 条、第 10 条第 1 款
2016 年	2016 年卷二第 50 题	50. 某县公安局于 2012 年 5 月 25 日以方某涉嫌合同诈骗罪将其刑事拘留，同年 6 月 26 日取保候审，8 月 11 日检察院决定批准逮捕方某。2013 年 5 月 11 日，法院以指控依据不足为由判决方某无罪，方某被释放。2014 年 3 月 2 日方某申请国家赔偿。下列哪一说法是正确的？（　） A. 县公安局为赔偿义务机关 B. 赔偿义务机关可就赔偿方式和数额与方某协商，但不得就赔偿项目进行协商 C. 方某 2012 年 6 月 26 日至 8 月 11 日取保候审，不属于国家赔偿范围 D. 对方某的赔偿金标准应按照 2012 年度国家职工日平均工资计算	C	《国家赔偿法》第 17 条、第 21 条第 3 款、第 23 条第 1 款、第 33 条
2016 年	2016 年卷二第 76 题	76. 财政局干部李某在机关外兼职。关于李某兼职，下列哪些说法是正确的？（　） A. 为发挥个人专长可在外兼职 B. 兼职应经有关机关批准 C. 不得领取兼职报酬 D. 兼职情况应向社会公示	BC	《公务员法》第 42 条、第 53 条

续表

年份	题号	题目	官方标准答案	涉及法条提示
2016 年	2016 年卷二第 77 题	77. 某省会城市的市政府拟制定限制电动自行车通行的规章。关于此规章的制定,下列哪些说法是正确的?(　) A. 应先列入市政府年度规章制定工作计划中,未列入不得制定 B. 起草该规章应广泛听取有关机关、组织和公民的意见 C. 此规章送审稿的说明应对制定规章的必要性、规定的主要措施和有关方面的意见等情况作出说明 D. 市政府法制机构认为制定此规章基本条件尚不成熟,可将规章送审稿退回起草单位	BCD	《规章制定程序条例》第 12 条、第 14 条、第 17 条第 3 款、第 19 条
2016 年	2016 年卷二第 78 题	78.《执业医师法》规定,执业医师需依法取得卫生行政主管部门发放的执业医师资格,并经注册后方能执业。关于执业医师资格,下列哪些说法是正确的?(　) A. 该资格属于直接关系人身健康,需按照技术规范通过检验、检测确定申请人条件的许可 B. 对《执业医师法》规定的取得资格的条件和要求,部门规章不得作出具体规定 C. 卫生行政主管部门组织执业医师资格考试,应公开举行 D. 卫生行政主管部门组织执业医师资格考试,不得组织强制性考前培训	CD	《行政许可法》第 16 条第 3 款、第 4 款、第 54 条第 2 款
2016 年	2016 年卷二第 79 题	79. 关于行政许可的设定权限,下列哪些说法是不正确的?(　) A. 必要时省政府制定的规章可设定企业的设立登记及其前置性行政许可 B. 地方性法规可设定应由国家统一确定的公民、法人或者其他组织的资格、资质的行政许可 C. 必要时国务院部门可采用发布决定的方式设定临时性行政许可 D. 省政府报国务院批准后可在本区域停止实施行政法规设定的有关经济事务的行政许可	ABC	《行政许可法》第 14 条第 2 款、第 15 条第 2 款、第 21 条

续表

年份	题号	题目	官方标准答案	涉及法条提示
2016 年	2016 年卷二第 81 题	81. 下列哪些行政行为不属于行政处罚?(　) A. 质监局对甲企业涉嫌冒用他人商品识别代码的产品予以先行登记保存 B. 食品药品监管局责令乙企业召回已上市销售的不符合药品安全标准的药品 C. 环保局对排污超标的丙企业作出责令停产 6 个月的决定 D. 工商局责令销售不合格产品的丁企业支付消费者 3 倍赔偿金	ABD	《行政处罚法》第 8 条、第 37 条第 2 款
2016 年	2016 年卷二第 83 题	83. 对于下列起诉,哪些不属于行政诉讼受案范围?(　) A. 某公司与县政府签订天然气特许经营协议,双方发生纠纷后该公司以县政府不依法履行协议向法院起诉 B. 环保局干部孙某对定期考核被定为不称职向法院起诉 C. 李某与房屋征收主管部门签订国有土地上的房屋征收补偿安置协议,后李某不履行协议,房屋征收主管部门向法院起诉 D. 县政府发布全县征地补偿安置标准的文件,村民万某以文件确定的补偿标准过低为由向法院起诉	BCD	《行政诉讼法》第 12 条、第 13 条
2016 年	2016 年卷二第 85 题	85. 甲、乙两村因土地使用权发生争议,县政府裁决使用权归甲村。乙村不服向法院起诉撤销县政府的裁决,并请求法院判定使用权归乙村。关于乙村提出的土地使用权归属请求,下列哪些说法是正确的?(　) A. 除非有正当理由的,乙村应于第一审开庭审理前提出 B. 法院作出不予准许决定的,乙村可申请复议一次 C. 法院应单独立案 D. 法院应另行组成合议庭审理	AB	《行政诉讼法适用解释》第 17 条第 1 款、第 17 条第 3 款、第 18 条

续表

年份	题号	题目	官方标准答案	涉及法条提示
2016 年	2016 年卷二第 100 题	100. 行政法规条文本身需进一步明确界限或作出补充规定的,应对行政法规进行解释。关于行政法规的解释,下列说法正确的是:(　) A. 解释权属于国务院 B. 解释行政法规的程序,适用行政法规制定程序 C. 解释可由国务院授权国务院有关部门公布 D. 行政法规的解释与行政法规具有同等效力	ACD	《行政法规制定程序条例》第 31 条
2015 年	2015 年卷二第 43 题	43. 行政机关公开的信息应当准确,是下列哪一项行政法原则的要求?(　) A. 合理行政 B. 高效便民 C. 诚实守信 D. 程序正当	C	无
2015 年	2015 年卷二第 44 题	44. 根据《公务员法》规定,下列哪一选项不是公务员应当履行的义务?(　) A. 公道正派 B. 忠于职守 C. 恪守职业道德 D. 参加培训	D	《公务员法》第 12 条
2015 年	2015 年卷二第 45 题	45. 甲市某县环保局与水利局对职责划分有异议,双方协商无法达成一致意见。关于异议的处理,下列哪一说法是正确的?(　) A. 提请双方各自上一级主管机关协商确定 B. 提请县政府机构编制管理机关决定 C. 提请县政府机构编制管理机关提出协调意见,并由该机构编制管理机关报县政府决定 D. 提请县政府提出处理方案,经甲市政府机构编制管理机关审核后报甲市政府批准	C	《地方各级人民政府设置和编制管理条例》第 10 条第 2 款

续表

年份	题号	题目	官方标准答案	涉及法条提示
2015年	2015年卷二第46题	46. 某地连续发生数起以低价出售物品引诱当事人至屋内后实施抢劫的事件，当地公安局通过手机短信告知居民保持警惕以免上当受骗。公安局的行为属于下列哪一性质？（　） A. 履行行政职务的行为 B. 负担性的行为 C. 准备性行政行为 D. 强制行为	A	《治安管理处罚法》第1条
2015年	2015年卷二第47题	47. 食品药品监督管理局向一药店发放药品经营许可证。后接举报称，该药店存在大量非法出售处方药的行为，该局在调查中发现药店的药品经营许可证系提供虚假材料欺骗所得。关于对许可证的处理，该局下列哪一做法是正确的？（　） A. 撤回 B. 撤销 C. 吊销 D. 待有效期限届满后注销	B	《行政许可法》第69条2款
2015年	2015年卷二第49题	49. 在行政强制执行过程中，行政机关依法与甲达成执行协议。事后，甲应当履行协议而不履行，行政机关可采取下列哪一措施？（　） A. 申请法院强制执行 B. 恢复强制执行 C. 以甲为被告提起民事诉讼 D. 以甲为被告提起行政诉讼	B	《行政强制法》第42条

续表

年份	题号	题目	官方标准答案	涉及法条提示
2015 年	2015 年卷二第 50 题	50. 某环保公益组织以一企业造成环境污染为由提起环境公益诉讼，后因诉讼需要，向县环保局申请公开该企业的环境影响评价报告、排污许可证信息。环保局以该组织无申请资格和该企业在该县有若干个基地，申请内容不明确为由拒绝公开。下列哪一说法是正确的？（　） A. 该组织提出申请时应出示其负责人的有效身份证明 B. 该组织的申请符合根据自身生产、生活、科研等特殊需要要求，环保局认为其无申请资格不成立 C. 对该组织的申请内容是否明确，环保局的认定和处理是正确的 D. 该组织所申请信息属于依法不应当公开的信息	B	《政府信息公开条例》第 13 条、第 25 条
2015 年	2015 年卷二第 77 题	77. 对下列哪些拟作出的决定，行政机关应告知当事人有权要求听证？（　） A. 税务局扣押不缴纳税款的某企业价值 200 万元的商品 B. 交通局吊销某运输公司的道路运输经营许可证 C. 规划局发放的建设用地规划许可证，直接涉及申请人与附近居民之间的重大利益关系 D. 公安局处以张某行政拘留 10 天的处罚	BC	《行政处罚法》第 42 条第 1 款、《行政许可法》第 47 条第 1 款
2015 年	2015 年卷二第 79 题	79. 沈某向住建委申请公开一企业向该委提交的某危改项目纳入危改范围的意见和申报材料。该委以信息中有企业联系人联系电话和地址等个人隐私为由拒绝公开，沈某起诉，法院受理。下列哪些说法是正确的？（　） A. 在作出拒绝公开决定前，住建委无需书面征求企业联系人是否同意公开的意见 B. 本案的起诉期限为 6 个月 C. 住建委应对拒绝公开的根据及履行法定告知和说明理由义务的情况举证 D. 住建委拒绝公开答复合法	BC	《行政诉讼法》第 34 条第 1 款、第 46 条第 1 款，《最高人民法院审理政府信息公开行政案件若干问题的规定》第 8 条

续表

年份	题号	题目	官方标准答案	涉及法条提示
2015 年	2015 年卷二第 80 题	80. 某区工商分局对一公司未取得出版物经营许可证销售电子出版物 100 套的行为，予以取缔，并罚款 6000 元。该公司向市工商局申请复议。下列哪些说法是正确的？（ ） A. 公司可委托代理人代为参加行政复议 B. 在复议过程中区工商分局不得自行向申请人和其他有关组织或个人收集证据 C. 市工商局应采取开庭审理方式审查此案 D. 如区工商分局的决定明显不当，市工商局应予以撤销	AB	《行政复议法》第 10 条第 5 款、第 22 条、第 24 条、第 28 条
2015 年	2015 年卷二第 81 题	81. 法院审理行政案件，对下列哪些事项，《行政诉讼法》没有规定的，适用《民事诉讼法》的相关规定？（ ） A. 受案范围、管辖 B. 期间、送达、财产保全 C. 开庭审理、调解、中止诉讼 D. 检察院对受理、审理、裁判、执行的监督	BCD	《行政诉讼法》第 101 条
2015 年	2015 年卷二第 97 题	97. 2015 年《立法法》修正后，关于地方政府规章，下列说法正确的是：（ ） A. 某省政府所在地的市针对城乡建设与管理、环境保护、历史文化保护等以外的事项已制定的规章，自动失效 B. 应制定地方性法规但条件尚不成熟的，因行政管理迫切需要，可先制定地方政府规章 C. 没有地方性法规的依据，地方政府规章不得设定减损公民、法人和其他组织权利或者增加其义务的规范 D. 地方政府规章签署公布后，应及时在中国政府法制信息网上刊载	BD	《立法法》第 82 条第 3 款、第 86 条第 2 款、第 5 款、第 6 款、

续表

年份	题号	题目	官方标准答案	涉及法条提示
2014 年	2014 年卷二第 43 题	43. 国家税务总局为国务院直属机构。就其设置及编制,下列哪一说法是正确的?(　) A. 设立由全国人大及其常委会最终决定 B. 合并由国务院最终决定 C. 编制的增加由国务院机构编制管理机关最终决定 D. 依法履行国务院基本的行政管理职能	B	《国务院行政机构设置和编制管理条例》第 6 条、第 8 条、第 19 条
2014 年	2014 年卷二第 44 题	44. 王某经过考试成为某县财政局新录用的公务员,但因试用期满不合格被取消录用。下列哪一说法是正确的?(　) A. 对王某的试用期限,由某县财政局确定 B. 对王某的取消录用,应当适用辞退公务员的规定 C. 王某不服取消录用向法院提起行政诉讼的,法院应当不予受理 D. 对王某的取消录用,在性质上属于对王某的不予录用	C	《公务员法》第 32 条、第 83 条,《新录用公务员试用期管理办法(试行)》第 24 条
2014 年	2014 年卷二第 45 题	45. 某县公安局开展整治非法改装机动车的专项行动,向社会发布通知:禁止改装机动车,发现非法改装机动车的,除依法暂扣行驶证、驾驶证 6 个月外,机动车所有人须到指定场所学习交通法规 5 日并出具自行恢复原貌的书面保证,不自行恢复的予以强制恢复。某县公安局依此通知查处 10 辆机动车,要求其所有人到指定场所学习交通法规 5 日并出具自行恢复原貌的书面保证。下列哪一说法是正确的?(　) A. 通知为具体行政行为 B. 要求 10 名机动车所有人学习交通法规 5 日的行为为行政指导 C. 通知所指的暂扣行驶证、驾驶证 6 个月为行政处罚 D. 通知所指的强制恢复为行政强制措施	C	《行政处罚法》第 8 条、《行政强制法》第 9 条

续表

年份	题号	题目	官方标准答案	涉及法条提示
2014 年	2014 年卷二第 49 题	49. 某区环保局因某新建水电站未报批环境影响评价文件，且已投入生产使用，给予其罚款 10 万元的处罚。水电站不服，申请复议，复议机关作出维持处罚的复议决定书。下列哪一说法是正确的？（　） A. 复议机构应当为某区政府 B. 如复议期间案件涉及法律适用问题，需要有权机关作出解释，行政复议终止 C. 复议决定书一经送达，即发生法律效力 D. 水电站对复议决定不服向法院起诉，应由复议机关所在地的法院管辖	C	《行政复议法实施条例》第 41 条第 1 款第 6 项，《行政复议法》第 12 条第 1 款、第 31 条第 3 款，《行政诉讼法》第 18 条第 1 款
2014 年	2014 年卷二第 50 题	50. 甲市乙县法院强制执行生效民事判决时执行了案外人李某的财产且无法执行回转。李某向乙县法院申请国家赔偿，遭到拒绝后申请甲市中级法院赔偿委员会作出赔偿决定。赔偿委员会适用质证程序审理。下列哪一说法是正确的？（　） A. 乙县法院申请不公开质证，赔偿委员会应当予以准许 B. 李某对乙县法院主张的不利于自己的事实，既未表示承认也未否认的，即视为对该项事实的承认 C. 赔偿委员会根据李某的申请调取的证据，作为李某提供的证据进行质证 D. 赔偿委员会应当对质证活动进行全程同步录音录像	C	《关于人民法院赔偿委员会适用质证程序审理国家赔偿案件的规定》第 3 条、第 18 条、第 19 条、第 23 条

续表

年份	题号	题目	官方标准答案	涉及法条提示
2014 年	2014 年卷二第 77 题	77. 程序正当是当代行政法的基本原则，遵守程序是行政行为合法的要求之一。下列哪些做法违背了这一要求？（　） A. 某环保局对当事人的处罚听证，由本案的调查人员担任听证主持人 B. 某县政府自行决定征收基本农田 35 公顷 C. 某公安局拟给予甲拘留 10 日的治安处罚，告知其可以申请听证 D. 乙违反治安管理的事实清楚，某公安派出所当场对其作出罚款 500 元的处罚决定	AD	《行政处罚法》第 33 条、第 43 条第 1 款，《土地管理法》第 45 条第 1 款第 1 项
2014 年	2014 年卷二第 80 题	80.《反不正当竞争法》规定，当事人对监督检查部门作出的处罚决定不服的，可以自收到处罚决定之日起 15 日内向上一级主管机关申请复议；对复议决定不服的，可以自收到复议决定书之日起 15 日内向法院提起诉讼；也可以直接向法院提起诉讼。某县工商局认定某企业利用广告对商品作引人误解的虚假宣传，构成不正当竞争，处 10 万元罚款。该企业不服，申请复议。下列哪些说法是正确的？（　） A. 复议机关应当为该工商局的上一级工商局 B. 申请复议期间为 15 日 C. 如复议机关作出维持决定，该企业向法院起诉，起诉期限为 15 日 D. 对罚款决定，该企业可以不经复议直接向法院起诉	CD	《行政复议法》第 9 条第 1 款、《行政复议法实施条例》第 24 条、《行政诉讼法》第 45 条
2014 年	2014 年卷二第 81 题	81. 代履行是行政机关强制执行的方式之一。有关代履行，下列哪些说法是错误的？（　） A. 行政机关只能委托没有利害关系的第三人代履行 B. 代履行的费用均应当由负有义务的当事人承担 C. 代履行不得采用暴力、胁迫以及其他非法方式 D. 代履行 3 日前应送达决定书	ABD	《行政强制法》第 50 条、第 51 条

续表

年份	题号	题目	官方标准答案	涉及法条提示
2014 年	2014 年卷二第 100 题	100. 某县公安局以沈某涉嫌销售伪劣商品罪为由将其刑事拘留，并经县检察院批准逮捕。后检察院决定不起诉。沈某申请国家赔偿，赔偿义务机关拒绝。下列说法正确的是：（　） A. 县公安局为赔偿义务机关 B. 赔偿义务机关拒绝赔偿，应当书面通知沈某 C. 国家应当给予沈某赔偿 D. 对拒绝赔偿，沈某可以向县检察院的上一级检察院申请复议	BCD	《国家赔偿法》第 17 条、第 21 条第 3 款、第 23 条第 3 款、第 24 条第 1 款

图书在版编目(CIP)数据

行政法与行政诉讼法入门笔记／戚建刚主编. -- 北京：法律出版社，2017
ISBN 978-7-5197-1722-3

Ⅰ.①行… Ⅱ.①戚… Ⅲ.①行政法-中国-高等学校-教材②行政诉讼法-中国-高等学校-教材 Ⅳ.①D922.1②D925.3

中国版本图书馆CIP数据核字(2017)第300842号

行政法与行政诉讼法入门笔记
XINGZHENGFA YU XINGZHENGSUSONGFA RUMEN BIJI

戚建刚 主编

策划编辑 谢清平
责任编辑 谢清平
装帧设计 李 瞻

出版 法律出版社
总发行 中国法律图书有限公司
经销 新华书店
印刷 三河市龙大印装有限公司
责任印制 张建伟

编辑统筹 社项目运营中心
开本 720毫米×960毫米 1/16
印张 21.5
字数 310千
版本 2017年12月第1版
印次 2017年12月第1次印刷

法律出版社／北京市丰台区莲花池西里7号(100073)
网址／www.lawpress.com.cn
投稿邮箱／info@lawpress.com.cn
举报维权邮箱／jbwq@lawpress.com.cn
销售热线／010-63939792
咨询电话／010-63939796

中国法律图书有限公司／北京市丰台区莲花池西里7号(100073)
全国各地中法图分、子公司销售电话：
统一销售客服／400-660-6393
第一法律书店／010-63939781/9782　西安分公司／029-85330678　重庆分公司／023-67453036
上海分公司／021-62071639/1636　深圳分公司／0755-83072995

书号:ISBN 978-7-5197-1722-3　**定价**:49.00元
(如有缺页或倒装,中国法律图书有限公司负责退换)